JN086091

ケースでまなぶ

財務会計（第9版）

永野則雄 [著]

新聞記事のケースを通して財務会計の基礎をまなぶ

Financial
Accounting
NAGANO Norio

東京 白桃書房 神田

はしがき

　日本の企業会計は，「会計ビッグバン」の掛け声とともに21世紀を迎えました。この会計ビッグバンの内容は，連結決算，年金会計，税効果会計，金融商品の時価会計，キャッシュ・フロー計算書などです。会計ビッグバンの意義は，新しい会計規則が増えたというだけではなく，これが企業経営に大きな影響を与えたということです。

　企業の経済活動を表現する会計は，人を映しだす鏡であるかのように考えられることがあります。ところが，企業を映す鏡であるはずの会計が，映しだされる企業に対してその変革を迫ったのです。新聞紙上においても時には会計に関する記事が一面トップに掲載されたりします。それだけ企業経営における会計の役割が大きくなっていることを示すものです。

　企業会計は財務会計が主体となります。その財務会計の専門分野を財務会計論（または財務諸表論）といい，単に会計学という場合もあります。もともと財務会計論は企業経営に役立つ実学です。実用的な学問であるはずの財務会計論を学んだ人でも，会計に関する新聞記事を理解できないことがあります。また，企業経営における会計の役割が理解できないこともあります。それは，単に会計の規則を習得することが財務会計論の勉強であると思っているからです。会計の規則の習得に熱中するあまり，それが企業経営にどのような意味をもっているかといったことを忘れてしまうのです。いわば，木を見ることにとらわれて森を見ていない，といえます。

　本書は，ケース（事例）を利用して会計の規則が企業経営にどのような意味をもっているかを説明しています。これによって会計の規則に現実感覚を取り入れることができ，会計の知識が実学として役立つようになるはずです。

　これまでの財務会計のテキストは，企業の会計担当者だけに必要な技術的な知識としての会計を解説することを，その役割としていました。財務諸表を作

る人のための会計の知識といえます。しかし，企業に勤めるサラリーマンの大半は財務諸表の作成にはかかわっていません。だからといって，会計の知識は必要ではない，ということにはなりません。会計ビッグバンは会計担当者以外の人々にも会計の知識が必要であることを明らかにしたのです。これからは会計担当者以外の人々も財務諸表あるいはそれによる新聞記事などの会計情報が理解できなければなりません。本書は，こうした会計情報を読む人のために実学としての会計知識を得ることも目的としています。

　本書は，こうした観点にたって，財務諸表や新聞記事が分かるための会計の知識を説明しています。いわば，会計情報を読み，理解するための財務会計のテキストです。会計担当者になる人にとっても，木だけでなく森をも見る眼が養えるはずです。本書ははじめて財務会計を学ぶ人のための入門書であり，また大学などで財務会計を学んでいる人のための副読本になるように，と考えています。

　本書で取り上げるケースは主として新聞記事を使っています。本書では，こうした新聞記事の内容が「事実」であることを前提として話を進めています。本書では，会計の数値がまるで歪んだ鏡で映されたものであるかのような説明をすることもあります。これは，こうした例を取り上げることによって，会計の数値が「事実」であるかを見極める眼を読者の皆さんにもっていただきたいからです。新聞記事などについても同じような眼をもって読むようにしていただきたいものです。こうした願いも本書を執筆した意図の1つです。

　本書は，旧著『会計記事がわかる財務諸表論』を改訂したものです。本書で取り上げたケースの多くは新聞記事です。旧著で使った記事で本書で残っているのは1つだけで，他はすべて新しく取り入れたものです。本書の内容では，会計ビッグバンで導入された規則も含めています。また，2001年に行われた商法改正も取り入れています。こうしたことから旧著を全面的に改訂したことになり，この機会に書名も一新することにしました。

　本書は，旧著と同じように，各章末に復習問題をつけています。この復習問題は，読者が自分の言葉で解答することによって本文の理解が一層進むことをねらっています。復習問題には必ず1つの「正解」がある，というものではあ

りません。本書を熟読し，また他のテキストを参考にすることによって，自分なりの解答を考えることを求める場合もあります。間違うことを恐れずに自分なりの解答を考えるプロセスを大切にしてください。

　最後に，本書の出版を快諾していただいた白桃書房社長・大矢栄一郎氏と，旧著からの担当者である同社編集部の平千枝子氏に深く感謝します。

　　2002年1月

永野則雄

第9版にあたって

　本書を出版してから20年の歳月が経ちました。その間に多数の会計基準が新設・改定され，そして，会社法と金融商品取引法が施行されました。また，法人税法の規定が改正され，減価償却の方法などが大きく変更されました。

　会計基準の新設・改定を促してきたのは国際会計基準（現在では，正式には国際財務報告基準；IFRS）です。国際会計基準とのコンバージェンス（収斂）を旗印に，そうした新設・改定が行われてきたのです。ひと頃は，国際会計基準それ自体を日本の企業に強制的に適用するかが問題となりました。現在は，国際会計基準の強制適用に関する議論は中休みの状態となっています。ただし，国際会計基準を任意に適用する日本企業が少しずつ増加しています。

　日本の会計基準と国際会計基準がどの程度違うのか，これは人によって，あるいは見方によって異なります。この2つの会計基準の差異は，コンバージェンスによって少なくなっています。しかし，実際に国際会計基準を適用する実務の現場では大きな変化となっていることでしょう。現時点で財務会計を学ぶとすれば，日本の会計基準から始めるのが順序です。本書では，必要に応じて国際会計基準との違いも説明します。

　今回の改訂では，時価の算定に関する会計基準と収益認識に関する会計基準の新設に伴って内容を変更し，また，企業の財務数値を刷新しました。本書によって財務会計の生きた考え方・知識を習得して頂きたいと願っています。

　　2022年9月

　　　　　　　　　　　　　　　　　　　　　　　　　　永野則雄

目　次

第1章　会計をめぐる2つのドラマ

1　会社の「成績表」

Case 1-1

　次にあげているのは，本田技研工業株式会社（ホンダ）の財務諸表です。会社の「成績表」ともいうべき貸借対照表と損益計算書が表示されています。この成績表を理解することが本書の目的です。これらは，ホンダが発表している貸借対照表と損益計算書を要約したものです。科目の名称は多少変更したものもあり，また，億円単位で表示しているため金額が合わないものもあります。

図表 1-1

貸借対照表
（2022年3月31日現在）

（単位：億円）

資産の部		負債・純資産の部	
科　目	金　額	科　目	金　額
流　動　資　産	20,922	流　動　負　債	7,234
現 金 及 び 預 金	8,254	買　掛　金　等	2,891
売　掛　金	4,786	短 期 借 入 金 等	751
棚　卸　資　産	1,510	未払金・未払費用	2,402
そ　の　他	6,375	製 品 保 証 引 当 金	321
貸 倒 引 当 金	△3	そ　の　他	867
固　定　資　産	18,284	固　定　負　債	4,838
（ 有 形 固 定 資 産 ）	(8,353)	社債・長期借入金	3,965
建　　物	2,423	製 品 保 証 引 当 金	605
機 械 ・ 装 置	1,629	退 職 給 付 引 当 金	149
土　地	3,387	そ　の　他	117
リ ー ス 資 産	87	負　債　合　計	12,073
そ　の　他	825	株　主　資　本	26,642
（ 無 形 固 定 資 産 ）	(462)	資　本　金	860
（投資その他の資産）	(9,468)	資 本 剰 余 金	1,709
投 資 有 価 証 券	2,172	利 益 剰 余 金	27,356
関係会社株式・出資金	6,851	自　己　株　式	△3,284
繰 延 税 金 資 産	―	評価・換算差額等	491
そ　の　他	482	純　資　産　合　計	27,134
貸 倒 引 当 金	△38		
資　産　合　計	39,207	負債・純資産合計	39,207

損益計算書
（2021年4月1日から / 2022年3月31日まで）

（単位：億円）

科　目	金　額
売　上　高	34,542
売　上　原　価	24,062
売 上 総 利 益	10,479
販売費及び一般管理費	10,591
営　業　損　失	112
営 業 外 収 益	6,420
営 業 外 費 用	171
経　常　利　益	6,136
特　別　利　益	103
特　別　損　失	460
税引前当期純利益	5,779
法人税・住民税・事業税	569
法人税等調整額	329
当　期　純　利　益	4,880

2

現在では，証券取引所に上場している会社の大半は３月末を決算期としています。決算の後に，会社は「財務諸表」によってその経営成績や財政状態を報告することになっています。新聞紙上には，これに基づいた記事が多く載ります。ケース１−１では，財務諸表を要約したものが示されています。なお，企業のホームページにおいて財務諸表が一般に公開されていますから，財務内容を知りたいと思う企業の財務諸表に容易にアクセスできます。

財務諸表が一般に公開されているといっても，それは会社の広告宣伝ではありません。つまり，ホンダの場合でいえば，フィットやシビック，アコードといったクルマの広告ではなく，ホンダという会社そのものの「成績表」を多くの人に知らせようとしているのです。

クルマを購入する場合，たとえばシビックにするか他のクルマにするかを決めるには自分なりの「成績表」を作ることでしょう。新聞にでている広告，折り込み広告，自動車雑誌の記事，知人の話などから，その性能やスタイルについて評価するでしょう。また，販売店に行って，実際にそのクルマに触れたり，試乗したりして評価することもできます。

では，ホンダのクルマではなく株式を購入する場合はどうでしょうか。M＆A（企業の合併と買収）のように会社を丸ごと買う場合は，まさに会社を「購入」することになります。しかし，通常は，その会社の株式を購入するという形をとります。株式は会社の支配権を表す証書ですから，ホンダの株式を買うことはホンダという会社の一部を所有するようなものです。株式を買う場合，あるいは逆に，株式を売る場合に，会社の成績表としての財務諸表が役に立つのです。

株式を売買するのは個人の投資家だけではありません。当然のことですが，証券会社自身も自社のために株式の売買をします。大口の投資家としては銀行や保険会社もあります。また，余裕資金を利用して株式の売買で利益を得ようとする企業もあります。株式を売買する担当者にとっては，その意思決定に財務諸表が重要な情報源として必要になるのです。

財務諸表が役に立つのは株式の売買だけではありません。銀行や保険会社は多額の資金をもっており，それを企業に貸し付けています。企業の業績が悪ければ，貸付を渋る場合も出てくるでしょう。貸付先の企業が倒産すると，貸付

金の利子どころか，その元金さえも回収できないことがあるからです。ここでも財務諸表が役に立つのです。

　ビジネスパーソンも，自分が勤めている企業の業績，さらには所属している部門の業績に無関心ではいられません。企業あるいは部門の業績が給与やボーナスとして自分たちにはね返ってくるからです。業績が悪ければ，他の会社に買収されたり，最悪の場合には倒産ということになります。ですから，これから就職する学生諸君も，会社案内に載っている美辞麗句やきれいな写真に惑わされることなく，財務諸表の数字を冷静に見つめる必要があるわけです。

　このように役に立つ財務諸表も，ご覧のように，むずかしそうな言葉と細かな数字の集まりです。クルマの場合でも，そのサイズや排気量などを示すスペック（仕様）は専門用語や数字で表されています。これが理解できれば，クルマの性能もある程度分かるでしょう。これと同じように，「成績表」から会社の業績を知るには，財務諸表の言葉と数字の意味を理解できなければなりません。

　また，スペックだけではクルマの性能や魅力も完全には分からないでしょう。同じように，財務諸表だけでは必ずしも会社の業績や財産の状態が分かるわけではありません。ましてや，働く環境が良いかどうか，会社が社会的な貢献を行っているかどうか，といったことは知ることはできません。偏差値によって個人の能力や人柄がすべて分かるというわけではありません。会社の成績表である財務諸表も一面的なものです。こうした点を知ったうえで，財務諸表を有効に活用してもらいたいものです。

　とはいえ，財務諸表は人の温もりも感じられない数字の集まりで，見ただけでも頭が痛くなりそうだ，という人も多いことでしょう。クルマのスペックもそうでしょうか。このスペックには，他社との開発競争に明け暮れる技術者やデザイナーの汗と涙がにじんでいるように思えてなりません。財務諸表も，実は，会社を舞台とした壮絶なドラマの結果でもあるのです。ドラマの主役はなんといっても経営者でしょう。公認会計士や会社の会計担当者，従業員，投資家，取引先，税務署員などさまざまな人々が脇役として登場します。われわれ一般の人間も，観客としてではなく，エキストラとして参加しているかもしれないのです。

次に，こうした会計に関するドラマを２つ鑑賞することにします。

2　ドラマその１――「ゆがんだ「チャレンジ」」

Case 1-2

　ケース１-１の貸借対照表では，資産の部の合計額と負債・純資産の部の合計額が一致しています。表示している億円単位だけでなく，１円単位でも２つの合計額が一致しているのです。何兆円もの金額が１円単位まで一致することから，会計はなんと精密な技術なのだろうかと感嘆の声があがるかもしれません。しかし，この２つの合計額は一致して当たり前なのです。そのように仕組まれているからです。

　こうした精密に見える会計ですが，「不正会計」という言葉が付いて回ります。日本を代表するような大企業である東芝が不正会計に揺れたのです。その様子を見ることにしましょう。なお，「不正会計」は，「粉飾」と同じ意味ですが，これに代わって使われることが多くなっています。

東芝　誤算と虚飾の７年

　コーポレートガバナンス（企業統治）元年，日本を代表する製造業である東芝で巨額の会計不祥事が起きた。2,248億円にのぼる決算の利益減額に加え，歴代３社長が辞任に追い込まれ，文字通り「創業140年で最大のブランドイメージの毀損」となった。なぜ起きたのか，どうして止められなかったのか，どうすれば防ぐことができるのか――。東芝の不祥事は日本企業の経営者や資本市場関係者に大きな課題を突きつけた。

（日本経済新聞　2015年９月９日）

　東芝は，７年間で2,248億円もの利益をかさ上げしていたということです。「なぜ起きたのか」は，次の記事に示されています。

　だが，リーマン・ショックで業績に暗雲が漂った08年からは不適切会計に手を染めた。「ぜひチャレンジを達成してほしい」「こんな数字，恥ずかしくて公表できない」。月末に子会社社長らと面談する「社長月例」では圧力をかけて損益改善を強く求めた。

　社長月例の原型は岡村正相談役が社長だった00年以降に形作られた。社長ら経営陣と事業部との建設的な議論が目的だったが，西田氏以降は不適切な会計処理を強いる場へと変質していく。高い目標達成を求める「チャレンジ」は東芝社長を経て経団連会長も務めた土光敏夫氏がつくった伝統だが，いつしか利益かさ上げを指す言葉に変わった。

（日本経済新聞　2015年９月９日）

　この2015年３月期の連結決算では，こうした利益のかさ上げ分の修正などで5,379億円もの当期純損失を計上したのです。こうした不正会計の追い打

ちをかけたのが，アメリカにある子会社のウェスチングハウス社に生じた損失です。次の記事がその状況を伝えています。

東芝，債務超過1,912億円
米原発損失7,125億円

　東芝が深刻な経営難に陥った。14日，2016年4～12月期が4,999億円の連結最終赤字（米国会計基準）になったと発表した。米国中心に原子力事業で7,125億円の損失が発生し，昨年末時点で株主から預かった自己資本が

1,912億円のマイナスになる債務超過（3面きょうのことば）になった。稼ぎ頭の半導体事業を分社し過半の株式売却を検討するなど資本増強を急ぐ。
（日本経済新聞　2017年2月15日）

　上記の記事の数字は，第3章で説明する第3四半期（4月から12月までの9か月間）の財務諸表によるものです。最終的な2016年3月期の本決算によれば，債務超過額は2,757億円にもなっています。つまり，資産の額よりも負債の額が多くなっており，純資産がその分だけマイナスになっているということです。前の記事の不正会計の問題よりも，ウェスチングハウス社に関わる巨額損失が東芝の存続に黄信号をともしたのです。

　東芝の不正会計は，次の4つの項目に分けられます。(1)パソコンの組み立てを外部に委託していたが，その委託先との部品・完成品の取引で利益を仮装した。(2)赤字が見込まれる長期の受注工事は，受注時あるいは途中の期において損失を計上すべきところ，それを行わなかった。(3)発生した広告費や物流費の費用計上を後の期に遅らせた。(4)半導体の在庫で評価額が下がったものについては評価損を計上すべきところ，それを行わなかった。

　(1)の委託先との取引による利益の仮装が最も問題にされました。その仕組みを，簡単な金額を例にして説明しましょう（東芝は分かりにくい会計処理を行っています。ここでは，説明の便宜上，一般的な処理方法で説明します）。パソコン組立の委託先に，必要な部品を仕入価格の5万円で売却し，完成品を6万円で買い戻します。そのパソコンの販売価格を10万円としましょう。このパソコンの売上によって得られる利益は4万円となります。これに対して，委託先に仕入価格5万円の部品を8万円で売却し，完成品を9万円で買い戻すとどうなるでしょうか。委託先の加工費は1万円のままです。委託先に部品を売却した時点で3万円の利益が出ます。そして，製品として売り上げた時点では1万円の利益が出ます。最終的には利益の総額は4万円で変わりませんが，3万

円だけ利益が早く計上されます。委託先への部品の売却価格を高くすることによって，完成品を売り上げなくても，利益を多くすることができるのです。

東芝は何年もの間，このようなことを行ってきたのです。こうした利益の操作はある意味では単純な手口です。この単純な手口を名門企業である東芝が行ってきたこと，また，それを監査する公認会計士が見抜けなかったことが驚きです。本来的には，委託先に部品を売却したことによる利益は，完成品を売り上げるまでは計上してはならないのです。あるいは，組立の加工費1万円を足して完成品を6万円とするだけでいいのです。

(1)のパソコン取引だけでなく，(2)から(4)までの不正会計も同じように単純な利益操作です。監査する公認会計士も，まさか東芝ともあろうものがこうした利益操作を行うとは夢想だにしなかったのでしょう。また，東芝も有能な会計担当者を抱えていることでしょうから，利益操作を見破られないために知恵を絞ったのでしょう。監査を担当した監査法人は，監督官庁である金融庁から行政処分を受けました。それによると，監査法人は一部業務の停止と，東芝から受け取った監査報酬の2年分に相当する21億円の課徴金を命じられました。そして，東芝という得意先を失ったのです。また，実際に監査を担当した主たる公認会計士7名が業務停止の処分を受けました。その人たちは，監査法人からは退職になったとのことですが，他の監査法人への再就職は無理でしょう。

こうした不正会計は，社長などの経営陣が中心になって実行するのが通例です。つまり，社長の知らないままに会計の不正が行われるということはないといえます。財務諸表の数字を最終的に決定するのは取締役会あるいは役員会であり，そうした場で売上高や利益の額が決定されるからです。しかし，東芝の当時の社長は，不正会計を「自分は指示していない」と語っていました。そうしたこともあって，社長が知らないうちに不正会計が行われた珍しい例かな，とも私は思ったりしたのです。

不正会計が行われたのは，先に述べた4つの事業においてです。東芝は，事業部門を独立した子会社であるかのような扱いをしていました。先の記事でも「子会社社長」という語句が出ていますが，これは各事業部門のトップのことです。ですから，東芝の社長が知らないところで，4つの子会社社長が別々に不正会計に手を染めていたのかとも思ったのです。そうであれば，まったく珍

しい例ということになります。ところが，やはりそうではなかったのです。

　先の記事にもあるように，「ぜひチャレンジを達成してほしい」とか「こんな数字，恥ずかしくて公表できない」などと，子会社社長らと面談する「社長月例」では社長が圧力をかけていたのです。当の社長は「私自身はチャレンジという言葉は使っていない。必達目標という言葉を使っていた」と述べているそうですが，同じようなものです。その社長は，ある社長月例においてパソコン事業部門に対して「残り 3 日間で120億円の営業利益の改善を強く求める」といったそうです。そして，その事業部門は翌日に119億円の利益上積みができると返答したのだそうです。わずか 3 日で120億円もの利益の改善を求めるということは，利益操作を指示したとしかいえません。同様のことは，残る他の 3 つの事業部門に対しても行われたものと思われます。

　「チャレンジ」は，もともとは「難しい課題にしっかりと取り組め」というものだったそうです。それが何時しか「数値目標として必ず達成しなければならない」ものとして事業部門への圧力として働き，利益の上積みを事業部門に強いる結果となっていったのです。自分が刑事罰に課せられるおそれから，「私は利益の上積みを指示していません」と社長は主張しているかもしれません。しかし，自分の言葉が利益の上積みを招くことは承知していたはずです。

　当時の社長が必死に利益の上積みを図ったのは，その前の社長で当時の会長とのあつれきがあったとも報じられています。その会長も，社長の時代から不正会計に手を染めていたようです。当時の社長は，不仲の会長に対抗するためにも一段と不正会計の深みにおちいってしまったのです。不正会計に手を染めたのは，東芝という会社の業績を良く見せようとするためだったのか，あるいは社長としての自己の評価を保持するためだったのでしょう。両者が入り混じっているのかもしれません。先にも述べましたが，会計は精密な技術であるかのように見られることがあります。しかしながら，その数値は経営者の実に人間的ともいえる判断によって左右される場合があるのです。これは会計の宿命（といったらオーバーな表現ですが）なのです。というよりは，より一般的に，人間が使う数字の宿命なのです。こうした宿命を背負ったものとして会計を学んでください。

8

3　ドラマその2 ──「国際会計基準採用の舞台裏」

Case 1-3

　国際会計基準については次章で改めて説明します。ここでは，日本とアメリカにおいて国際会計基準を強制適用する方針について，日本経済新聞の記事に基づいて説明することにします。

国際会計基準
米，適用の判断　先送り

（前略）米証券取引委員会（SEC）は米国企業への国際会計基準（IFRS）の適用についての判断を先送りした。IFRSを使う欧州と米国の間では世界の会計基準を巡る主導権争いがある。11月に米大統領選挙を控えていることもあり，最終判断は2013年以降にずれ込む見通し。結論先送りで日本でも議論が長引く可能性が出てきた。（中略）

　11年6月には当時の自見庄三郎金融相が「（仮に米国にならい日本が12年に導入を決めた場合でも）適用を始めるまでには5〜7年の準備期間が必要」との見解を示し，適用するとしても17年3月期以降になるとみられていた。米の判断先送りで国内の議論が長期化すれば，金融庁が判断する時期はさらに遅れる。（後略）

（日本経済新聞　2012年7月18日）

　会計基準とは，企業の経済事象を測定する際の約束事を決めるものです。国際会計基準は，国際的に同じ約束事で統一的に企業の経済事象を測定すべきだとするものです。それは，距離をメートル法で国際的に統一的に測定すべきだとする議論と同じようなものだとすれば，反対すべき理由は特にないように思われることでしょう。しかし，この記事でも「欧州と米国の間では世界の会計基準を巡る主導権争いがある」とあるように，深刻な争いがあるのです。日本もこの争いに参戦しているのです。日本が強制適用を延期した背景については次のように述べられています。

適用企業の範囲　縮小も
国際会計基準，見直し議論へ

（前略）金融相の発言に強い影響を与えたのは，製造業を中心とする産業界からの強い要望だった。新会計基準への対応コストは，震災後の復旧・復興を優先する経営には重荷となるというのが，大きな理由だ。

　電機や自動車，電子部品といったモノづくり企業の復活は，日本経済を再び活性化させるうえで重要だ。IFRSがモノづくりの障害になるとしたら，その強制適用の是非や時期などを時間をかけて丁寧に議論することは国益にかなう。（後略）

（日本経済新聞　2011年6月22日）

　この記事の後半では，国際会計基準が日本の製造業に悪影響を与えるかもしれず，したがって，丁寧な議論をすることが国益になるとしています。「国益」という言葉が出るくらいに，日本の経済的な利害に大きな影響を与えるものが国際会計基準の採用です。

　こうした記事を読んでいると，日本はまだ国際会計基準を採用していない国であると思われるかもしれません。実は，既に採用している国なのです。上記の議論は，上場企業の全社に「強制適用」する方針についてのものです。一部の企業では任意で国際会計基準を既に適用しているのです。これを伝えているのが次の記事です。

大手商社や製薬大手
来期から国際会計基準に

（前略）14年 3 月期までに導入が明らかになった企業は16社。大手商社では住友商事が導入済み。14年 3 月期に三菱商事や三井物産など 4 社が導入を計画している。…

　大手商社が現在採用している米国基準と IFRS は会計基準が似ているため，日本基準に比べて移行しやすい面もある。

　製薬大手も来期から相次いで導入する方針。武田薬品工業のほか，エーザイや第一三共も導入する。各社とも大型買収によりのれん代の償却費用が発生しているが，IFRS ではのれん代を償却しないため利益の上振れ要因になる。武田は固定資産の減価償却方法の変更と合わせ400億円の費用減を見込む。（後略）

（日本経済新聞　2012年 6 月19日）

　先の記事では製造業のモノづくりに影響するかもしれないから丁寧な議論が必要だとしているのに対して，この記事では個々に採用を決めている企業が出てきていることを述べています。武田薬品などは，のれん代を償却しなくて済むので利益が多くなるから国際会計基準を採用することに決めたかのように理解されかねません。日本の会計基準よりも国際会計基準のほうが企業には都合がいいということです。ホンダも2015年 3 月期に国際会計基準を採用しました。

　国として国際会計基準を適用するか否か，そして個々の企業として国際会計基準を採用するか否かは，国全体の利害あるいは個々の企業の利害によって決まってくる面があるということです。そもそも国際会計基準の内容も各国の利害が絡まって決まるという面があります。そうした点で国際会計基準はドラマチックに展開しているのです。

　当初の予定では，アメリカが2011年末までに国際会計基準の適用に関して判断することになっており，日本もアメリカの判断を参考にして2012年には適用方針を決定することになっていました。先の記事にあるように，アメリカは

2013年以降に判断を先送りしました。会計基準は産業界に大きな影響を与えることから，大統領選挙が終わって政権が決まるのを待つことになりました。しかし，それ以後も判断は先送りされたままです。国際会計基準の適用が政治にも絡む問題であることが明らかになったといえます。

　日本では，2011年3月11日の東日本大震災を理由に金融相が強制適用の開始時期を延期しました。これは，アメリカの状況を見極めたうえで，日本の産業界への影響を考慮した結果でしょう。大震災を延期の理由としているのは口実に過ぎません。日本の場合も国際会計基準の適用は政治問題になっているのです。

　新聞などでは「国際会計基準は世界で100以上の国に採用されている」といわれることがあります。これからすれば，日本も採用しなければ世界に遅れてしまうという危惧を感じるかもしれません。しかし，国際会計基準を完全な形で適用しているのは，オーストラリアなど限られた国しかありません。先にも述べたように，日本も既に採用している国なのです。国際会計基準適用の問題は，次の4点にあります。

① 　強制適用をするか

② 　証券市場に上場する企業の全社に適用するか

③ 　連結決算だけでなく個別決算にも適用するか

④ 　国際会計基準を完全な形で適用するか

　①の問題とは，日本の会計基準に替わって強制的に適用させるか否かという問題です。既に日本の企業も任意では適用できるので，強制適用すべきかが課題となっているのです。

　②の問題は，強制適用を決めた場合において，適用される企業の範囲を上場企業の全社とするか否かという問題です。上場企業であっても海外に事業展開をしていない企業，あるいは海外の投資家からの投資を期待しない企業もあります。そうした企業にとっては，国際会計基準を採用することには多大の負担がかかることになり，上場のメリットが薄れるかもしれません。証券市場を国際会計基準を適用させる市場とそうでない市場とに分けることも考えられます。

　③の問題は，国際会計基準を適用する場合でも，連結の財務諸表だけに限定するか否かということです。個別の財務諸表は法人課税や会社のあり方に影響

されることが多く，したがって法人税法や会社法と深く関係しています。「連単分離」ということで，個別の財務諸表は日本の会計基準で作成し，連結の財務諸表は国際会計基準で作成するということが現実的な案のようです。ホンダのように国際会計基準を採用している日本企業でも，個別の財務諸表は日本の会計基準で，連結の財務諸表は国際会計基準で作成しています。以下の本書の説明では日本の会計基準に基づいており，必要な場合には国際会計基準にも言及します。

　④の問題は，国際会計基準を完全な形で適用するか，あるいは部分的に修正して適用するかということです。国際会計基準の推進派である欧州でも完全な形では適用していません。しかし，国際会計基準審議会は完全な形での適用を狙っています。各国の事情に合わせた修正は認めないようにするというのが長期的な方針のようです。

　④の問題と関係していますが，日本では「修正国際基準」という会計基準が2015年に設定されました。これは，国際会計基準の一部を修正した形の基準です。修正した部分というのは，これまで日本が国際会計基準に対して強く反対してきた箇所です。いずれ説明しますが，のれんの償却とその他の包括利益の取り扱いに関したものです。しかし，この修正国際基準は，国際会計基準審議会からは国際会計基準とは認められていません。

　上記の記事が問題にしていた国際会計基準の「強制適用」の議論は，現在は中休みの状態です。その理由は，最大の経済大国であるアメリカが国内企業に対しては国際会計基準の適用を認めていないので，日本が急いで強制適用する必要がないからです。

　後の記事にあるように，連結決算では国際会計基準の「任意適用」は認められています。2022年8月現在では，任意適用をしている日本企業の数は251社になっています。これからも少しずつですが増えていくことでしょう。現在の日本では，それ以外の大多数の企業は日本の会計基準を採用しています。他に，アメリカの会計基準を採用することも認められており，現在では10社ほどが採用しています。そのかなりは，ホンダのように，国際会計基準に移行すると思われます。また，「修正国際基準」の採用も認められていますが，日本基準でも国際会計基準でもないことから，採用する企業が出てくるかは不明です。

　国際会計基準の適用というドラマによって得られる「教訓」を２つだけあげ
ておきます。

　その１つは，会計基準の設定あるいは改廃が企業活動ひいては内外の経済に
対して影響を与える，ということです。次章でも説明しますが，会計基準は企
業と企業を取り巻く利害関係者の利害に多大な影響を及ぼすのです。単なる情
報提供にすぎないような会計ですが，意外な力をもっているのです。

　もう１つの教訓は，会計基準の設定・改廃には利害関係者の利害によって影
響されるという政治的な側面があるということです。各企業あるいはその利害
関係者の経済的な利害に影響するからこそ，会計基準を設定する場が政治的な
活動の舞台にもなったりするのです。会計基準の設定・改廃が企業の業績に大
きな影響を与えることが多くなってきたので，国会で会計基準を議論するまで
になっています。

　皮肉屋のビアスは，その『悪魔の辞典』で，「政治」とは「主義主張の争い
という美名のもとに正体を隠している利害関係の衝突」であると説いています。
会計基準の設定と，それに基づく会計数値の決定では，多くの人々の利害が衝
突します。そして，それぞれの場面でそれなりの「主義主張」が論じられます。
最初のドラマにおいても，利益といった会計数値が企業のさまざまな利害・得
失を考慮したうえで決定されています。会計基準の設定，それに基づく会計数
値の決定，それぞれが経済的な利害を内に秘めた政治的な決断の所産にほかな
りません。貸借対照表や損益計算書に表されている無味乾燥とも思える数値の
背後には，こうした政治的な，そうした意味で実に人間的なドラマが展開され
ているのです。

【復習問題】

(1)　「会計は企業の出来事を忠実に表している（あるいは，表すべきだ）」とい
　　う，会計についての１つのイメージがあります。本章の２つのドラマを鑑賞
　　して，このイメージについてどのように感じたかを述べなさい。

第2章　会計の役割と規則

1　「会計」のイメージ

「会計」という言葉でどのようなことをイメージするでしょうか。お金の計算をしたり，帳簿に数字を書き込んだりすることでしょうか。これらは，現金の出納係あるいは帳簿係の仕事です。

お金を扱うことも帳簿をつけることも，大事な仕事です。しかし，その反面，おもしろくない仕事だと思われるのが一般的です。大学での会計科目について，勉強する前からおもしろくないものだと考えている学生も多いようです。ときには数字アレルギーなので会計が嫌いだという学生もいます。

会計ではなく会計担当者という人についてのイメージはどうでしょうか。会計がお金を扱い，帳簿をつけることから，まじめな，お堅い人間といったところでしょうか。お金を使い込んではいけないから会計係は堅い人でなければ務まらず，そのため会計担当者は物事に慎重に対処する人となり，経営の意思決定においても慎重な，あるいは消極的な判断をする人という役割を演ずることになっていました。

こうした会計担当者のイメージは変わってきています。この変化を引き起こしたのはなんといってもコンピュータの普及です。コンピュータの記憶装置とキーボードが，今までの帳簿とペンに取って代わったのです。帳簿に書き込むのではなく，キーボードを打つのが仕事であれば，「簿記」という言葉も死語になるかもしれません。また，キーボードを打つのも，必ずしも会計担当者の仕事ではなくなっています。他の人にさせるからです。他の人とは，他の部署

14

の人であったり顧客であったりします。営業員がパソコンで出張旅費を請求すれば，それが「帳簿」に記入したことになります。また，銀行やコンビニのATM（現金自動預払機）もコンピュータの端末であり，画面の指示に従って現金を出し入れすれば，それが同時に銀行の「帳簿」に記入していることになります。こうしたわけで，会社の中では「帳簿」をつける仕事は少なくなってきているのです。

　会計担当者のもう1つの仕事と思われている，お金の計算のほうはどうでしょうか。これも，銀行のオンライン化にともなって重要性が少なくなっています。商品の売買代金の授受や給料の支払いが銀行を通じて行われるようになっており，会計係が大きなお金を扱うことが少なくなっているからです。

　こうしたわけで，お金を計算したり，帳簿をつけたりする会計担当者の数は激減してきています。そうだとすると，会計担当者は必要なくなるのでしょうか。そうではありません。会計の中でもこうした単純な仕事は少なくなりますが，より高度で複雑な仕事が増えてきているのです。

　高度で複雑な仕事とは，企業の国際化あるいは経済活動の複雑化・多様化によって生みだされたものです。企業が海外に工場や営業拠点を設けると，その進出先の国の会計制度や税制を知らなければなりません。海外に進出していなくても，海外との取引があれば外国為替の変動に直面することになり，為替変動についての会計を行うことが必要となります。

　経済活動の複雑化・多様化としては，1つの企業がさまざまな製品を作ったり，販売形態を多様化したりしていることがあげられます。また，事業活動の展開にともなって企業はさまざまな金融商品を利用するようになっています。こうした金融商品の内容とその会計処理を知ることだけでも大変な仕事なのです。

　会計実務と会計学は，こうした金融商品に関する領域を含めて多くの領域に分化しており，それぞれに専門家がいます。別の領域のことはその専門家に任せるしかないような状態なのです。これは，企業活動の国際化・複雑化にともなって会計も複雑化・多様化してきたことの表れです。本書で扱う領域も，数多い領域の一部，そのうわべだけといえるでしょう。

　アメリカでは経営トップの最高経営責任者（chief executive officer; CEO）

に次いで，最高財務責任者（chief financial officer; CFO）という役職者がいます。日本の企業でもこうした肩書きを使う例がでてきています。最高財務責任者は会計・財務の最高責任者です。日本では経理担当取締役あるいは経理部長というところですが，もっと力があるようです。堅物だけの人では務まらない職務です。日本の企業でも会計の知識を駆使する経営トップが一段と必要とされるようになっています。

　ところで，最近では人工知能（artificial intelligence; AI）の研究が急速に進んでいます。人間が知能を使って行う仕事をAIが代わりにすることになるのです。新聞や雑誌などでは，それによって不要になる職業の1つとして「会計士」があがったりします。本当に会計士はAIによって追い払われてしまう職業なのでしょうか。これまでにも会計業務のコンピュータ化によって企業の会計担当者の数は激減していると述べました。AIは，これに拍車をかけることは確かです。AIによって公認会計士の仕事の内容も激変するかもしれません。しかし，AIではなく人が会計を行うかぎりは，監査を行う公認会計士が不要になることはないでしょう。

　これまで財務諸表には直接関係ない話を長々としてきたのは，会計と会計担当者の仕事の中身が変わってきており，そうした意味で「会計」や「会計担当者」に対するイメージを変えてもらいたかったからです。変わったでしょうか。少なくとも，本書を読むことによって旧来のイメージを変えていただきたいものです。

2　会計の役割

　財務諸表は，企業の経済活動についての情報を提供しています。したがって，企業の財務情報を提供することが会計の役割，あるいは財務諸表の役割であるといえます。しかし，単に情報提供といっても，それによって何が行われているのかは必ずしも明らかではありません。情報提供によって行われる会計の役割を次の3点で説明することにします。

　① 会計責任の遂行
　② 経済的な意思決定への役立ち

③　利害の調整

会計責任の遂行

　会計が数字を使うことから，計算を行うことが会計の基本的な仕事であると思われるかもしれません。しかし，会計において大事なのは，計算すること（count-ing）ではなく，説明すること（account-ing）なのです。「説明する」ことこそ会計（accounting）なのです。このようにいうと，読者の皆さんだけではなく，実際の会計担当者でも不思議に思う人が出てくるかもしれません。

　「説明する」ということから「会計責任」（accountability）というむずかしそうな言葉が出てくるのです。この概念を説明するため，『ベン・ハー』という映画の1コマから話をはじめましょう。

　この映画は1950年代にアメリカで制作され，チャールトン・ヘストンが主役のベン・ハーを演じたスペクタクル映画です。映画の舞台となった場所はローマ帝国の占領下にあるエルサレム，現在のイスラエルの首都であり，パレスチナ独立国家の首都にもなる場所です。ここはユダヤ教・キリスト教・イスラム教という3つの宗教の聖地でもあり，それが現在でも紛争が絶えない原因となっています。時代は西暦がはじまる頃で，映画にもキリスト処刑の場面が出てきます。

　問題の1コマは，ベン・ハー家の使用人であるシモニデスがキャラバン（隊商）から帰ってきて，その交易の成果を主人のベン・ハーに伝える場面です。シモニデスが「これが会計です（Here's the accounting）」といったのです。字幕では，「これが精算書です」となっていました。これがまさに会計責任を遂行している言葉です。図表2-1を使って少し詳しく説明しましょう。

図表2-1

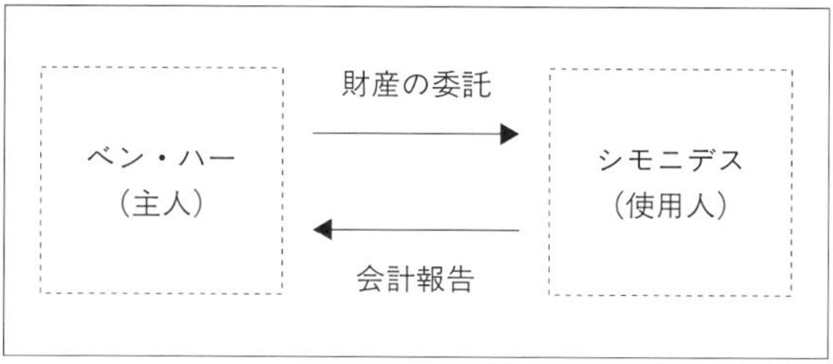

　ベン・ハーは，利益を得るつもりでその財産の運用をシモニデスに委託します。シモニデスは，事業家としてキャラバンにでて交易を行い，成果をあげて，つまり財産を増やして帰ってきました。こうした財産の一覧表をベン・ハーに手渡すときに言ったのが，「これが会計です」という言葉です。ベン・ハーはそれによって自分が委託した財産について説明を受けたことになるわけです。

　つまり，会計とは財産の運用を委託された人が，委託した人に対して，その財産の運用状況ないしは運用結果を説明することです。会計では，その説明の手段として数字が用いられているのです。財産の運用を委託された人は，その状況あるいは結果を説明する義務があります。こうした説明する義務のことを「会計責任」というのです。ですから，「会計」という言葉が付いていても，説明する責任というのが「会計責任」の本来の意味です。

　説明ということで少し脱線すると，英語では"go to one's long account"という言い回しあるいはそれに類似した表現があるそうです。これは，どのように一生を送ったかを説明するために神の前へ行く，といった意味だそうです。つまり，死ぬことです。特にキリスト教では，人間の身体は神から授かったという考えがあるようです。すなわち，神から身体を委託されているというわけです。この委託された身体という財産をいかに運用したか，つまりどのような一生を送ったかを説明する義務すなわち会計責任が人にあるのです。死んだときには神が納得するような説明を行うわけですから，大変なことです。キリスト教が自殺を認めないのは，神から委託された身体を自分で損なう行為は神に対して申し開き（つまり説明）ができないからでしょうか。

　話をベン・ハーの時代から現代に戻し，株式会社の場合をみてみましょう。

　株式会社では，株主が財産の運用を経営者に委託しているとみられます。経営者が株主を兼ねる場合もありますが，基本的な形としては，株主と経営者との間に委託があると考えることができます。財産の運用を委託された経営者は，企業家として事業活動を行って成果を得ようとします。

　ベン・ハーの時代のキャラバンとは違い，株式会社は継続して事業を行っている組織です。したがって，その成果の報告はある一定期間ごとに，途中経過として行うしかありません。通常は1年ごとに株主総会が開催され，経営者は株主に委託された財産の状況や成果を説明します。その説明のために，貸借対

照表や損益計算書を用いるのです。これが株式会社における会計責任の遂行の基本的な形です。つまり，経営者は企業の財務面を株主に対して説明することが求められているわけです。

しかし，現在では株式会社はその規模が巨大化し，社会的な存在になっています。会社の経営者が行う説明は，説明する相手も説明する内容も拡張してきています。

会社が社会的な存在になっているだけに，株主に対して説明するだけでなく，会社を取り巻く利害関係者や一般の人々にも説明をする必要が出てきたのです。つまり，株主に対する私的な説明から一般の公衆に対する公的な説明へと変化しているのです。企業の社会的責任に対応した公的な説明が求められるようになったのです。

説明する内容についても，企業の財務的な面だけでなく，企業の社会的責任を意識した経営を行っているかどうかという社会的な面をも説明することが重要になっています。

アメリカでは，株主に送付する年次報告書に，少数民族をどれだけ雇用しているか，地域に対してどのような貢献を行っているか，といった説明が載ったりします。また，近年では，欧米でも日本でも環境会計という会計の分野が急速に進展しています。これは，企業の環境面についての説明責任を遂行しているものといえるでしょう。

ところで，シモニデスや会社の経営者が説明を行ってもベン・ハーや株主が納得しなかった場合，単に説明がダメだったというにとどまりません。説明の良し悪しではなく，キャラバンの成果や事業活動の成果が問題とされます。つまり，キャラバンや事業活動という行為の結果についての責任が問われるのです。ときには，まさに「責任を取らされる」ことにもなります。シモニデスも経営者もクビになるかもしれません。ですから，会計責任あるいは説明責任があるということは，単に説明を行う責任があるだけではなく，説明する内容についても責任があるということなのです。

経済的な意思決定への役立ち

会計が情報を提供するというのは，その情報が何かに利用されることを前提

としています。その何かとは経済的な意思決定です。企業の内外で多くの意思決定が行われますが，そのための判断材料として会計情報が役に立つのです。

　たとえば，株主は会計情報によって経営者の人事について意思決定をするかもしれません。鉄道やガス，電力などの公共料金の決定においても会計情報が使われたりします。取引先を選定する場合にも会計情報を利用して長期的に取引ができるかを判断することがあります。このように会計情報は多くの経済的な意思決定に利用されますが，その最大の役立ちは投資の意思決定に利用されるということです。

　投資の意思決定とは，資金を保有する投資家がその資金をどのように使うかを決定するということです。その代表的な例が，企業の発行する有価証券，たとえば株式や社債を売買するという意思決定です。その意思決定のための参考資料として会計情報が使われるのです。企業の側からみれば，企業が必要とする資金を得るために会計情報を提供することになります。会計情報が投資家の投資意思決定に役立たなければ，必要な資金を得られないということにもなります。

　とりわけ大企業においては，会計の役割としてこの投資意思決定への役立ちが次第に重視されるようになっています。先に述べたように，会計責任の役割が株主に対する会計責任から一般の公衆への説明責任に拡張してきています。その一部である投資家への会計責任の遂行と投資意思決定への役立ちが，同じ会計情報の提供によって行われているとみられます。

　ところで，会計が投資意思決定に役立つ情報を提供するとしても，どのような情報が必要とされるかは必ずしも明確ではありません。ある企業の株式を売買する意思決定と，同じ企業の社債を売買する意思決定とでは，役立つ会計情報が異なるでしょう。株式は企業の将来性を考えて買われることが多いわけですが，そうした将来性を教えてくれるような情報を会計が提供できるかは疑問です。会計は基本的には過去の出来事についての情報を提供するものです。しかも，その情報は客観的な証拠による裏付けのあるものでなければなりません。株式を売買するという意思決定に対して会計がどのような情報を提供できるのかは，よく検討しなければならない問題なのです。

　企業が行う会計は，これも説明あるいは情報提供であるかぎり，相手が納得するようなものでなければなりません。「不正会計」あるいは「粉飾決算」といった不正な説明をすることは論外です。説明されたことに納得がいかなければ，経営者に聴いてみることが必要です。こうした聴取が監査です。「監査」の英語である audit は，オーディオ製品が音楽などを聴くための機器であり，オーディションが歌手などの声を聴いて行う審査であることから分かるように，もともとは「聴く」ということです。会社法の規定では，監査役あるいは監査委員会が株主に代わって経営者を聴取する役割を演じています。しかし今日では，会社の会計を監査する主役となっているのは公認会計士あるいはその法人組織である監査法人です。

　経営者は，どのように会計を行ったかを公認会計士に説明しなければなりません。また公認会計士も，経営者の説明が納得のいかないものであれば，経営者にその理由を説明し，さらには他の方法を採用するよう説得しなければなりません。また，説明は客観的な証拠に基づいたものでなければ説得力が欠けてしまいます。このように，経営者と公認会計士はお互いに相手に対して説得力のある説明をしなければなりません。相手を納得させるだけの論理と証拠が必要となるのです。論理の妥当性や証拠の客観性について，両者の間に「理論闘争」が繰り広げられることにもなりかねません。一般には，会計における不正を摘発するのが公認会計士の役割であるかのように思われています。それだけでなく，あるいはそれ以上に，経営者に対して納得のいく説明を求めること，これが公認会計士の役割なのです。公認会計士は，経営者とのこうした理論闘争を戦い抜く能力が必要とされるのです。会計規則を丸暗記しただけでは武器にはならないことは確かです。

利害の調整

　これまで説明してきた会計の2つの役割は，会計が情報を提供する目的であり，比較的理解しやすいものでしょう。これに対して，会計のもつ利害調整の役割は分かりにくいものです。それは，先の2つの役割が遂行されると同時に，そして隠れた形で利害調整が遂行されるからです。この利害調整の役割を理解するため，ケース2-1をみることにします。

Case 2-1

バブル経済崩壊後の平成不況が続く中，1998年４月から２年間，経済政策の一環として「パソコン減税」といわれる減税策が実施されました。予定通り２年後に廃止されましたが，その時の新聞では次のように報じられています。

パソコン減税打ち切り
償却は４年に

（前略）企業や個人事業者が１セット百万円未満の情報通信機器を購入したときに，全額をその年度の損金に一括算入できる「パソコン減税」は，期限を迎える今年度末で廃止する。この減税は景気対策として1998年度から導入したもので，企業の情報技術（IT）武装を後押ししてきた。減税規模は平年度で2,950億円にのぼる。政府・与党は「廃止は現行法で決まっており，制度改正とはいえないので減増税規模の計算には含まない」（大蔵省）と説明するが，企業からみれば実質的な増税だ。

一律６年となっている電子計算機の法定耐用年数は，パソコンで４年，その他のコンピューターで５年にそれぞれ短縮する。早期償却によって企業の税負担を軽減し，IT投資を促すのが狙いだ。だが，パソコン減税は法定耐用年数を事実上１年に短縮する効果があっただけに，パソコンの償却期間はむしろ長くなった。（後略）

（日本経済新聞　2000年12月14日）

「パソコン減税」の仕組みを簡単に説明します。たとえば，パソコンなどの情報通信機器を100万円で購入したとしましょう。通常時であれば，これは備品として貸借対照表に計上されます。備品は減価償却が行われます。もし耐用年数６年で定率法によって減価償却を行えば，初年度には約32万円の減価償却費が発生します。これが初年度の費用です。この算定方法の詳細は第７章で学びます。

「パソコン減税」によれば，この100万円の備品は資産としてではなく，費用として損益計算書に一度に計上されます。つまり，通常時であれば初年度の費用が32万円であるのに対して，「パソコン減税」時には100万円となり，差し引き68万円だけ費用が多くなります。費用が多い分だけ利益が減り，したがって利益にかかる税金が減ります。法人税などの税率が40％であるとすれば，約28万円の税金を支払わなくて済む，すなわち「節約」できることになります。これが「パソコン減税」といわれる理由です。

この「パソコン減税」が利害調整とどのように関係するのでしょうか。これを説明するには，調整されるべき利害が何であるかを先に説明しなければなりません。この利害とは経済的な利害，つまり経済的な利益と損害です。すなわ

ち，誰かが得をして，誰かが損をする，ということです。こうした損得を生じ
させるのは，パソコン減税が資源の配分と成果の分配に影響するからです。資
源の配分とは，経済的な資源が誰によってどのように配分されるかということ
です。また，成果の分配とは，資源配分の結果として得られた経済的な成果
（利益あるいは富）が誰にどのように分配されるかということです。この2つ
の観点から「パソコン減税」の意味を知ることにしましょう。

　政府が「パソコン減税」を行ったのは，景気対策としてIT投資を促進する
ためです。これを資源配分の観点からみると，企業の中で情報通信機器にお金
をかけることであり，また，それによって，パソコン関連事業へ資源を振り分
けることになります。政府の目論見通りになれば，社会全体としてパソコン関
連の産業に経済的な資源が配分されるわけです。

　成果分配の観点では，「減税」ですから，パソコンを購入した年度には法人
税などの税金が減少します。それだけ，企業活動の成果である利益のうちで税
金として徴収される分が少なくなります。ただし，次年度以降は税金が多くな
ります。このように，同一企業で期間ごとの成果の分配が変わってくることに
なります。また，パソコン関連事業の売上が増加すれば，パソコン関連の企業
の成果（利益あるいは富）にも影響するのは当然です。こうした企業の利益が
増加すれば，その企業への投資家にも利益が分配されます。したがって，利益
の分配を得ようとして投資家はそうした企業にお金という資源を配分する，つ
まり投資をすることになります。

　なんだか「風が吹けば桶屋が儲かる」という諺みたいな理屈だと思われるか
もしれません。しかし，会計処理の方法が1つの企業における資源配分と利益
分配を変えるだけでなく，一国の経済における資源配分と利益分配に影響する
ものであることがお分かりいただけたことでしょう。

　「パソコン減税」による会計処理は，会計によって利害の調整が行われる1
つの例です。直接的には，パソコンを購入する企業に利益になるように利害を
調整しているといえます。このケースでは，損害を被っている人はいないよう
にもみえます。しかし，「減税」であれば，国民全体がそれによって間接的に
損害を被っているともいえます。このケースが示すように，会計規則のそれぞ
れが，また会計規則の全体が企業，業界，人々の利害を調整しているのです。

こうした利害の調整は，調整という穏やかなイメージとは裏腹に，利害を誘導したり，強制したりするような場合もあります。会計には，こうした重要な役割があるのです。

　会計による利害調整の役割は，会計責任の遂行あるいは経済的な意思決定のための情報提供と同時に，あるいはその結果として，遂行されているといえます。会計は単に情報を提供しているだけではないのです。したがって，会計規則を設定するには，会計責任の遂行と経済的な意思決定への役立ちという2つの役割だけでなく，多少なりとも利害調整の役割をも考慮せざるをえないのです。前章でもみたように，企業・業界の利益になるような会計規則であれば，その設定に企業・業界は反対しないでしょう。しかし，株主や投資家などの利害関係者の利害を無視することもできないでしょう。会計規則の設定は，利害がからむ，むずかしい仕事なのです。

3　会計の規則

規則の必要性

　会計の規則とは何を意味するのでしょうか。会計は言葉と数字を用いて企業の内容を説明することですが，その説明の仕方は数多くあります。数多くの説明の仕方（これを会計処理の方法といいます）から適当と思われるものだけが選ばれます。会計の規則とは，このようにして選ばれた会計処理の方法のことです。これを図表2-2で説明すると，数多くの方法のうちいくつかの方法だ

図表 2-2

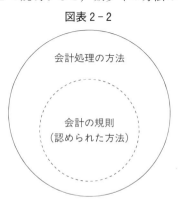

けが「認められた方法」としての規則になるということです。経済的な出来事が生じたときに，それを会計処理する場合，1つの方法だけが認められる（つまり強制される）場合もあれば，複数の方法が認められる場合もあります。複数の方法が認められる場合であれば，経営者はこの中から1つの方法を選択しなければなりません。つまり，経営者が会計報告という説明を行うには，規則という形で数が限定された会計処理の方法から，さらに特定の方法を選択することが必要になるのです。

　では，こうした規則がなぜ必要なのでしょうか。その理由を，財務諸表が企業の「成績表」であるとして説明します。企業によって成績評価の基準が異なれば，つまり成績のつけ方が異なれば，他の企業との比較ができません。同じ評価基準を用いてこそ「A」なり「優」なりの評価が意味をもつからです。こうしたことから，規則によって同じ基準を設けることが必要となるのです。こうした必要性を推し進めれば，業種や国を問わず，会計処理の方法を特定の方法だけに統一する，ということになります。近年では，国際会計基準としてこうした統一性が強く主張されています。

　会計処理の方法を統一する，あるいは規制することは必要でない，という逆の見解もあるでしょう。「経理自由の原則」を主張する研究者がいます。経理自由の原則とは，経営者が自由勝手に会計を行ってもいい，というのではありません。その趣旨は，企業の実情を最もよく知っているのは経営者であるから，実情に最も適した方法を経営者に選ばせたほうがいい，ということです。こうした企業の実情に適した方法を選択するために複数の方法を認めようとする主張と，1つの方法に統一しようとする主張とが，会計の規則を設定する舞台裏には認められるのです。

　経理自由の原則は，暗黙のうちに，性善説を前提としているといえます。経営者が会計処理の方法を選択する際には，企業の実情だけを考慮し，不純な動機はない，という前提です。「不純な動機」というのは，利益が多くでているように見せたい，売上高を同業の他社に負けないようにしたい，といったことです。こうした動機があるところでは経理自由の原則は，経営者にとって経理自由勝手の原則になってしまうおそれがあります。

　規則は制服に似ています。制服も数ある服装の中から特定のものに統一する

ことです。なんらかの教育理念があって，制服もそれを実現する手段としてみることができます。後で説明しますが，会計の規則もなんらかの理念を実現する手段です。制服を廃止して服装を自由にすべきだとの主張は，個人の好みや体型の違いから自分に合った服装は各人が最もよく知っているという理由によるものです。服装自由の原則といえます。これに反対する主張には，生徒は「自由」の意味をはき違えて自分勝手な服装をするから制服を制定したほうがいいというものがあります。たぶんに管理者的な発想です。制服に賛成する見解には，自分で服装を選ぶのは面倒なので学校で決めてくれたほうが楽でいい，というものもあるでしょう。毎朝，きょうはどの服を着て出勤しようかと悩む（楽しむ？）ビジネスウーマンと，スーツという制服を着るビジネスマンとを比較すれば，この説も納得のいくものかもしれません。会計の規則にもこうした側面があることでしょう。

　制服は，着ている人のファッション・センスを奪うともいわれます。同じように，会計の規則に盲従していると，会計センスが身につかなくなるおそれもあります。会計の規則を丸暗記するだけでなく，規則の背後にある理論，考え方，哲学なども勉強して会計の判断力を養ってもらいたいものです。

　会計の規則には，その理念の違いから３つの体系があります。それぞれの体系を代表する法律が金融商品取引法，会社法，法人税法です。これらの法律の理念と，それに関連する規則の中でも重要なものを図表２−３であげておきます。以下の説明では，この３つの体系だけでなく，第１章で取り上げた国際会計基準についても触れることにします。

図表 2 − 3

法　律	理　念	規　則
金融商品取引法	投資家保護	企業会計原則 財務諸表規則など
会社法	債権者保護	会社計算規則など
法人税法	課税の公平	法人税法施行令など

金融商品取引法

　金融商品取引法という名称からすると，これが会計の規則とどのような関係

にあるのか分かりにくいことでしょう。会社が発行する株式や社債は金融商品の代表的なものです。この金融商品としての株式や社債を売買するためには，それを発行する会社に関する情報が必要になります。こうした情報のなかでも重要な会計情報が投資家に適切に伝わるように規制しているのが金融商品取引法であるといえます。この法律の目的が第1条に述べられているので，それを挙げておきます。

金融商品取引法第1条

　この法律は，企業内容等の開示の制度を整備するとともに，金融商品取引業を行う者に関し必要な事項を定め，金融商品取引所の適切な運営を確保すること等により，有価証券の発行及び金融商品等の取引等を公正にし，有価証券の流通を円滑にするほか，資本市場の機能の十全な発揮による金融商品等の公正な価格形成等を図り，もつて国民経済の健全な発展及び投資者の保護に資することを目的とする。

　株式や社債などの有価証券を発行しようとする企業は，発行時に「有価証券届出書」を，発行後は「有価証券報告書」を内閣総理大臣に提出することが求められています。特に「有価証券報告書」には，会計情報を主体とした多くの企業情報が記載されており，条文にある「企業内容等の開示」（ディスクロージャー）の制度の中心となっています。

　有価証券報告書は，金融庁のサイトからも入ることのできる電子情報開示システム（Electronic Disclosure for Investors' Network；EDINET）では上場各社のものを見ることができます。このEDINETが金融商品取引法による情報開示の中心になってきています。また，各社のホームページでも有価証券報告書を見ることができます。アメリカの証券市場に上場している会社では，アメリカの会計基準によって作成する「アニュアルレポート（annual report）」を英文と和文で提供しているところもあります。したがって，投資家だけではなく一般の人も財務諸表に容易にアクセスすることができます。

　金融商品取引法が後ろ盾になって各種の会計規則・基準が設定されています。最も古くからある規則が「企業会計原則」です。この企業会計原則は，長い間，改正されないままになっています。基本的な原則を設定していますが，時代に

そぐわない部分も多くなってきました。ただし，企業会計原則で有用だと思われる部分は本書でも取り上げています。現在では，テーマ別に詳細な会計基準を設定することが多くなりました。そうした基準を載せている規則集も厚みを増しています。こうした会計の規則を本書では「日本の会計基準」あるいは単に「会計基準」と呼ぶことにします。

　こうした会計基準は，以前は，国の行政機関の諮問委員会である企業会計審議会が設定していました。2001年からは，日本公認会計士協会や民間の経済団体が出資する財務会計基準機構が設立され，その機構内に設置された企業会計基準委員会が会計基準を設定することになりました。

　こうした会計基準に依拠して内閣総理大臣が内閣府令として定めたものが「財務諸表等の用語，様式及び作成方法に関する規則」という長い名前の規則で，「財務諸表規則」と省略するのがふつうです。同じようなものに「連結財務諸表規則」があります。会計基準は，主として，会計処理という内容面を規定しています。これに対して，財務諸表規則などは財務諸表の表示方法という形式面を規定しているものです。

　証券取引所に有価証券を上場している会社は，その財務諸表について公認会計士あるいは監査法人の監査を受けなければなりません。この公認会計士あるいは監査法人が監査を行う際に依拠するものが，これまで説明してきた会計基準です。したがって，こうした会社の会計担当者も会計基準を熟知していなければなりません。

会社法

　会社法は株式会社を中心として会社一般を規制する法律で，2006年から施行されています。それ以前は株式会社を規制していた法律は商法であり，いわば会社法は商法から独立したのです。本書では，この会社法と比較して説明する必要から，以前の商法を「旧商法」として取り上げることにします。また，会社組織の大半を占める株式会社についてだけ取扱い，それ以外の合名会社や合資会社などは扱いません。

　会社法の目的は，会社をめぐる利害関係者の利害を調整することです。利害関係者としては，具体的には，経営者と株主と債権者とが想定されています。

会社法が会計をめぐって行う利害調整は，株主と債権者に対する情報提供と，株主に対する配当規制とに表れます。会社に資本を提供している株主に対する情報提供は，会計責任を遂行するためです。債権者に対する情報提供は，貸付けなどの経済的な意思決定への役立ちを意図したものです。会社法による配当規制は，債権者を保護するために株主と債権者との間の利害調整を行っているといえます。

債権者の保護が，株式会社の会計を規制する際の理念となっています。では，なぜ債権者を保護する必要があるのでしょうか。その理由は，株式会社の出資者である株主の責任が有限だからです。株主の責任が有限であるという意味は，たとえ会社が倒産しても株主は自分が出資した範囲で責任を負えばよく，それ以上の責任は追及されないということです。そうなると，債権者は会社に対する債権を回収できなくなってしまいます。この点で，債権者は株主に比べて不利な立場に立たされています。そこで会社法は債権者の保護となるような規定を設けているわけです。それが債権者に対する情報提供と株主に対する配当規制です。配当を規制するのは，債権に対する担保力をもつ財産が配当という形で社外に流出することをできるだけ防ぐためです。

しかし，会社法は旧商法に比べて，債権者を保護するという理念は大幅に後退しています。第11章で説明しますが，とりわけ配当規制が大幅に緩和されたのです。債権者保護の理念が後退したのは，政府が政策として規制緩和を推し進めたのが原因です。旧商法では株式会社の資本金は最低1,000万円となっていましたが，会社法では0円でも可能となりました。このように資本金に対する規制が緩和されたのは，会社の設立を容易にして新規事業を創生するためであったとみられます。

会社法の立場は，債権者に対する情報提供を会社に行わせるから，債権者はその情報に基づいて自己責任で貸付けといった信用供与を行うべきだというものです。そうしたことから，債権の担保となるような財産を配当規制によって確保するという，旧商法がもっていた債権者保護の理念は後退したのです。それだけに，会社に貸付けといった信用供与をする債権者は，財務諸表の数字を理解できる能力が必要となっているのです。この点では，株主に対する情報提供についても同じことがいえます。

　会社法では，その目的が金融商品取引法とは異なるところから，会社に対して提供を求める情報の内容が多少異なっています。しかし，財務諸表に関してはほぼ一致しています。というよりは，会社法はその会計規則を会計基準に委任しているのです。これには，会計基準が高度化・複雑化した結果，会社法が独自の会計規則を設定することができなくなったという事情があります。したがって，会社法，そして法務省令である会社計算規則では，資産や負債，収益，費用などの会計処理に関しては会計基準の邪魔をしないような規定を設けています。ただし，資本金など株主資本の項目では会計基準が独自に決定することができないものがあり，こうした項目については会社法が規定することになっています。

　会社法では，大会社（資本金5億円以上あるいは負債200億円以上の会社）については公認会計士あるいは監査法人の監査を求めています。こうした大会社については会計基準に従った会計が行われることになります。また，それ以外の中小会社については「中小企業の会計に関する指針」と「中小企業の会計に関する基本要領」が発表されており，これに従って会計が行われることが望まれています。これは会計基準の簡略版といえるものです。

法人税法

　所得税は個人の所得に課される税金ですが，法人税は会社などの法人の所得に課される税金です。いわば法人所得税ともいうべきものです。国や地方自治体が税金を課す場合，基本的な理念となるのが課税の公平です。しかし，課税の公平の具体的な内容を知ることはむずかしいことです。

　法人の所得とは何を指すのでしょうか。損益計算書には，法人税などを控除する前の利益として税引前当期純利益があります。これは法人の所得と同じでしょうか。金額的には近いことが多いのですが，それと一致することはむしろまれです。法人税法は，税引前当期純利益から出発して，課税の公平などの観点からそれを再計算して「課税所得」を確定し，それに基づいて法人税を課すのです。法人税などについては第12章であらためて説明します。

　課税所得を計算するための資料は貸借対照表と損益計算書です。具体的には，株主総会で確定した決算に基づいています。これを確定決算基準あるいは確定

決算主義といいます。法人税法は，確定決算による利益を出発点としながらも，その源である収益と費用にまでさかのぼって点検し，計算し直します。たとえば交際費のように，課税の公平という観点から損金（税務上の費用）としては認めないものもあります。法人税法はまた，税法上の恩典を受けるためには，基本的には，確定決算の段階でそれなりの会計処理をしていることを要求しています。税務上の恩典とは税金が少なくなるということです。これをケース2－1の「パソコン減税」の例で説明しましょう。

　通常は，たとえばパソコンなどを100万円で購入した場合，貸借対照表に資産として100万円を計上し，損益計算書において適切な額の減価償却費を費用として計上します。しかし，「パソコン減税」の恩典を得るためには，パソコンを購入した年度においてその全額を費用として処理しなければなりません。決算においてパソコンを費用として計上しておかなければ，税務上の損金としては認定されません。これが確定決算基準の意味するところです。簡単にいえば，原則として，確定した費用を超える損金は認めず，確定した収益を下回る益金（税務上の収益）は認めないということです。

　こうした確定決算基準が会計の実務に与える影響は大きいものです。税務上の恩典を得ようとすれば，恩典が得られるような方法を，通常の会計処理を行う段階で採用しなければならないからです。恩典が得られる方法が妥当な会計処理とは思われない場合でも，減税・節税となることから，企業はそうした方法を採用してしまいます。これまでは公認会計士あるいは監査法人の監査においても，こうしたことを認めてきたのです。税務が会計を歪めていることになるのです。

　会計は必ずしも法人税法の規定に従う必要はありません。アメリカでは会計と税務は原則として別になっています。しかし日本では，会計と税務を分ければ計算が二度手間になる，税務上の恩典が受けられない，などの理由から，会計が法人税法の規定に従う傾向にありました。

　税金を減らしたい会社と税金を取りたい税務当局との間で，会計処理について多くの争いが生じます。裁判にまで持ち込まれるというケースも多くなるわけです。それだけに，法人税法には細かい規定が設けられています。法人税法施行令とか法人税法施行規則といった規則だけでなく，これらの規則について

税務当局の解釈を統一するための通達（つうたつ）が数多くだされています。通達は国税庁長官が税務署向けにだす通知であって法律ではありませんが，税務署がこの通達に基づいて行動するかぎり，この通達を知ることも会社の会計担当者にとっては大事なことです。また，法人税法が会計基準や会社法およびその関連法規よりも詳細な規定を設けていることから，税法の規則・通達を使ったほうが便利だという面もあるようです。したがって，税務が会計の実務にもっとも強い影響を与えてきたのです。

国際会計基準の影響

　日本の会計基準は，もともと経験法の国であるアメリカを原産地としていました。その理念は投資家の保護です。これに対して，旧商法は大陸法の影響を受けており，その理念は債権者の保護です。したがって，この2つの会計規則の体系は，その出発点からして異質なものでした。会計基準は時には，旧商法の会計規則と対立するだけでなく，税務の会計規則とも対立してきたのです。

　しかし，会計基準の側が大きく変化しました。とりわけ「会計ビッグバン」と称される大改革が2000年に行われました。これまでとは異なる会計基準がいくつも設定されたのです。これらの会計基準は企業経営にも大きな影響を与えるものであっただけに，その衝撃は大きかったといえます。それ以後も改革は継続しています。こうした会計ビッグバンの震源は国際会計基準でした。

　国際会計基準（International Accounting Standards; IAS）は，国際的に会計を統一しようとするものです。単に国際的に同じ会計基準を設けようとするだけでなく，会計処理の方法をできるかぎり少ない数に統一しようとしています。多様な会計処理を認めないというものです。国際会計基準は，国際会計基準審議会（International Accounting Standards Board; IASB）が2001年以後に公表するものからは「国際財務報告基準」（International Financial Reporting Standards; IFRS）と改称されています。しかし，現在でも新聞記事などでは「国際会計基準」という名称で通用しているので，本書でもこれを採用しています。

　なお，雑誌や本などでは表題に「IFRS」が使われることが多くなっています。書店でも「IFRS」を書名に使った本が多数並んでいます。「アイファー

ス」あるいは「イファース」と発音されるようです。「国際財務報告基準」では会計に関する基準であることが分かりにくいのでしょう。

　国際会計基準は，アメリカの会計基準の影響を強く受けています。というのは，資本主義の先頭を走っているところから，アメリカにおいて新しい経済的な出来事の大半が生じているからです。それに対応して新たな会計基準が設定されているのです。しかし，国際会計基準をリードしていたのは，アメリカと同じ経験法の国であるイギリスです。国際会計基準は，イギリスとアメリカとの経済環境や文化的背景の違いからか，アメリカの会計基準とは多少異なっている点もあります。

　第1章のケース1-3の記事にあるように，アメリカでも国際会計基準の適用に関する判断を先送りしました。面白いことに，実は現在では国際会計基準は国際会計基準審議会とアメリカの財務会計基準審議会（Financial Accounting Standards Board; FASB）とが共同で作成しているのです。これは国際会計基準とアメリカの会計基準とのコンバージェンス（収斂）を図っているからです。「コンバージェンス」とは意見などを一致させることです。イギリスを代表とするかのような国際会計基準とアメリカの会計基準を一致させようとしているのです。しかし，その結果である国際会計基準をアメリカが強制適用させるか否かは，その作成とは別問題なのです。

　日本の会計基準も国際会計基準とのコンバージェンスが図られています。しかし，同じ「コンバージェンス」という言葉を使ってもアメリカとは異なります。日本の会計基準の「コンバージェンス」は，国際会計基準に一致させるという意味合いで使われています。したがって，このコンバージェンスを推し進めれば，逆説的ですが，日本の会計基準は不要になってしまいます。同じような内容の会計基準になってしまうからです。日本の会計基準を設定する役割を担っている企業会計基準委員会は，コンバージェンスを進めながらも，日本独自の内容も組み入れた会計基準の作成に苦労していることになります。

　イギリスの影響を受けたためか，国際会計基準の特徴として原則主義という考え方があります。原則主義に対照されるのは細則主義です。アメリカや日本の会計基準は細則主義として特徴付けられます。すなわち，国際会計基準と日米の会計基準の違いは，原則主義vs細則主義とも表されるのです。ただ，国

際会計基準にしても多くの規則を設けており，原則主義 vs 細則主義は程度問題であるといえます。

　原則主義とは，会計基準としては大まかな考え方あるいは原理・原則を示すにとどめ，細部については実務の判断に任せるといったものです。国際会計基準は，一方では会計処理の統一化を目指していますが，細部では企業の実情を最もよく知っている経営者の自主的な判断を求めているといえます。

　これに対して細則主義とは，規則を細かく設定して実務の判断の余地を少なくするものであり，そのため会計基準は膨大な量になってしまいます。先に法人税法は細かい規定を設けていると述べましたが，まさに細則主義によっているといえます。これは，同じような事例について税務署によって判断が異なってはならないからです。

　企業の会計担当者としては，細則主義による会計基準に従うほうが便利であり，楽でもあります。自分でいちいち考える必要がないからです。しかし，規則に従った会計処理の内容が，会計基準の原理・原則に合わなかったり企業の実情に合わなかったりする場合もでてきます。細則主義にはこうした欠陥が認められます。

　それでは原則主義には欠陥はないのでしょうか。会計基準では大まかな点は統一されているにしても，細部では原理・原則に基づいて会計処理をしなさいといわれても，会計担当者によって原理・原則の解釈が異なってくる場合もでてくるでしょう。同じ企業内の他部門あるいは同業の他社とでも同じような経済事象について会計処理が異なってくるかもしれません。会社内でそれなりの規定を作るなり，監査する公認会計士・監査法人側の「マニュアル」に頼るなりすることになりかねません。細則主義のアメリカ会計基準が参考にされるのではないかといった話もあります。

　国際会計基準というと，日本の会計基準とはまったく別の内容の会計基準だという誤解もあるようです。コンバージェンスが進んだこともあり，現在では理論的に大きく違うわけではありません。ただ，実務に実際に適用する場合には細かい点で多くの差異が生じるとみられます。その点で，企業には多大な負担がかかることは間違いありません。

　国際会計基準の原則主義に対応するためには，会計基準を暗記すれば事足り

34

るという勉強方法ではなく，原理・原則を理解し，それに従った会計処理をするという態度が必要になります。IFRSの会計基準の字面だけ追うのではなく，その考え方を十分に理解しなければならないのです。

【復習問題】
(1) 次の文章が間違っているかどうかを指摘し，間違っている場合にはその理由を説明しなさい。
ア．会計責任とは，会社の会計担当者が職務として会計事務を行う義務のことである。
イ．金融商品取引法が企業にディスクロージャーを求めるのは，債権者保護の理念からである。
ウ．会社法は，企業会計に対して投資家の意思決定に役立つ情報を提供するよう求めている。
(2) 会計基準の考え方として原則主義と細則主義があります。それぞれの長所と短所と思われる点を述べなさい。
(3) 国際会計基準は世界各国の会計を統一しようとしています。こうした国際的に会計を統一することによる長所と短所と思われる点を述べなさい。

第3章　財務諸表における表示

1　財務諸表の体系

財務諸表

　財務諸表の「諸」とは「もろもろの」という意味であり，「諸君」と同様に，複数であることを示しています。ですから，たとえば貸借対照表だけを示すのであれば「財務表」となります。そうした使い分けをする人もいますが，日本語は単数と複数の区別を英語ほどには意識しないので，単数の場合でも「財務諸表」ということにします。

　財務諸表として基本的なものは貸借対照表と損益計算書です。本書では，この2つの財務諸表を中心にして説明し，さらにはキャッシュ・フロー計算書や株主資本等変動計算書などについても説明します。

貸借対照表と損益計算書の関係

　貸借対照表の仕組みは比較的分かりやすいと思いますが，損益計算書の仕組みは慣れた人でないと分からないことでしょう。損益計算書では各項目が上から下に羅列してあるだけで，それぞれの項目がプラスであるのかマイナスであるのか分からないからです。貸借対照表の中には△印がありますが，これはマイナスを示しています。こうした例外はありますが，原則として財務諸表ではマイナスの記号は使いません。そこで理解しやすくするため，適当な金額を付けた損益計算書にマイナスの記号と適当な線を付け加えて，図表3-1として表示することにします。

図表 3-1

（単位：億円）

科　　目	金　額
売　　　　　上　　　　　高	40,000
売　　上　　原　　価	−27,000
販 売 費 及 び 一 般 管 理 費	−11,000
営　　業　　利　　益	2,000
営　　業　　外　　収　　益	1,500
営　　業　　外　　費　　用	−500
経　　常　　利　　益	3,000
特　　別　　利　　益	200
特　　別　　損　　失	−700
税 引 前 当 期 純 利 益	2,500
法人税，住民税及び事業税	−1,200
法 人 税 等 調 整 額	200
当　　期　　純　　利　　益	1,500

　マイナスの記号が付いている項目は費用と税金です。以下では税金も費用であるかのように扱って説明します。営業利益からはじまって当期純利益にいたるまで各種の利益がでてきます。これについての詳しい説明は後で行います。

　当期純利益までの数字を収益の部分と費用の部分とに分けてみると，図表3-2が得られます。このように区別すれば，マイナスの記号は必要ないでしょう。プラス・マイナスの差額が当期純利益となって費用の側にでることに注意してください。

図表 3-2

（単位：億円）

費用の部		収益の部	
科　　目	金　額	科　　目	金　額
売　　上　　原　　価	27,000	売　　　　上　　　　高	40,000
販 売 費 及 び 一 般 管 理 費	11,000	営　　業　　外　　収　　益	1,500
営　　業　　外　　費　　用	500	特　　別　　利　　益	200
特　　別　　損　　失	700	法 人 税 等 調 整 額	200
法人税，住民税及び事業税	1,200		
当　　期　　純　　利　　益	1,500		
合　　　計	41,900	合　　　計	41,900

　このようにすると損益計算書は貸借対照表と同じような形式で表示されることが分かるでしょう。簿記を勉強した人であれば，これが勘定という形式によるものであることに気づかれたはずです。この勘定形式での表示であれば，左側に費用・税金の項目が記載され，右側に収益の項目が記載されます。ただし，勘定形式の損益計算書が作成されることはほとんどありません。

　貸借対照表と損益計算書の関係を知るために，これを図表3-3の左側の図のように表すことにします。なお，純資産は以前は資本といわれていました。

図表3-3

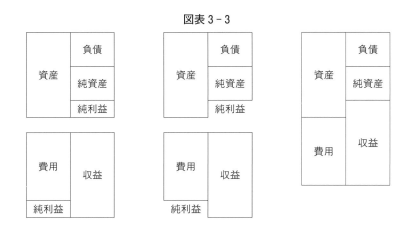

　純利益が貸借対照表と損益計算書のどちらにもでてきますが，貸借対照表では右側に，損益計算書では左側にでてくることに注意してください。次に，純利益の部分を図形から削除してみます（中央の図）。損益計算書では収益が費用を超過する部分が純利益であることが分かるでしょう。この純利益の分だけ貸借対照表の純資産が増えたと考えることができます。

　最後に，貸借対照表と損益計算書をドッキングさせます（右側の図）。中央の図では，純利益が差額として示されていますが，2つの純利益は同じ金額です。したがって，貸借対照表と損益計算書の関係を次のような数式で表すことができます。

$$資産－（負債＋純資産）＝純利益＝収益－費用……(1)$$

　この数式は，純利益を媒介にして貸借対照表と損益計算書が結びついていることを示しています。あるいは，貸借対照表と損益計算書のそれぞれで純利益が計算され，その金額が一致することを示しているともいえます。

　右側の図は，その左右の合計金額が等しいことを示しています。そこで，これを数式で表示しますと，次のような等式が得られます。これは先の(1)式を変形したものであることが分かるでしょう。

$$資産＋費用＝負債＋純資産＋収益……(2)$$

　資産と費用との間に，また負債・純資産と収益の間に切れ目を入れると，差額としての純利益がでてくることが分かります。ですから，貸借対照表と損益計算書のそれぞれで計算してでてきた純利益がたまたま一致した，というわけではありません。2つの純利益が一致するように貸借対照表と損益計算書が作られているのです。会計を知らない人の中には，2つの純利益が一致することに驚嘆する人もいるかもしれません。これは一致して当たり前のことであって，一致しないとしたら単なる計算ミスにすぎないのです。

　この(1)式あるいは(2)式が会計という計算システムの基本的な形式であり，複式簿記の考え方を表しています。基本的な形式ですから，この等式を壊すような計算はできないのです。たとえば，資産の金額だけを増加させるということはできません。それと同じ額だけ，(2)式の左辺における別の項目の金額を減少させる，あるいは右辺の項目の金額を増加させなければなりません。それだけに，この形式は会計に窮屈な制限を課すことになります。会計の規則の中でも基本的なものといえます。こうしたことについては，詳しくは簿記のテキストを見てください。ここでは，貸借対照表と損益計算書が相互依存の関係にあることを知ってもらえれば結構です。この相互依存関係については，第5章でも説明します。

各種の財務諸表

　財務諸表は，その種類，作成時期，作成単位によって分類することができます。

　種類による分類としては，これまでに取り上げてきた貸借対照表と損益計算

書があります。これが基本的な財務諸表ですが，それに加えてキャッシュ・フロー計算書，株主資本等変動計算書，附属明細表などがあります。キャッシュ・フロー計算書は，キャッシュ（お金）の動きを表したものです。株主資本等変動計算書は，純資産の項目の期中の変動を表したものです。この2つの計算書については第14章で説明します。

　附属明細表は，貸借対照表や損益計算書の重要な項目について，その明細を説明するものです。ですから，財務諸表というよりは，財務諸表を補足する情報を提供するものといえます。なお，附属明細表のほかに，財務諸表には注記としてさまざまな情報が提供され，詳細な情報が補足されています。附属明細表や注記の情報によって財務諸表の詳しい内容を知ることができるのです。補足情報として次第に重要になってきているものに，セグメント情報があります。これは，会社の売上高や資産などの項目を事業部門や販売地域などのセグメント（区分）別に分割して表示するというものです。どの事業部門あるいは地域でどれだけの売上があるかといったことを知ることができるわけです。

　財務諸表の作成時期としては，本決算といわれるものは年1回です。特に断りなしに「財務諸表」という場合は，この本決算で作成される財務諸表を指しています。ところが，年1回の決算では情報提供が遅れてしまいます。そこで，会計期間の途中でも財務諸表を作成することが求められています。四半期財務諸表といって，3か月ごとに作成するものです。四半期財務諸表といっても，その作成方法は基本的には本決算のものと変わりません。

　貸借対照表は時点計算ですから，四半期決算では，その最終日時点のものを作成します。損益計算書は期間計算ですから，その期間の取り方によって2種類のものが考えられます。たとえば，3月末決算の企業では，第2四半期の最終日は9月30日ですが，その期間としては7月から9月までの3か月と，4月から9月までの6か月の2つがあります。この2つの期間をそれぞれ対象とする2つの損益計算書を作成することになります。特に第2四半期で期間を6か月とする財務諸表は半期の財務諸表であり，これまで中間財務諸表と呼ばれてきたものです。

　作成単位の違いとは，財務諸表を作成する単位による区別です。法人である会社を単位とする財務諸表を個別財務諸表といいます。これに対して，子会社

40

も含む企業グループを単位として作成する財務諸表を連結財務諸表といいます。連結財務諸表については第13章と第14章で説明します。

このようにして財務諸表は，その種類，作成時期，作成単位の組み合わせによってさまざまなものを作成することができます。個々の企業は，規制する法規や情報要求などに応えて必要な財務諸表を作成することになります。

2　貸借対照表の表示区分

貸借対照表についても適当な金額を使い，次の図表3-4のように大きな項目だけを表してみます。なお，貸借対照表の形式には，このように資産と負債・純資産を左右に分けて表示する方法と，資産・負債・純資産の順に表示する方法とがあります。資産と負債・純資産を並置する方法は，一目で財政状態を概観できるので，簡単な貸借対照表を作成するときにはよく使われます。

図表3-4

(単位：億円)

資産の部		負債及び純資産の部	
科　　　目	金　額	科　　　目	金　額
流　動　資　産	15,000	流　動　負　債	12,000
固　定　資　産	25,000	固　定　負　債	13,000
（有形固定資産）	(10,000)		
（無形固定資産）	(2,000)	株　主　資　本	14,000
（投資その他の資産）	(13,000)	評価・換算差額等	1,000
合　　　計	40,000	合　　　計	40,000

この貸借対照表では，資産は流動資産と固定資産に大別されています。負債も同様に流動負債と固定負債に大別されています。ホンダの貸借対照表の資産の部にはでてこないのですが，繰延資産という区分があります。これについては第8章で扱います。また，純資産の部には流動と固定の区別はありません。繰延資産を別にすれば，資産と負債は流動と固定に区分されます。そこで，流動と固定を区別する基準について説明します。この基準としては，(1)正常営業循環基準と(2)1年基準（one year rule）の2つが基本となります。

正常営業循環基準

　最初に「営業循環」という言葉から説明しましょう。

　企業の営業活動は現金から始まるといえます。現金で原材料を買い入れ，そ
れによって製品を製造し，それを得意先に売り上げ，代金として現金を回収し
ます。商店や商社では他から商品を購入して販売します。こうした現金から始
まって現金で終わる営業のサイクルが営業循環です。

　原材料や商品を購入するときには，現金で即座に支払うというのではなく，
後で支払うという，いわゆる掛けで行うこと（買掛金）が多く，また手形も使
われます（支払手形）。いずれは現金や預金で決済することになります。製品
や商品の販売でも，会社間では掛けで行ったり（売掛金），手形を受け取った
りする（受取手形）ことがふつうです。営業循環にはこうした債務あるいは債
権が生じます。

　営業循環基準とは，こうした営業循環にある資産・負債を流動資産や流動負
債とする基準です。したがって，原材料や製品・商品などの棚卸資産と売掛
金や受取手形など売上に係る債権が流動資産となり，買掛金や支払手形など仕
入に係る債務が流動負債となります。

　この営業循環を支える土台となる資産があります。たとえば，事務所，工場，
倉庫などの建物や，その土地，機械装置，備品などがそれです。これらは営業
循環にある資産とは区別され，1年基準によって流動と固定の区別が行われま
す。

　レストランを例にして営業循環の考えをもう少し説明しましょう。レストラ
ンが料理の材料（原材料）を掛けで仕入れ（買掛金），それを調理した料理
（製品）をお客にだします。現金で払う人も多いでしょうが，クレジットカー
ドで払う人もいるでしょう（売掛金）。これらが流動資産あるいは流動負債と
なります。ガスレンジや冷蔵庫などの調理設備や店のテーブルや椅子，装飾品
などの備品，建物と土地は固定資産となります。お皿やナイフ・フォークなど
はどうでしょうか。これらは個々の金額が小さいので，購入したときに費用と
して扱われます。

　営業循環の中にある資産が販売用であれば商品や製品になるわけですから，
不動産業者が販売するために保有している土地や建物も商品になります。商品

というと変に思えるせいか，「販売用建物・土地」あるいは「販売用不動産」といったりします。しかし，不動産業者の事務所の建物と土地は事業用の資産であり，これは固定資産です。同じ理由で，ホンダの販売店にとっては，販売用に保有しているシビックなどのクルマは商品ですが，営業員が乗り回しているクルマは固定資産となります。こうした例から，流動資産と固定資産の区別が，動産と不動産の区別とは違うものであることが分かったでしょう。なお，不動産とは土地とそれに固定されている物のことです。

　「営業循環」の前に「正常」という言葉が付いています。これは，たとえば得意先の業績が悪く，売掛金が容易に回収できそうにもないといったときに，正常な営業循環から外れたとするのです。正常な営業循環から外れた売掛金については，次に述べる1年基準であらためて判断します。なお，得意先が破産したり，更生中であったりすると，その債権は破産更生債権等として固定資産になります。

1年基準

　1年基準というのは，債権や債務の返済期日が貸借対照表の作成日から1年以内にくるかどうかというように，1年を基準にして流動と固定とを区別しようとするものです。ですから貸付金や借入金の返済期日が1年以内にあれば流動資産もしくは流動負債になります。

　ところで，売掛金や買掛金がいわゆる割賦払いで何年かにわたって受け取ったり支払ったりする場合があります。1年を超えて支払期日がくるものもあります。商品の売買による債権あるいは債務ですから，これらは正常営業循環基準によって判断して，流動資産ないしは流動負債になります。しかし，営業員が使っているクルマを36回払いの割賦払いで購入した場合，これは仕入ではなく固定資産の購入ですから，営業循環の外で生じた債務である未払金であり，これは1年基準で判断します。

　1年基準は，主として債権と債務について適用されるものです。しかし，先に述べた営業循環を支えるような資産についても1年基準が適用されているといえます。また，長期前払費用が固定資産に計上されるのも1年基準が適用されるからです。したがって，債権や債務以外のものにも1年基準が適用される

とみることができます。

　正常営業循環基準もしくは１年基準が適用できないものとして有価証券があります。有価証券については第９章で説明します。

　流動資産と固定資産を，また流動負債と固定負債を区別する理由については，次章で述べます。

　貸借対照表における資産・負債の配列の方法としては，ホンダのように流動資産と流動負債を先にする配列法を採用する企業が大部分です。電力業やガス業のように固定資産の比重が大きい場合は，固定資産と固定負債を先に配列する方法を採用するところもあります。また，金融機関のように，流動と固定を区分せずに配列しているところもあります。

3　損益計算書の表示区分

　損益計算書の表示区分を扱うわけですから，先にあげた図表３−１をもう一度だすことにします（図表３−５）。ただし，２か所だけ違ったところがあります。その１つは，売上高と売上原価の差額として売上総利益を計算している点です。図表３−１では売上総利益は表示されていません。ですが，売上原価が表示されているので自分で計算することができます。もう１つは，表の右側にどういう計算を行っているのか，その計算区分を示している点です。各種の利益がありますが，それぞれの区分で収益と費用を差し引きして利益を計算しているのではありません。上位の区分で計算された利益に次の区分の収益と費用をプラス・マイナスして下位の利益を計算するという仕組みになっていることが分かるでしょう。

　この損益計算書では，売上総利益から当期純利益まで５個の利益がでてきています。なお，利益がマイナスの場合は損失となります。以下では，利益がでる場合だけを取り上げることにします。重要なものが最後にくるのがふつうですから，当期純利益がもっとも重要だ，と思われるかもしれません。しかし，この後で述べるように，必ずしもそうではありません。

　英語圏でも最後にでてくるものが重要と思われているところから，bottom line という言葉があります。「最終の行」ということです。最後にでてくる重

図表 3-5

（単位：億円）

科　　目	金　額
売　　上　　高	40,000
売　上　原　価	−27,000
売　上　総　利　益	13,000
販売費及び一般管理費	−11,000
営　業　利　益	2,000
営　業　外　収　益	1,500
営　業　外　費　用	−500
経　常　利　益	3,000
特　別　利　益	200
特　別　損　失	−700
税　引　前　当　期　純　利　益	2,500
法人税，住民税及び事業税	−1,200
法　人　税　等　調　整　額	200
当　期　純　利　益	1,500

売上総利益計算　営業利益計算　経常利益計算　純利益計算

要なものということから，「大事なこと」といった意味があります。また，この bottom line という言葉は「純利益」を意味しており，よく使われる言葉です。

　売上総利益から当期純利益に至るまで利益項目としては5つあります。そのうちどれが重要なのでしょうか。ある意味では，それぞれが意義のある数字であり，重要な数字です。それを知るためには，それぞれの利益がどのようにして計算されるかを知る必要があります。

売上総利益
　図表3-5の損益計算書において最初に計算される利益は，売上総利益です。図表から理解できるように，次のようになっています。

　　　　　売上高−売上原価＝売上総利益

　売上高は営業収益として表示される場合もあります。売上高あるいは営業収

益は，企業があげる収益の一部ですが，その大部分を占めています。それ以外の収益としては営業外収益と特別利益があります。売上高あるいは営業収益は，企業が本来の営業活動から得る収益です。会社は，会社法に従って基本的な事項を記載した定款にその事業の目的を述べています。この事業目的にそった営業活動が本来の営業活動であり，これを本業といいます。こうした意味での本業によって得られる収益が売上高あるいは営業収益なのです。

　新聞記事の見出しで企業の業績を端的に示すものとして「増収増益」といった言葉が使われることがあります。この場合の「収」とは営業収益を指します。つまり，「増収」とは前年度と比較して営業収益つまり売上高が増加したということです。また，「益」は，以前では「経常利益」を指していました。したがって，「増益」とは経常利益が前年度よりも増えたということです。「以前では」と限定したのは，最近では「当期純利益」を指すことが多くなってきたからです。

　売上高は，企業の規模を表す指標の中でもっとも重要なものです。また，その伸びは企業の成長性を示す指標にもなります。売上高によって企業の業界でのランキングが決まってきたりするのです。それだけに，売上高が順調に伸びているかどうかは，経営者だけではなく投資家にも気になることです。売上高が下がってきたのでは利益も下がり，設備も人員も縮小することにもなりかねないのです。

　売上原価とは，商業では販売された商品の仕入原価であり，製造業では販売された製品の製造原価です。たとえば書店では，本の価格の約80％が仕入値となっています。ですから，1,000円の本を売り上げれば，その仕入原価は800円で，差し引き200円の売上利益が得られるわけです。製造業では，原材料の仕入れに要した原材料費だけではなく，工場で生じる費用，すなわち労務費（給与などの人件費）と経費（工場の設備などの減価償却費やその他の費用）が製造原価となります。

　売上総利益が大きければ，それだけ企業の利益の源が大きいといえます。売上総利益は粗利益あるいは粗利といわれます。粗利がなければ，仕入値よりも安く売るということであり，まさに出血大サービスとなります。スーパーなどの量販店の目玉商品であれば粗利もないこともあるでしょう。しかし，粗利も

ないようでは売上が増えるだけ損失も増えてしまい，企業活動を続けていくことは無理です。商売人や経営者は個々の商品・製品の粗利がどれだけあるかを考えて販売価格を決めるものです。

営業利益

売上総利益の次に計算される利益は営業利益で，次のように計算されます。

売上総利益－販売費及び一般管理費＝営業利益

なお，売上原価と販売費及び一般管理費とを併せて営業費用といいます。したがって，営業利益は営業収益（売上高）から営業費用を差し引いたもの，ということができます。

販売費及び一般管理費は，製造活動以外の通常の営業活動によって生じる費用です。それには，販売活動によって生じる費用（販売手数料，荷造運送費，広告宣伝費など），販売や一般管理業務に従事する従業員の人件費（給与や福利厚生費など），そして販売や一般管理部門に生じる費用（交際費，減価償却費，リース料，研究開発費など）が含まれます。

営業利益は，会社の本業としての仕入・製造・販売それに一般の管理活動から得られる利益です。ですから，この営業利益が大きければ，本業での業績が優れていることになります。一般的にいって，営業規模が大きいほど営業利益も多くなります。

売上総利益が大きくても，販売費や一般管理費がかかりすぎれば営業利益が小さくなり，本業での業績が悪いことになります。営業利益が少ない状態が続くようでは，リストラ（事業の再構築）など，事業の抜本的な改革を考えなければなりません。

経常利益

経常利益は次のように計算されます。

営業利益＋営業外収益－営業外費用＝経常利益

本業としての営業活動以外の活動によって発生する収益と費用は，主として

財務活動によるものです。財務活動とは，銀行などから資金を調達すること，あるいは企業が保有する資金を運用することです。営業外収益としては，預貯金の利息，貸付金の利息，株式の配当金，公社債の利息，有価証券の運用益などがあります。また営業外費用としては，借入金に対する利息，社債に対する利息，手形の売却損（割引料）などがあります。この営業外損益には，外国為替の変動による為替差益・差損も含まれます。

　戦後の日本企業は，1970年代までの高度成長期においては，借入金に頼って成長してきました。そうした時代では，支払利息などの金融費用が多額になり，経常利益が営業利益を大きく下回っていました。今でも，電力や鉄道などの企業では，そうした傾向がみられます。その後の，1990年頃のバブル経済までの安定成長期では，企業は利益を内部に留保し，借入金を削減することによって金融費用を減らすようになりました。さらにはトヨタなどの優良企業では巨額の資金を保有するようになり，「トヨタ銀行」といわれたりしました。巨額の資金を金融市場で有利に運用することよって金融収益を得るようになり，経常利益が営業利益を大きく上回る企業も多くなっています。

　本業と財務活動とによる収益と費用はどの会計期間においても経常的に発生するものです。つまり経常利益は，企業が通常行っている活動によって生じる収益と費用の差額としての利益です。経常的でない出来事によって生じた損益を排除することによって「経常的」な利益を計算し，それによって期間比較ができるようにするというわけです。したがって，経常利益は，企業のある一定期間中の経常的な経営努力の成果（すなわち儲け）を端的に表すものと考えられています。それは，個々の企業の収益力を判断する指標となるだけではなく，経済全体の業績つまり景気の動向を示す指標としても用いられてきました。

　先にも述べたように，「増収増益」の「益」は以前では経常利益を意味していました。しかし，現在では他の利益が重要性を増してきています。とりわけ，営業利益と当期純利益が重視されるようになってきました。

当期純利益

　経常利益から当期純利益を計算するには，途中で税引前当期純利益を計算します。それは次のようになります。

$$経常利益＋特別利益－特別損失＝税引前当期純利益$$
$$税引前当期純利益－法人税，住民税及び事業税±法人税等調整額$$
$$＝当期純利益$$

　特別利益と特別損失は，企業の通常の活動によらない損益や臨時に発生する損益です。たとえば固定資産の売却益や売却損があります。赤字が続く企業では以前から保有している土地を売却して特別利益を計上し，経常利益よりも税引前当期純利益が多くなるところがあります。ですから，当期純利益があったからといって業績が悪くないと速断することは間違いです。

　日本では，特別利益や特別損失に計上される項目が多いようです。というよりは，損益計算書に特別損益が計上されないことが珍しいのです。これに対して国際会計基準では，特に異常な場合に生じる損益だけが異常項目として計上されます。特に異常というのは，たとえば地震などの災害によって大きな損失が生じたような場合です。ですから，日本の会計で特別損益とされるような項目のほとんどはこれに該当しません。したがって，損益計算書に異常項目が計上されることは珍しいので，日本の経常利益に相当する利益は表示されないことになります。国際会計基準では「経常利益」が表示されないことも，経常利益が重視されなくなった理由のようです。

　税引前当期純利益から法人税，住民税そして事業税を差し引いたものが当期純利益です。企業に住民税が課されるというと変な感じですが，法人税が国に納める所得税であり，住民税が地方自治体に納める所得税であると理解すればいいでしょう。事業税も含めて３つの税金だけで，企業の利益の約30％が無くなるほどです。これらの税金については第12章で説明します。

　法人税等調整額には±の記号がついています。これは，法人税などの税金が「前払い」の状態の時にはプラスとなり，「未払い」の状態の時にはマイナスになります。詳しくは12章で説明しますが，ケース１－１の損益計算書では「未払い」の状態であり，利益にはマイナスになるのです。

　法人税，住民税そして事業税は税務当局に徴収されるので，これらを差し引いた当期純利益が企業に残る利益ということになります。つまり，貸借対照表の計算上でその分だけ純資産が増えたということです。これは配当などのため

に企業が自由に処分できる利益を示すという意味で重要です。

　なお，第13章で説明しますが，連結損益計算書では個別損益計算書とは異なった用語を使うことがあります。個別損益計算書の「税引前当期純利益」に相当するものを，連結損益計算書では「税金等調整前当期純利益」と称しています。また，連結損益計算書の「当期純利益」は企業グループ全体の利益を表しています。しかし，親会社の株主にとって重要なのは，親会社株主にとっての純利益であると見られています。それを表すのが，連結損益計算書に表示される「親会社株主に帰属する当期純利益」です。

　そうしたことから，新聞紙上で「純利益」または「利益」と表示する場合，個別決算では「当期純利益」を，連結決算では「親会社株主に帰属する当期純利益」を使っています。第4章の経営分析でも「当期純利益」という言葉を使いますが，上場企業の大半は連結決算ですから，それは「親会社株主に帰属する当期純利益」を意味しています。この点は注意が必要です。

4　取引の認識

　「取引」とは，会計の世界では，経済的な出来事あるいは事象を意味します。政治的な取引や裏取引は「取引」にはなりませんが，得意先へ商品を売り上げたという取引は「取引」です。また，「認識」とは，簡単にいえば，物事を知ることです。したがって，「取引の認識」とは経済的な出来事を知ることです。会計とは企業の経済的な出来事を知ることであり，それゆえ取引の認識が会計の仕事なのです。しかし，会計担当者が経済的な出来事を頭で知っただけでなく，それを財務諸表で表示しなければ，取引を認識したことにはなりません。すなわち，財務諸表において科目名と数字で表示してはじめて，会計における取引の認識になるのです。なお，財務諸表において科目名と数字で表示することを「計上」といいます。「計上」は本書でもよく使います。

　ところで，会計は企業の経済的な出来事を忠実に認識して表示する，と考えられることがあります。まるで写真で対象物をありのままに写し出すかのようです。第1章の2つのドラマを見た後では，どうもそうでもないようだ，と感じられたことでしょう。2つのドラマは，財務諸表上の数値の決定が，また会

50

計の規則の制定が，利害によって影響されることをテーマとしています。では，会計の規則が公正に設定され，そして経営者が数値を利害にとらわれることなく決定すれば，財務諸表は企業の経済的な出来事をありのままに写し出すのでしょうか。

　財務諸表の表現媒体は科目名と数字です。数字であれば，なんらかの方法で客観的に算出できると思われるかもしれません。しかし，第5章で説明するように，数字の算出も簡単なものではありません。物の長さや重さを測定具で測る場合とは違い，計算の仕方によって，あるいはその時々の状況によって，違う数字が算出されることにもなるのです。

　もう一方の科目名ですが，これも経済的な出来事に「現金」や「備品」といったラベルが付いているわけではありません。会計では，「現金」や「備品」といった科目名を日常の使い方とは異なる意味で使っています。また，日常では使われない独自の言葉を使ったりします。会計での言葉の使い方を次のケース3-1でみることにします。

Case 3-1

　売買代金の決済手段として手形が使われることがあります。法律上の区別としては約束手形と為替手形があります。しかし，会計では，この手形の種類によって区分することはしません。営業循環の過程において手形による債権が生じている場合に「受取手形」を，債務が生じている場合に「支払手形」を科目名として使います。

　この受取手形を支払期日前に銀行に買い取ってもらうことがあります。これを手形の割引といいます。その際，手形に記載されている金額ではなく，それよりも安い金額で買い取ってもらいます。その差額を割引料といいます。以前では，受取手形という資産がなくなって，買い取り価額だけ当座預金が増え，その差額の割引料を支払うということで，次のように会計処理（帳簿記入）することになっていました。

　　　（当座預金）　98万円　　　　（受取手形）100万円
　　　（割引料）　　2万円

　ところが，1999年に「金融商品に関する会計基準」が設定されてから，次のように会計処理されるようになりました。

　　　（当座預金）　98万円　　　　（受取手形）100万円

　　　　（手形売却損）　2万円

　これだけでは「割引料」が「手形売却損」に科目名が変わっただけで，さ
ほどの変化ではないと思われるかもしれません。しかし，この変化は，金融
商品の会計処理全般にわたる観点の変化によって引き起こされたものなので
す。

　手形割引を処理する場合，それを手形の売却とみなすか，あるいは手形を
担保とした資金の借入とみなすかという問題が以前からありました。以前の
処理は，割引料を支払利息と同じものと扱っていました。このことは，損益
計算書で「支払利息及び割引料」と表示されていたことからも明らかです。
つまり，手形を担保とした借入であるとみていたのです。

　また，手形の支払人が手形代金を支払わないと，手形を買い戻さなければ
ならないというリスク（遡求義務）が生じるところから，期末時点で未決
済の割引手形についてこのリスクに応じた貸倒引当金を設定することになり
ます。これは，割引銀行に手形債権が完全に移転していないことを示してい
るといえます。しかし，受取手形が消滅するような処理をしている点で手形
の売却であるかのように扱っていたことは，首尾一貫した処理ではなかった
といえます。

　「金融商品に関する会計基準」は，手形割引を手形の売却とみています。
割引料は，支払利息というよりは，他の金融資産の売却損と同じものとみな
されます。このように考えるのは，金融商品の会計処理に対する考え方が，
リスク・経済価値アプローチから財務構成要素アプローチに転換したからで
す。リスク・経済価値アプローチであれば，遡求義務というリスクをどのよ
うに考えるかによって手形を売却したことにはならない場合もあります。こ
れに対して，財務構成要素アプローチによれば，手形を売却したとして，残
っている遡求義務を評価して負債として扱います。この2つのアプローチを
詳しく説明することは本書の範囲を超えてしまうので，興味のある人はさら
に詳しい本で学んでください。

　財務構成要素アプローチによれば，遡求義務を債務の保証であるかのよう
に扱います。したがって，貸倒引当金に代わって保証債務という負債を計上
することになります。手形の支払人が手形代金を支払わなかった場合に，割
引銀行に対してその支払いを保証するものであると考えるからです。

　このケース3-1は，財務構成要素アプローチという見方を採用することに
よって，手形割引を手形の売却とみるか，あるいは手形を担保とした借入とみ
るかという議論に現時点での決着をつけたものといえます。

　手形割引は，法律的な観点でみれば，手形の譲渡です。つまり，銀行などに

手形上の権利を譲り渡して，その代価を受け取るというものです。こうしたことから，手形割引は法律的には手形の譲渡であっても，その経済的な実質は手形を担保としたお金の借入とみることもできるわけです。

そこで，手形割引を処理する場合，手形の譲渡という法律的な観点をそのまま採用するかどうかが問われているのです。つまり，手形割引を実質的な観点，すなわち経済的な観点からみてどのように判断するかを問題とします。しかも，経済的・実質的な観点といっても，２つのアプローチによってその実質をどのように判断するかの見方が異なっているのです。リスク・経済価値アプローチでは手形上の債権だけでなく遡求義務というリスクも割引先に移転していなければ売却とは認められない場合もでてきます。しかし，財務構成要素アプローチでは，遡求義務という要素を手形上の債権や他の要素から切り離して評価します。これによって，手形割引を他の金融商品の売却と同じ性格の出来事として処理できることになったのです。

現代の会計では，企業の経済的な出来事を，その法律的な形式ではなく経済的な実質で判断するという「実質優先の考え」が重視されます。表面的な見た目ではなく，その実質的な内容を考えて判断するということです。手形割引の場合でも，以前の処理は多分にその実質を手形を担保とした借入とみていたと考えられます。しかし，財務構成要素アプローチを採用することによって，その実質を手形の売却としてみる会計処理を採用しました。このケースでは，法律的には手形の譲渡である手形割引を実質的にも手形の譲渡（売却）であるとしています。法律的な形式と経済的な実質が一致したといえます。このように形式と実質が一致すれば問題はないのですが，新しい経済的な出来事では一致しない場合が多くなってきているのです。それだけに経済的な実質を見極めることが重要になってきます。しかし，表面的な形式で判断してはならないということは理解できても，その実質が何かとなると人によって判断が異なってくることもあります。手形割引のケースでも，２つのアプローチのいずれを採用するかによって，その実質の判断が異なったわけです。

図表３-６を見てください。この絵は何に見えるでしょうか。ウサギとアヒルのいずれかに分類しなさいといわれたら，どうしますか。この絵は実験心理学ではよく知られた図形です。左上の２本の突き出た部分を耳とするとウサギ

図表3-6

に見えます。それをクチバシとするとアヒルに見えるでしょう。見方によって
ウサギにもアヒルにも見えるのです。両者の中間的なものともいえます。こん
な動物はどこにもいない，といわれるかもしれません。ウサギはウサギであり，
アヒルはアヒルであって，見た目で正体不明のモノをこのいずれかに分類せよ，
というほうがどうかしている，と思われるかもしれません。

　しかし，手形割引のケースでは，手形の売却と手形を担保とした借入との区
別ははっきりとしていたでしょうか。手形割引は割引であって，売却でも借入
でもないと扱えば問題は解決するでしょうか。図表3-6の動物を「ウサヒル」
とでも名付ければ解決するでしょうか。この正体不明のモノは動物学的な性質
を調べて判断することになるでしょう。同様に，手形割引も売却あるいは借入
の経済的な性質を調べて判断したといえるでしょう。

　自然界でも企業でも，このような正体不明のモノや出来事に満ちています。
見方によってはどちらにもとれるようなモノや出来事が多いのです。このよう
に多種多様あるいは正体不明の多数の経済的な出来事を科目名という限られた
数の言葉で処理しなければならないのですから大変なことです。しかも，第1
章でみたように，どのように処理するかで企業を取り巻く利害関係者の利害に
大きな影響を与えるのです。

【復習問題】
(1)　次の文章が間違っているかどうかを指摘し，間違っている場合にはその理
　　由を説明しなさい。
　　ア．商品の販売代金として受け取った約束手形で，その満期日が次の決算日
　　　　を超えるものであれば，1年基準によって固定資産となる。
　　イ．不動産業を行っている会社が，自社で賃貸用に使用するマンションを建

てるために土地を購入した。これは流動資産になる。

ウ．営業利益に特別利益と特別損失を加減したものが経常利益である。

エ．事業会社が余裕資金の運用のために有価証券を売買したことによる売却益は，本業による利益ではないので特別利益として計上される。

オ．A社とB社は同じ規模の企業である。ところが，A社はB社よりも経常利益は少ないものの当期純利益は多い。一般的にいって，A社はB社よりも業績が悪い。

(2)　次の項目が，正常営業循環基準と1年基準のいずれに基づいて流動と固定のいずれに分類されるかを述べなさい。

ア．ウィスキーの製造会社が長期間（たとえば10年間）貯蔵する予定のウィスキーの原酒

イ．決算日から2年後に満期が来る定期預金

ウ．事務所を建てるために借りた借入金（支払期日は決算日より3年先）

エ．宅地開発業者が5年後に宅地にして販売する予定で保有している土地

(3)　企業が金融機関から短期の借入を行うときには，約束手形を振り出して渡す場合が多い。この場合，「約束手形」あるいは「支払手形」勘定を使って会計処理することは間違っているとされます。約束手形を使っているのにこうした処理が間違っているとされる理由を実質優先の考えから説明しなさい。

第4章　**財務諸表を読む**──やさしい経営分析──

1　「成績表」の読み方

　財務諸表という「成績表」は学校の成績表とは違い，それにはＡ・Ｂ・Ｃ・Ｄあるいは優・良・可・不可などの評点が付いていません。学業成績の評価にも絶対評価，相対評価，到達度評価などがあり，その「読み方」を知らないと「成績」も分からないことになります。本章では，財務諸表という成績表の「読み方」について簡単に説明しておきます。

　財務諸表の数字は，Ａ・Ｂ・Ｃなどの評点をつける以前の試験の点数のようなものです。ですから，財務諸表の数字，たとえば売上高や当期純利益などの数字をみただけでは，その企業の業績が良いかどうかは分かりません。財務諸表の数字の「読み方」では，数字を評価する方法を工夫して，企業の業績を判断することになります。

　企業は複雑な組織体です。それを「良い」かどうかで，すべての企業を一列に順序付けることは無理な話です。たとえば銀行と製造業と商社を一緒にして評価することができるでしょうか。就職したい会社のランキングであれば，またイメージの良い会社のランキングであれば，調査によってそれなりの序列を付けることもできるでしょう。これらもある意味では「良い」かどうかの成績表といえます。しかし，財務諸表という成績表では，企業の財務面だけを評価しています。企業には社会面，文化面，環境面などさまざまな面があることを考えれば，多分に片寄った評価ということになります。しかし，企業は経済的な組織体ですので財務面での評価が重要なのです。

**Case
4-1**

　企業経営の良し悪しを判断する目安として使われるのが経営指標です。企業をみる人はそれぞれの立場で経営指標を選択して企業の良し悪しを判断します。経営指標の中でも代表的なものが自己資本利益率です。この自己資本利益率に関する記事が次のものです。

企業経営の効率　回復基調
自己資本利益率６％　[前期]　海外・リストラ貢献
米欧には依然見劣り

　企業の経営効率が回復基調にある。上場企業の自己資本利益率（ROE）は2011年３月期に平均6.0％となり，前の期から2.1ポイント上昇した。海外市場を中心に利益が伸びたうえ，リストラ努力で採算が高まったためだ。

ROEの上昇は戻り歩調をたどる株式相場の下支え要因となっているが，米欧の主要企業は平均10％を上回り，改善余地は大きい。

（日本経済新聞　2011年７月３日）

　同じ記事では次のように自己資本利益率（ROE）の説明を行い，その前年度との比較を行っています。

　ROEは純利益を自己資本で割って求め，株主に帰属する資本でどれだけ効率良く利益をあげているかを示す。成長力指標として株式市場の注目度が高い。（中略）
　ROEは採算性（売上高純利益率），資産効率（総資産回転率），負債の活用度（財務レバレッジ）の３要素で決まる。11年３月期は採算性を示す売上高純利益率が2.4％となり，0.8ポイント上昇したのが特徴だ。東日本大震災

で多くの企業が特別損失を計上したが，円高の影響をコスト削減で吸収して純利益は６割増を確保。ROE向上に寄与した。
　一方，総資産回転率は0.89回。前の期をわずかに上回ったが，資産規模に匹敵する売上を達成していない状態で，高める余地がある。財務レバレッジは2.78倍と0.05ポイント減り，多くの企業が負債圧縮を進めたことが分かる。

　個々の企業ではソフトバンクのROEが34.8％になるといったケースもあるが，上場企業の平均では６％であり，米欧の主要企業に比べて見劣りがするというのです。

　ケース４−１の記事にあるように，自己資本利益率が株主に帰属する資本でどれだけ効率良く利益をあげているかを示すとすれば，自己資本利益率の高い企業の株式を購入したいと思う投資家が多くなるはずです。したがって，自己資本利益率は投資家にとっては重要な経営指標となります。しかし，同じ記事にあるソフトバンクは高い自己資本利益率をあげていますが，それは負債が多

い（財務レバレッジが高い）からです。つまり，借金が多い企業なのです。その点では，ソフトバンクに社債や貸付金という形でお金を貸している債権者にとっては「危ない会社」です。債権者にとってはお金を無事に返済してくれるのが良い会社です。これに対して，株式に関心を持つ投資家にとっては，利益をあげて企業価値を増やしてくれるのが良い会社です。このように，利害の違いによって良い会社かどうかの経営指標も異なってくるのです。万能薬のような経営指標はない，といえます。

　財務諸表による財務面の評価といっても多面的であり，単一の数値にまとめて評価することはむずかしいものです。財務面での評価の視点としては，とりわけ収益性，安全性，成長性の3つが重要です。その他の視点については，また経営分析の全般については，経営分析のテキストをみていただきたいと思います。

　本書で経営分析を取り上げるのは，企業がどのように会計を行うかによって財務諸表の数字が変わり，それによって評価も異なってくるからです。学業成績にしても自分の評価を気にしない人はいないでしょう。企業の経営者も財務諸表による評価が気になります。第2章では会計処理の違いによって税金の額が違ってくるという話をしましたが，それだけではなく企業の評価も違ってくるのです。次章からは会計処理の方法を述べる予定です。どの方法を採用するかによって評価が変わってくることがあります。こうした点を知るためにも経営分析の知識を多少なりとも知っておく必要があるのです。

　収益性とは，簡単にいえば，儲けがあったかどうかです。また，安全性とは財務的な構成すなわち財務的な体質が優れているかどうかです。財務体質が優れていれば儲けをあげることができ，また儲けがあれば財務体質を充実させることができる，というように，両者は相互作用するものといえます。もう1つの成長性とは，会社の規模が伸びているかどうかです。収益性と安全性が優れていても成長していない会社であれば，将来性がないと判断され，「良い会社」とはいえなくなります。収益性は主として損益計算書の数字から判断し，安全性は貸借対照表の数字から判断します。成長性はいずれの財務諸表の数字をも使って判断します。

2　収益性の分析

　企業は商製品やサービスの仕入・製造・販売という営業活動を行うことによって儲けをあげる組織です。儲けは利益として財務諸表において表示されます。

　収益性とは，利益をあげているかどうかということです。しかし利益が多いといっても，トヨタのような巨大企業が町の小さな商店に比べて利益が多くなるのは当然です。商店と比べるのは論外として，他の会社と比べる場合でも利益が多いからといって儲けのある営業活動を行っているということにはなりません。企業の規模が大きければ利益の額も大きくなって当然だからです。ですから，収益性だけではなく安全性を分析する場合でも，財務諸表の数字をそのまま使うのではなく，相対的な数字である比率を使うことが多くなります。

　財務諸表の数字をそのまま使うのは，売上高や利益額，総資産額などによって会社の規模を順位付ける，つまり会社ランキングを付けるときなどです。こうしたランキングは企業の規模を示すものであっても，財務的に「良い」かどうかを示すものではありません。安定した会社に就職することを希望する学生にとっては，大企業ほど「良い会社」という場合もあるでしょう。しかし，大企業でも倒産が相次ぎ，リストラという名の解雇も多くなっていることから，大企業イコール「良い会社」ではなくなってきています。

　収益性を判断する比率としてよく使われるものとして，売上高純利益率，売上高総利益率，総資産利益率，そして自己資本利益率があります。これについて説明します。なお，本書では，これらの利益率に使われる「利益」としては損益計算書の利益数値をそのまま使います。分析方法によっては，利益の数値をなんらかの観点から加工する場合があります。

売上高純利益率

　第3章で述べましたが，当期純利益が最終的な利益として重視されるようになってきました。そこで，売上高（営業収益）に対してこの当期純利益がどれだけあるかを示したものが売上高純利益率です。この利益率は次の式で表されます。100を掛けるのは数値をパーセント（％）で示すからです。

$$売上高純利益率＝\frac{当期純利益}{売上高}×100（％）……(1)$$

　売上高に対して当期純利益を比較するだけでは，どの段階で利益が生じているのか分かりません。損益計算書では各種の利益を段階的に計算しています。そこで，この各種の利益を売上高と対比させることがあります。売上高総利益率，売上高営業利益率，売上高経常利益率などです。ここでは最初の売上高総利益率だけを取り上げます。

売上高総利益率

　この「総利益」とは売上総利益のことです。前にも述べましたが，粗利益あるいは粗利ともいわれるものです。簡単な損益計算書では売上原価を表示しない会社も多いので，売上総利益を計算することができない場合もあります。ホンダの場合では，売上高と売上原価を表示していますから，各自で計算できるはずです。売上高総利益率は次の式によって表されます

$$売上高総利益率＝\frac{売上総利益}{売上高}×100（％）……(2)$$

　売上高総利益率は，簡単にいえば，儲けのある商製品の仕入・製造・販売を行っているかどうかを示しています。業種別にみれば，小売業よりも製造業のほうが高くなるのが一般的です。卸売業や商社よりも小売業が高いものです。また，同じ小売業でもデパートとスーパーでは，薄利多売を考えているスーパーのほうが低くなることは容易に理解できるでしょう。
　売上総利益は売上高から売上原価を差し引いたものですから，(2)式の右辺を次のように変えることができます。

$$\frac{売上総利益}{売上高} = \frac{売上高 - 売上原価}{売上高} = 1 - \frac{売上原価}{売上高} \quad \cdots\cdots(3)$$

　この式の最後の分数を比率として計算すると売上高原価率となります。売上高総利益率が売上高に占める儲けの割合とすれば，売上高原価率は売上高に占める原価の割合を示したものです。低いコストで仕入もしくは製造して高い値段で売れば，売上高総利益率が高くなります。営業力が強かったり優れた品質の製品をもっている企業であれば，同業の他社と比較して売上高総利益率は高くなります。特にヒット商品がでれば，この比率が向上することになります。また，品質管理が優れていたり合理化が進んでいる企業ではコストが削減され，売上高原価率が下がり，それだけ売上高総利益率が向上します。

総資産利益率

　事業活動に使用する資産が多ければ，それだけ儲けも多くなることは当然です。しかし，同じ1,000万円の利益をあげるために1億円のお金をかけた企業に比べれば，5,000万円のお金しかかけていない企業のほうが良いことは明らかです。この考えを一般的に述べたものが，次の投資利益率（Return On Investment: ROI）です。

$$投資利益率 = \frac{利益}{投資} \times 100 \quad （\%） \quad \cdots\cdots(4)$$

　これは元手となる投資額に対してどれだけ利益をあげたかを示すものです。たとえば元手の10万円をもって競馬やパチンコに行って2万円儲けたとすると，投資利益率は20％となります。同じように，企業が工場や設備に5,000万円を投資して1,000万円の利益をあげたとすれば，投資利益率はやはり20％となります。

　この投資利益率の分母の投資に代えて各種の投資額を，分子の利益に各種の利益を当てはめれば，投資利益率のさまざまなバリエーションが得られます。

その１つが総資産利益率です。これは，企業が総資産に対して当期純利益をどれだけあげたかを示すもので，次の式で表されます。

$$総資産利益率＝\frac{当期純利益}{総資産}×100（\%）\cdots\cdots(5)$$

総資産利益率は総資産（asset）に対する利益（return）の割合を示すものとして ROA（Return On Assets）といわれます。また，総資産イコール総資本と考えて，総資本利益率という場合もあります。なお，総資産あるいは総資本を計算するときは，期間中の平均を取る意味で期首と期末の金額の平均値を使うのがふつうです。しかし，便宜的に期末の金額をそのまま使うこともあります。

この(5)式の右辺の分数の分子と分母のそれぞれに売上高を乗じて分解すると，次の式が得られます。

$$総資産利益率＝\frac{当期純利益}{売上高}×\frac{売上高}{総資産}×100（\%）\cdots\cdots(6)$$

当期純利益を売上高で割って100を乗じたものは，先に説明した売上高純利益率です。売上高を総資産で割ったものは総資産回転率です。これは総資本回転率ともいい，むしろこの用語が一般的です。この(6)式が意味することは，総資産利益率が売上高純利益率と総資産回転率とに分解できるということです。したがって，売上高純利益率と総資産回転率が高ければ，総資産利益率が高くなるということです。

総資産回転率を示しておきます。

$$総資産回転率＝\frac{売上高}{総資産}（倍）\cdots\cdots(7)$$

総資産回転率は，総資産の何倍の売上高をあげているかを示しています。こ

の意味で「倍」を使っていますが，回転率ということから「回」という場合もあります。この倍率あるいは回転率が意味していることは，総資産を効率的に使っているかどうかということです。したがって，同業の他社と比較して総資産回転率が低いということは，資産を効率的に使っていない，つまり資産をムダに使っているということになります。

　一般的には，製造業は生産設備に多額の資金を必要とするので総資産回転率は低くなります。製造業は総資産回転率の低さを売上高純利益率の高さでカバーするということになります。逆に，スーパーやディスカウントショップなどの量販店が採用する戦略である「薄利多売」は，売上高純利益率の低さを総資産回転率の高さでカバーして，全体としての総資産利益率を確保するというものです。

自己資本利益率

　ケース4-1でみたように，収益性をみる尺度として重視されるようになっているのが自己資本利益率です。総資産利益率と同じように投資利益率の一種です。それは次の式で表されます。

$$自己資本利益率＝\frac{当期純利益}{自己資本}×100（\%）……(8)$$

　ところで，「自己資本」という項目は，貸借対照表を見てもでてきません。自己資本は，貸借対照表の純資産の部にある「株主資本」と「評価・換算差額等」（連結の場合は「その他の包括利益累計額」）の合計額として計算します。ケース1-1では株主資本と評価・換算差額等の合計額は純資産の合計額と同じです。しかし，第11章で説明しますが，純資産の部には他に「新株予約権」が含まれます。連結の場合にはさらに「非支配株主持分」が含まれます。こうした場合には，自己資本額と純資産の金額とは異なってきます。

　なお，前章でも述べましたが，連結決算の場合，当期純利益としては連結損益計算書の「当期純利益」ではなく，「親会社株主に帰属する当期純利益」を使うことに注意してください。

　自己資本利益率は，株主の提供した元手と比較してどれだけの利益があったかを示すものです。自己資本（equity）に対する利益（return）ということで，自己資本利益率（Return On Equity）は ROE と略称されています。総資産利益率が事業全体の観点からみた収益力を表しているのに対して，自己資本利益率は株主の観点からみた収益力を表しています。日本の企業ではこれまでは株主を軽視してきており，あらためてアメリカにならって株主を重視する方向になっています。そうした株主重視の観点から自己資本利益率が重視されるようになってきたのです。

　では，自己資本利益率が高ければ，無条件で良いといえるのでしょうか。これを検討するため，自己資本利益率を次のように分解してみることにします。

$$\frac{当期純利益}{自己資本}=\frac{当期純利益}{売上高}\times\frac{売上高}{総資産}\times\frac{総資産}{自己資本}\cdots(9)$$

　最後の分数部分がレバレッジ倍率といわれるものであり，これは後で説明する自己資本比率（自己資本／総資産）の逆数になります。詳しい説明は省略しますが，レバレッジ倍率が高いほど負債の割合が高いことを示しており，財務の安全性が劣ることになります。

　この(9)式からは，売上高純利益率と総資産回転率とレバレッジ倍率のそれぞれが高いほど，自己資本利益率が高くなることを示しています。前述しましたが，売上高純利益率と総資産回転率とを掛けたものは総資産利益率です。このように自己資本利益率を分解してみるのは，この率が悪いときに，どこに問題があるかを調べるためです。

　この分解式で，レバレッジ倍率が高いほど，つまり借金が多くて財務の安全性が劣る企業ほど自己資本利益率が高くなりやすいというのは理解しにくいと思います。この変な結果は次のように説明できます。すなわち，銀行から資金を借り入れても，その借入金の利率よりも高い利益率をあげることができれば，利子を上回る利益が当期純利益を増加させ，自己資本利益率率を押し上げてしまうのです。したがって，自己資本比率が同じぐらいであるという条件のもとで，自己資本利益率が高い企業のほうが優れているといえるのです。

3　安全性の分析

　安全性とは，企業の財務的な体質がしっかりしたものかどうかを表すものです。しっかりした体質であるかどうかは，①自己資本が充実している（資本構成が優れている）かどうか，②資金のゆとりがある（支払能力がある）かどうか，この2点に集約されます。この安全性を示す比率の代表的なものが，自己資本比率と流動比率です。ほかにも安全性を表す各種の比率があります。

自己資本比率
　自己資本比率は，総資産に対する自己資本の割合を示すもので，次の式で表されます。

$$自己資本比率＝\frac{自己資本}{総資産}×100（％）\quad\cdots\cdots(10)$$

　自己資本は，負債とは異なり，通常では返済する必要のない元手部分です。また，利益がない時では，借入金であれば利子を払わなければなりませんが，株主への配当は取り止めることができます。したがって，この比率は高いほど良いことになります。

　自己資本の少ない企業は，純資産が少ないことから，不景気などで業績が落ち込んだときは倒産する危険も高くなります。不況に対する抵抗力を欠くわけで，いざとなると危ない会社ということになります。

　戦後の日本企業は自己資本比率が低いものでした。1970年代のオイル・ショックを境にして日本経済は高度成長期から安定成長期に移ったといわれます。この間で自己資本を充実させてきており，現在ではアメリカの企業に比べても自己資本比率は見劣りしないほどになっています。

　なお，これまで説明してきた「自己資本比率」は一般企業を対象とするものです。同じ「自己資本比率」という用語を用いながら，銀行などの金融機関では異なる意味で使われています。この場合，比率の計算における分子の「自己

資本」には，先に説明した自己資本だけでなく，負債の一部，たとえば劣後債
や劣後ローンなどが含まれます。また，分母も総資産の金額ではなく，各資産
をその回収リスクに応じて算定し直した金額を使います。一般企業の自己資本
比率よりも高くなるのが普通です。両者とも，計算の仕方は異なるものの，財
務の安全性を測ろうとする点では同じ目的をもっています。

　証券会社についても特別の「自己資本比率」があります。この算定方法は銀
行の場合と異なります。こうした自己資本比率を規制することによって財務の
安全性に不安のある証券会社を排除しようとするものです。

流動比率

　企業にとっては債務の支払いにあてる資金が必要です。支払資金が不足して
支払期日のきた債務を返済できなければ企業の信用がなくなってしまいます。
特に手形や小切手の支払いができなければ銀行との取引ができなくなり，実質
的に倒産ということになります。資金は利益とは異なります。利益があっても
支払う資金がなければ営業活動はできません。利益がありながら倒産するとい
う「黒字倒産」も起こりうるのです。

　会社の支払資金の状態をみる指標として使われるのが流動比率です。これは
次の式によって表されます。

$$流動比率 = \frac{流動資産}{流動負債} \times 100 \quad (\%) \quad \cdots\cdots(11)$$

　流動比率とは，現金ならびに現金になりやすい資産である流動資産と，近い
うちに現金で支払う必要がある負債である流動負債との比率です。流動比率が
高ければ短期的な支払能力があるとみられています。流動比率は100％を超す
ことが望ましく，150％ぐらいは必要であるとみられています。

　資金が十分にあるほうが良いのですが，現金や当座預金などの資産が多けれ
ば多いほど良いというものではありません。現金や当座預金のままでは利子も
生じないので，儲ける機会を失っているかもしれないからです。つまり，資金
を有効に活用せずに寝かせているということです。また，不良品や売れ残り品

など不良在庫となっている棚卸資産が多ければ，流動比率が高いといっても資金が不足することになります。

　流動比率は短期の支払能力を表しますが，より短期の支払能力をみるには当座比率が使われます。この当座比率は，流動資産のうち当座資産を，すなわち現金，預金，受取手形，売掛金，有価証券などを(11)式の分子にもってきたものです。棚卸資産が除かれているので，流動比率よりも短期的な支払能力を示すわけです。

　ほかに支払能力をみるものとして，現金と預金と有価証券の合計額を「手元流動性」として表すことがあります。手元流動性はまさに資金の手元有高といえるものであり，即時的な支払能力を示します。手元流動性という言葉は新聞でよく使われるものです。

固定比率

　固定資産は企業が長期にわたって保有するものですから，それに投下した資金を回収するには時間がかかります。したがって，固定資産に投下する資金は自前の元手である自己資本によるものを使った方が安全です。こうした考えから，自己資本に対する固定資産の割合を表したものが固定比率で，次のように計算します。

$$固定比率＝\frac{固定資産}{自己資本}×100（％）……(12)$$

　この固定比率が100％を超えていれば，固定資産に投下した資金の一部は負債に頼っていることを表します。このことから，固定比率は低いのが好ましいことになります。

　固定資産に投下する資金の一部を負債に頼るにしても，返済期限の長い固定負債に頼る方が望ましいものです。こうした考えから，固定長期適合率といって，固定比率の分母に固定負債をプラスしたものを使うことがあります。この比率が100％以下であれば，固定資産に投下した資金を自己資本と固定負債で調達していることになり，安全であるとみられます。

なお，計算式から分かるように，固定長期適合率と流動比率は裏表の関係にある比率です。すなわち，固定長期適合率が低いということは，流動比率が高いことが通例なのです。

4　成長性の分析

成長性とは企業が伸びているかどうかということです。収益性や安全性が優れているだけで「良い会社」だと速断してはなりません。同業の他社が成長しているのに自社だけが停滞しているようでは，その業界では相対的に小さな企業になってしまい，収益性も安全性もしだいに劣るようになってくるでしょう。

ホンダは，1950年代には，オートバイ業界第2位の企業でした。その時のトップ企業は収益性も安全性もホンダよりも優れていました。しかし，ホンダは研究開発を進める一方で積極的に設備投資を行い，高度成長期の需要増大に対応して成長しました。設備投資を怠ったトップ企業は売上高も落ち，やがて収益性も安全性も悪くなって，ついには倒産してしまったのです。

成長している産業や新しい産業，たとえばIT（情報技術）関連の業界では，競争が厳しかったり，売上が少なかったりして，収益性も安全性も劣る企業が多いものです。逆に成熟した産業では，成長性があまり見込めないこともあって，先を見る株式市場では，たとえ収益性や安全性が優れていても，株価での評価は必ずしも高くはありません。

成長している企業とは，やはり売上高が伸びている企業のことです。売上高こそ収益力の源であり，安全な財務体質を作り出すものだからです。経常利益や当期純利益の伸びも成長性といえます。「5期続けて増収増益」とか「10期連続の増収増益」といった文句が新聞の見出しにも見受けられますが，こうした企業はまさに「成長企業」といえます。それだけに経営者は，売上高や経常利益あるいは当期純利益が前期よりも少しでも多くなるよう苦心するわけです。

収益面での伸びだけではなく，財務体質面での伸びも重要です。財務体質面での伸びでは，総資産が大きくなってきているかどうかが考えられます。借入金で総資産がふくらむこともありますので，総資産ではなく株主資本あるいは純資産の増加を成長性の指標とすることも考えられます。

5　株式投資に対する会計情報の役立ち

Case 4-2

　財務諸表から得られる会計情報は株式投資に対してどのように役立つのでしょうか。その役立ちの1つが株価純資産倍率（PBR）です。そのPBRについて次のような記事がありました。

PBR1倍割れ6割超
東証1部　好業績銘柄に割安感

　株式市場で株価純資産倍率（PBR）が1倍を下回る銘柄が高水準となっている。東京証券取引所第1部では全体の6割を超え，平均PBRもほぼ1倍に下がった。東日本大震災の影響や海外経済への懸念などで投資家が日本株の先行きを弱気にみているためだ。ただ好業績予想の企業も1倍を割れるなど一部に割安感が指摘され，相場全体の下支え効果も期待されている。

（日本経済新聞　2011年6月5日）

　同じ記事では，株価純資産倍率の意味を次のように説明しています。

　PBRが1倍を下回る状況では，企業がその時点で事業をやめて残った純資産を分配すると，株価よりも大きい金額を株主が手にできることを意味する。赤字企業でなければ，割安と判断される場合も多い。（後略）

　PBRが1倍を割ると株価は割安だと判断されるということは，その株式を購入すれば儲かる可能性が高いということです。本当にそういえるのか，検討することにしましょう。

　株式投資の基本は，安い株式を買って高くなった時に売ること，あるいは，値上がりが期待できる株式を買うことです。問題は，株価の高低をどのように判断できるか，どの株式が値上がりを期待できるのか，ということです。会計を学ぶとこうした問題を解決できると期待されると，期待外れになるかもしれません。それでも，多少の役立ちは得られるはずです。

　伝統的に投資の指標として使われてきたのが，株価収益率（Price Earnings Ratio; PER）です。これは，次式で示すように，株価を1株当たりの当期純利益で割ったものです。

株価収益率＝株価÷1株当たりの当期純利益

　株価収益率は，株式に投資した額（例えば，株価300円）を利益（1株当たり20円）で回収するとすれば何年かかるかを示すものです。この場合，15となるので，15年かかるということになります。

　これだけでは，株価収益率が低い株式のほうが高い株式よりも投資先として良いようにみえます。株価は企業の将来の業績見通しによって変動します。例えば，企業の将来の業績について次の3つの予想が見込まれるとします。予想①業績は向上する，予想②業績は横ばいである，予想③業績は低下する。投資家の大方の予想が①であれば，株価は高くなり，したがって株価収益率は高くなります。20や30にもなるかもしれません。逆に，③のように成長が期待されなければ，株価は下がり，株価収益率は10以下になったりします。

　一般的には，ある企業の株価収益率がその業界の平均よりも高いときは，その株価は割高と判断されます。逆に，業界平均よりも低いときは，割安と判断されることになります。ただし，その企業の将来の業績予想によって予想①のように株価収益率が高くて当然だというケースもでてきます。将来性が見込まれる企業あるいは業界は株価収益率が高くなります。投資家は，自分なりの判断で企業の将来性を判断し，株価収益率がそれに見合った倍率に達していないとなれば，割安だと判断し，投資することになるでしょう。

　なお，次式で示すように，ある企業の株価に発行済みの株式総数を乗じたものを株価時価総額（あるいは単に時価総額）といいます。

株式時価総額＝株価×発行済株式の総数

　例えば，株価300円で発行済株式の総数が1,000株であれば，株式時価総額は300,000円となります。この株式時価総額を使うと，株価収益率は次のように表すこともできます。

株価収益率＝株式時価総額÷当期純利益

　つまり，先の株価収益率は1株当たりの株価と当期純利益を使ったのに対して，この株価収益率は総額での株価と当期純利益を使ったもので，結果は同じ

ページ。

になるのは当然です。

　ケース4-2にでてくる株価純資産倍率（Price Book-value Ratio; PBR）は，この株式時価総額と純資産合計とを使って，次のように計算します。

$$株価純資産倍率＝株式時価総額÷純資産額$$

　ケース4-2の記事にも株価純資産倍率の意味付けが述べられていました。これを別の言い方をすると，この倍率が1倍を割っている企業の場合，その株価で発行済株式の全部を買い，その企業を清算してしまえば，株式を取得するに要した金額（株式時価総額と同じになる）よりも手元に残る金額（純資産額）のほうが大きいということです。上記の数値例で，この企業の純資産額が330,000円とすると，株価純資産倍率は約0.9になります。この企業の株式を300,000円で取得し，この企業を清算して330,000円を得たとすれば，差額の30,000円の儲けが得られます。実際にこのようになるかは別として，理論的にはそのようになります。企業を続けるよりは清算したほうが良いと判断されかねないのです。

　よほどの赤字企業でなければ清算したほうが良いということにはならないので，株価純資産倍率が1倍を割っている場合は，それよりも株価は下がりにくい，したがって割安と判断されることもあるわけです。

　ケース4-2の記事から11年後の2022年8月末では，東京証券取引所に上場している企業全体の株価収益率は12.82倍ほど，株価純資産倍率は1.16倍ほどです。新型コロナウイルス感染症の世界的大流行とロシアによるウクライナ侵攻とによって世界経済が低迷しているため，株価は低い水準のままです。株式が割安だから買い時であるかは，経営分析を行って企業の過去の業績を評価し，種々の情報源を使って将来の業績を判断することが必要です。

【復習問題】
⑴　次の文章が間違っているかどうかを指摘し，間違っている場合にはその理由を説明しなさい。
　　ア．同種の企業で総資産額と総資産利益率が同じようであれば，売上高純利益率の高い企業のほうが総資産を効率的に使っていることになる。
　　イ．一般的にいって，自己資本比率が高い企業ほど財務は健全であるから，

自己資本利益率（ROE）が高くなる傾向にある。

　ウ．流動比率は高いほど良いとされるが，高すぎる場合，資金を非効率的に使っているという疑いもでてくる。

⑵　次の図表4-1は，ホンダの2017年3月期の財務諸表です。ケース1-1の財務諸表とあわせて本章で説明した分析を行い，各種の比率が良くなったかどうかを述べなさい。その他，気づいたところがあれば述べなさい。

図表4-1

貸借対照表
（2017年3月31日現在）

（単位：億円）

資産の部 科目	金額	負債・純資産の部 科目	金額
流　動　資　産	12,259	流　動　負　債	6,884
現 金 及 び 預 金	1,609	買　掛　金　等	2,837
売　　掛　　金	4,591	短 期 借 入 金 等	282
棚　卸　資　産	1,407	未 払 金・未 払 費 用	2,149
そ　の　他	4,709	製 品 保 証 引 当 金	1,173
貸 倒 引 当 金	△58	そ　の　他	441
固　定　資　産	15,970	固　定　負　債	1,869
（有 形 固 定 資 産）	(8,623)	リ　ー　ス　債　務	21
建　　　物	2,623	製 品 保 証 引 当 金	742
機　械・装　置	1,526	退 職 給 付 引 当 金	1,042
土　　　地	3,498	そ　の　他	62
リ ー ス 資 産	30	負　債　合　計	8,754
そ　の　他	944	株　主　資　本	18,871
（無 形 固 定 資 産）	(681)	資　本　金	860
（投資その他の資産）	(6,665)	資　本　剰　余　金	1,703
投 資 有 価 証 券	1,213	利　益　剰　余　金	16,570
関係会社株式・出資金	4,821	自　己　株　式	△262
繰 延 税 金 資 産	493	評価・換算差額等	605
そ　の　他	147	純　資　産　合　計	19,476
貸 倒 引 当 金	△10		
資　産　合　計	28,230	負債・純資産合計	28,230

損益計算書
（2016年4月1日から　2017年3月31日まで）

（単位：億円）

科目	金額
売　上　高	34,561
売　上　原　価	23,547
売　上　総　利　益	11,013
販売費及び一般管理費	10,647
営　業　利　益	365
営 業 外 収 益	3,459
営 業 外 費 用	324
経　常　利　益	3,500
特　別　利　益	12
特　別　損　失	190
税引前当期純利益	3,323
法人税・住民税・事業税	475
法 人 税 等 調 整 額	516
当　期　純　利　益	2,330

⑶　同じ業種の会社3社を選び，本章で述べた分析を行いなさい。第2章で取り上げたEDINETが有価証券報告書を開示しているので，これによって上場企業の財務情報が入手できます。また，多くの企業が，そのホームページで有価証券報告書やアニュアルレポートを開示しているので，そこで財務諸表を見ることができます。

| 第5章 | **会計の計算原理** |

1 物語としての会計

Case 5-1

　現在の日本では，会計基準として日本基準，国際会計基準，アメリカ会計基準，それに修正国際基準が認められています。その内容が違っているのですから，それぞれの会計基準に従って作成される財務諸表の数値も異なってきます。第1章で述べましたが，日本基準から国際会計基準へ移行する企業が少しずつですが増えてきています。

　IT企業の楽天は，2013年末の決算から国際会計基準に基づいた財務諸表を有価証券報告書で表示するようになりました。そのため，事前に「IFRS導入に関する事前説明会」が開催され，そこでの説明として2011年度と2012年度の決算を国際会計基準に基づいて行った場合の貸借対照表と損益計算書を作成し，日本基準との数値の差異要因を説明しています。その時の資料に基づいて損益計算書の主だった項目を示しておきます。なお，これらは2012年度の連結損益計算書での金額です。

図表5-1　楽天の2つの会計基準による業績

	日本基準	国際会計基準
売上収益	4,434億円	4,004億円
営業利益	477億円	500億円
税引前利益	466億円	491億円
当期利益	194億円	204億円

　日本基準と国際会計基準とでは，各項目の名称だけでなく内容も多少異なるので，厳密に比較することはできません。それでも，日本基準に比べて，

74

国際会計基準では売上収益（売上高）が減少し，逆に利益が増加していることが分かります。同じ企業の業績でも，日本基準と国際会計基準とでは異なった評価になるというわけです。

　この楽天の場合では，日本基準による利益額が少なかったから問題になりませんでした。もし日本基準による利益額が国際会計基準による利益額に比べて多かったら，日本基準は甘いのではないかといった批判がでたかもしれません。実際に以前，アメリカ会計基準を採用すると日本基準に比べて利益額が大きく減少するといった記事が出たりしました。日本基準が甘いと批判するようなニュアンスでした。楽天の場合で，利益額が大きくなるから国際会計基準は甘いと批判するような記事は見かけませんでした。楽天の場合，主として，ポイント分を売上高から控除するか否かで売上収益が異なり，のれんを償却するか否かで経常利益や当期利益が異なっていたということです。

　この楽天の比較数字を見て，「一体どちらの数字が正しいのか」と問いたくなるかもしれません。これに対する解答はあるのでしょうか。これについては，「ある意味で，どちらも正しい」と答えておきます。そして，これぞ絶対に正しい数字というものはない，と付け加えておきましょう。

　ところで，話はまったく変わりますが，日本人の大半は，虹は7色である，と当然のごとく思い込んでいます。しかし，諸外国では虹は6色あるいはそれ以下とするのが多いようです。楽天の業績と似た話かもしれませんが，7色と6色のどちらが正しいのかと問うことはできるのでしょうか。

　会計は企業の財務的な側面を説明するものです。第1章のドラマで分かるように，その説明の仕方を定める会計規則が利害によって左右され，また具体的に説明する場面で経営者の利害によって数字が変わることもありうるのです。会計の対象である企業の財務的な側面は抽象的なものであって目で見ることはできません。また，なんらかの装置を使って測定できるものでもありません。わずかに見ることのできるお金や物の動きを頼りにして，さまざまな方法を工夫して財務的な側面を描き出しているのです。財務的な側面は抽象的なものですから，見方あるいは考え方によって描き方が異なってきます。ケース5-1の楽天の例はまさに日本基準と国際会計基準では描き方が違っていたのです。

　会計は企業の経済的な出来事を財務諸表に写像する，といわれることがあります。写像を鏡に写る像のように，対象物をあるがままに描写することであるとするならば，楽天の財務諸表のいずれか一方は，あるいはいずれもが対象物を写像していないことになるでしょう。

　むしろ，会計を写像と考えるよりは，築像と考えるほうが妥当です。築像とは，対象物の像（イメージ）を構築することです。まるで色メガネによって創り上げられる像であるかのように考えるのです。どのような像を構築すべきか，そのための規則の設定に会計士や会計研究者は苦労しているのです。企業の財務的な出来事をそのまま写像するような鏡はありません。会計の目的にあうように築像する工夫が必要なのです。

　ところで，築像という言葉を辞書で調べてもむだです。私が勝手に作った言葉だからです。しかし，言語や絵画といった表現を扱う学問分野では，築像という言葉が意味するような内容は当然のことなのです。会計も科目名と数字という言葉を使う表現の分野です。したがって，他の表現形式と同じように，築像の考えが適用できるのです。

　会計を築像とするよりも物語とするほうが分かりやすいかもしれません。この場合，物語といっても，まったくの作り物（フィクション）ではなく，企業の経験や事実に基づいた作品（ノンフィクション）です。物語の語り方を規制する会計規則によって制約されますが，語り手である経営者は財務諸表という手段を使って企業の財務的な側面を物語るのです。楽天の例でも，語る人と語られる対象は同じでも，日本基準と国際会計基準とでは語り方が大きく違っていたのです。このように会計規則が変われば会計の語り方も変わり，物語の内容もがらりと変わることにもなります。

　企業の財務的な物語である会計の語り方には会計規則のほかにもいくつかの約束事（前提あるいは仮定）があります。現行の会計では複式簿記という計算メカニズムを使うことが一番の約束事であるといえます。この計算メカニズムを使うことでも物語の語り方がかなり制約されます。これについては後で述べることにします。

　ほかに約束事として，伝統的に会計公準といわれている前提があります。会計の規則には直接表れず，その背後に隠れているものです。

会計の基本前提──会計公準

会計公準としては，一般的には，次の 3 つがあげられます。
①　企業実体の公準……個人とは別の会計単位を設定する

② 貨幣的評価の公準……貨幣単位で評価できるものだけを扱う

③ 継続企業の公準……企業が継続することを前提とする

　企業実体の公準とは，会計が行われる単位として，資金の提供者とは別の実体あるいは場所を仮定するものです。こうした会計単位とされるのが企業です。財務会計が主として対象とするのは株式会社という法人です。

　しかし，第13章で取り上げる連結財務諸表のように，法人を超えた企業グループを会計単位とすることもあります。また逆に，企業の経営管理目的から，社内カンパニーといわれるように，事業別に会計単位を設ける場合もあります。

　貨幣的評価の公準とは，会計の数字をすべて貨幣単位で表すことです。つまり，円やドルといった通貨の単位を使うことです。この公準の意味することは，貨幣単位で表すことのできないものは，たとえ企業にとって有用であっても，会計の対象にはならないということです。

　継続企業の公準とは，企業が継続して存在することを仮定するものです。この公準は，一般論として企業が永久的に存在することを仮定するのではなく，企業が継続して存在することを前提として会計を行うということです。会計期間を１年と区切って決算を行うのも，企業の継続を前提とするからです。また，企業が継続すると前提するからこそ，資産と負債を流動と固定とに区別する意味もあるのです。

　バブル経済の崩壊後に大手の証券会社や銀行が倒産したときに，倒産前の貸借対照表と倒産後の貸借対照表ではその金額が大きく違ったということがありました。倒産後の貸借対照表は，継続企業の公準によって作成するものではなく，企業の清算を前提として作成します。企業の継続と清算のいずれを前提とするかによって，評価方法が異なります。つまり，会計の語り方が変わるわけです。したがって，倒産企業の貸借対照表の数値が倒産の前後で違っていたとしても，粉飾など不正なことがない限り，前提が違うのだから仕方がないといえます。

　次節以降で資産の評価基準などについて述べますが，３つの公準はこうした基準の前提にもなっているのです。

2　財産計算の基準

　貸借対照表で表示される資産と負債について，その金額を決めることを評価とよんでいます。評価とはモノの価値を測定することです。日常的な用法からすると，資産がなんらかの価値をもっており，また負債がマイナスの価値をもっていることは明らかです。こうした資産や負債を評価するための基準を評価基準といいます。

　本書では，資産の評価についての章が多くなっています。その理由は，資産は負債に比べて，その種類と具体的な評価方法の数が多いということです。また，資産の評価のほうが会計処理の仕方によって金額が大きく変わる，そうした意味で任意性が大きいからです。資産をどのように評価するかによって，資産の額だけでなく，利益の額も大きく変わるだけに，資産の評価が負債の評価よりも重要になっているのです。

　純資産は，資産と負債と並んで貸借対照表の構成要素です。しかし，純資産の評価は問題になりません。純資産はその全体が資産と負債の差額として計算されるからです。純資産を構成する項目は，資産や負債の評価，企業の任意の決定，法規などによって確定されます。したがって，決算において純資産をあらためて評価する必要はないのです。

資産の評価基準

　資産の金額がなんらかの価値を表すといっても，これは大まかにいってのことです。長さや重さといった物理的なものであれば，その測定値は長さや重さを表しているといえるでしょう。しかし，資産の価値といったものはモノに固有の性質ではありませんから，これこそが価値の正しい測定値だ，というものはないのです。

　身近にある資産，たとえば自分が所有するクルマについて考えてください。その価値を金額で表すようにといわれた場合，何を考えるでしょうか。性能やスタイル，色などが自分の気に入っているクルマであれば，価値は高いと思うでしょう。使い古したクルマで中古車業者が引き取ってくれないようなもので

も，それなりに役立っていれば価値があると思うものです。これらは主観的に感じる価値であるといえます。

　経済学では使用価値と交換価値という言葉を使います。クルマをもっている人が感じる価値は使用価値です。使用価値はそれを使用する人によって異なってきます。したがって，こうした主観的な使用価値を表す数値を財務諸表で使うことはできません。

　一方，交換価値は，新車市場あるいは中古車市場の相場あるいは市場価格によって表されます。市場価格であれば，ある程度は客観的に決定されるものですから，財務諸表の数値として使うことができます。この相場あるいは市場価格が会計数値の元になるのです。

　企業が保有する資産を評価する考え方として，①過去の出来事に基づいて評価する，②現在の出来事に基づいて評価する，③将来の出来事を予想して評価する，この3つがあります。ここでの出来事とは，資産が市場で売買されるということ，あるいは現金の出入りがあるということです。こうした考え方によって，①では取得原価が，②では再調達原価と現在売却価額が，③では正味実現可能価額と現在価値が，それぞれ資産を評価する方法として使われます。これらを説明することにします。ただし，これらは人によって用語や説明が微妙に異なることがありますから，注意が必要です。

取得原価

　取得原価は，現に保有する資産を取得するために支出した金額です。取得原価に基づく評価基準を取得原価基準，あるいは単に原価基準とよびます。以前は取得原価主義あるいは原価主義という言葉も使われていました。「主義」というとおおげさですので，次第に使われることが少なくなっています。

　取得原価は，取得時においては時価であったわけです。しかし，決算時においては取得が過去の出来事になっています。取得原価は過去の歴史的な支出額であるところから歴史的原価ともよばれています。取得原価と同じ意味で「取得価額（かがく）」という用語も使われます。この「価額」は金額と同じ意味です。「価格」と似ており，また混同されることもしばしばです。価格は，パソコン1台当たり20万円というように，単位当たりの金額です。このパソコンが5台あれ

ば，その価額は100万円となります。

　取得原価は，資産を取得するために支出した金額です。より厳密には，その資産を単に取得するだけでなく，それを営業活動に使える状態にするまでに要した支出額を意味します。したがって，その資産の購入代価だけでなく，それを使える状態にするまでに要した費用（これを付随費用といいます）も含まれます。たとえば，土地を購入した場合，土地それ自体の購入代価だけでなく，不動産業者に支払う仲介手数料，土地の造成費用，登記費用なども含まれます。

　原価基準で資産を評価するときには，以後も取得原価をそのまま使うこともあります。ほかには，後の章で説明するように，減価償却という手続きによって取得原価を減少して使う場合，また償却原価法という方法によって取得原価を増減して使う場合などがあります。こうした場合でも，原価基準に基づいているといえます。

再調達原価

　現に保有する資産を現時点で購入ないしは製造するのに必要な原価です。取得原価が過去の原価であるのに対して，再調達原価は現在の原価であり，現在原価，再取得原価，取替原価などともいわれます。再調達原価は，取得原価と同様に，現時点で調達するのに必要とされる付随費用も含めて算定します。したがって，現在の購入市場における市場価格に付随費用を加算したものとなります。取得原価は過去に生じた出来事によって決まる金額ですが，再調達原価は現在において購入したならば支払う金額です。そのため，同じような資産が売買される市場における価格を利用することになります。

現在売却価額

　現に保有する資産を売却したならば得られる金額，その意味での売却価格です。実際には売却していませんから，保有する資産と同じような資産が売買される市場における価格を利用します。この価格をそのまま保有する資産の評価額とするのです。再調達原価とは異なり，売却に伴う付随費用は無視します。現在売却価額は，主として金融資産の評価に使われます。

正味実現可能価額

現に保有する資産を通常の営業循環の過程において販売することによって得られると見込まれる金額です。現在売却価額と似ていますが，2つの点で異なります。その1つは，正味実現可能価額は将来において予想される売却時点での販売価格を使います。もう1つは，その資産の完成や売却にかかる費用がさらに必要である場合，こうした費用を見積もって予想売却価額から差し引くことです。こうした理由で「正味」が付いているのです。正味実現可能価額は「正味売却価額」という名称で棚卸資産などの評価に使われます。

現在価値

現在価値は，資産を保有し続けることによって将来得られると予想されるキャッシュ・フロー（現金の流れ）を現時点での価値に換算した価額です。資産から得られるキャッシュ・フローという将来の出来事を予想しなければなりません。しかも，単に将来キャッシュ・フローの合計額を求めるのではなく，これを現時点での価値に換算することが必要です。この換算の手続きが割引という方法です。将来キャッシュ・フローを割り引いて現在の価値に換算することから割引現在価値，あるいは単に現在価値または現価ともいわれます。現在価値法は，経済学の観点から資産を評価する方法としては理論的な方法であるとされています。

現在価値を数値例で説明するため，まず現在の価値がどのように将来の価値になるかをみることにします。たとえば，手元に現在の価値として現金100,000円があるとします。これを金融機関に預けたりすれば利息が得られます。もし利率が5％であるとすれば，現金100,000円は1年後には元利合計で105,000円（＝100,000円×（1＋0.05））となります。これが現金100,000円の1年後の価値です。同様に2年後の価値を求めると110,250円（＝105,000円×（1＋0.05）＝100,000円×（1＋0.05)^2）となります。10年後の価値は162,889円（＝100,000円×（1＋0.05)^{10}）です（円未満は切り捨て，以下も同様）。つまり，10年後の現金162,889円は現在の現金100,000円と等しいということです。同じ金額の現金でも現在の100,000円と10年後の100,000円とは同じ価値ではないのです。

　では，10年後の現金100,000円は現在の価値に換算するといくらになるでしょうか。先の計算とは逆の方法を取ります。それは，1年後の100,000円を（1＋0.05）で割ります。この結果は95,238円（＝100,000円÷（1＋0.05））となります。同じように計算すれば，10年後の100,000円は61,391円（＝100,000円÷（1＋0.05）^{10}）です。これが，10年後に得られると予想される将来キャッシュ・フロー100,000円の現在価値です。

　この考えを一般化して，将来キャッシュ・フローをR_n，利率をi，経過年数をnとすると，現在価値は次の式のように表すことができます。

$$現在価値 = \frac{R_1}{(1+i)^1} + \frac{R_2}{(1+i)^2} + \frac{R_3}{(1+i)^3} + \cdots\cdots \frac{R_n}{(1+i)^n}$$

　たとえば，毎年100,000円のキャッシュ・フローが今後4年間にわたって見込まれ，利率を年5％とすると，その現在価値は次のように計算されます。

$$
\begin{aligned}
現在価値 &= \frac{100,000}{(1+0.05)^1} + \frac{100,000}{(1+0.05)^2} + \frac{100,000}{(1+0.05)^3} + \frac{100,000}{(1+0.05)^4} \\
&= \quad 95,238 \quad + \quad 90,702 \quad + \quad 86,383 \quad + \quad 82,270 \\
&= \quad 354,593
\end{aligned}
$$

　将来キャッシュ・フローの合計額は400,000円ですが，その現在価値は354,593円となるわけです。もし，この数値例で利率が年4％であるとすれば，上記の式の0.05に0.04を代入すれば計算できます。その現在価値は362,987円となります。この利率の変化から理解できることは，将来キャッシュ・フローが同じであっても，割引に使う利率（割引率といいます）が高いほど現在価値が低くなるということです。したがって，どのような割引率を使うかによって現在価値が変わることになるのです。割引率としては，国債などのように安全性が高い債券の利率，企業が資金を借りる際の利率などいくつか考えられます。

　将来キャッシュ・フローは将来の出来事です。したがって，その予測には困難がともなうことがあります。理論的方法ですが，数値の客観性が問題にされるなど，実務的には適用がむずかしいものです。こうしたことから，現在価値

基準が適用される項目は限定されます。金融商品の中には将来キャッシュ・フローが決まっているなど，予測がある程度客観的にできるものもあります。こうしたことから，現在価値が適用される分野が増えてきているのも事実です。

時価と公正価値

「時価」という言葉は日常的にもよく使われます。その時々の市場価格，といった感じです。たとえば，中古車を売買する業者にとって時価は何でしょう。車の所有者からの買値でしょうか，あるいは購入者に対する売値でしょうか。このように，時価といってもいろいろあります。

資産の評価に時価を使うことが多くなってきました。そこで，時価の算定に関する会計基準が制定されました。この基準では，時価として先に説明した現在売却価額を使用しています。ただし，適切な売却価格が得られない場合には，再調達原価や現在価値などを代わりに使用することがあります。時価を評価基準として使うことを時価基準あるいは時価会計といいます。現在の会計では資産の種類によって原価基準と時価基準とが使い分けされているのです。

国際会計基準では，「時価」ではなく「公正価値（fair value）」という言葉を使っています。公正価値は日本の会計基準での時価と同じであり，現在売却価額を使用しています。また，場合によっては再調達原価や現在価値などを使用することも同様です。

日本の会計基準でも「公正価値」という言葉を採用しようとしていました。しかし，その言葉のニュアンスに抵抗があったせいか，「公正価値」ではなく「時価」を採用したのです。日本語で「公正」あるいは「フェア」という言葉には，公明正大あるいは紳士的な振る舞いといった，良いイメージがあります。公正価値が他の評価基準に比べて特に公明正大だということはありません。「公正」なのだから公正価値を評価基準として採用すべきだと考えるとすれば，それは言葉の魔術に引っ掛かったということになるでしょう。

負債の評価基準

負債の多くは法律上の債務であり，その金額は契約によって決まっています。そこで負債の評価は，契約による債務額が基本となっています。したがって，

負債は契約の履行や変更によって金額が変わることがあっても，決算時にあらためて評価する必要はなかったのです。それゆえ，以前は負債の評価は資産の評価に比べると簡単であり，問題も少ないものでした。

しかし，状況は変わり，資産の評価と同じように負債にもいくつかの評価基準を考えることができるようになりました。たとえば，資産の取得原価に対応するもので現金受入額とでもいえるものです。これは負債が生じたときに現金あるいは他の資産をどれだけ受け取っているかを示す金額です。また，時価も利用できる場合があります。こうした負債の評価については第10章で社債や引当金に関連して説明することにします。

3　損益計算の基準

利益は貸借対照表では純資産の増加額として，損益計算書では収益が費用を超過する額として計算されます。この関係から，収益は純資産を増加させるもの，費用は純資産を減少させるものと考えられます。

純資産の増減といっても，その物理的な増減ではなく，価値的な増減です。したがって，収益と費用は価値といった目に見えないものの増減となります。目に見えないものなので，収益や費用を損益計算書に計上するためには，なんらかの出来事を手掛かりにすることになります。こうした手掛かりとなる出来事を何に求めるかによって，収益や費用を計上する時点が違ってきます。これを収益・費用の認識基準といいます。

収益・費用の認識基準としては，現金基準，発生基準，実現基準などがあります。また，このほかに損益計算の基本的なルールとして費用収益対応の原則があります。これらの基準・原則に従って収益と費用は損益計算書に計上されます。

現金基準
現金基準は，収益・費用に関連する現金の収入・支出があったときに収益・費用を計上するという基準です。この場合，現金の収入・支出という出来事が収益・費用を計上する際の手掛かりとなっています。

　現金の収支を手掛かりにするといっても，現金の収支のすべてが収益あるいは費用になるわけではありません。たとえば，株主からの資本の拠出による収入や銀行からの借入金による収入は収益とはなりません。また，借入金の返済という支出も費用にはなりません。現金収支であって収益・費用に関連するものだけが収益あるいは費用として計上されるのです。たとえば，営業用にクルマを購入すれば，このクルマは使用することによって価値が減少することから，このクルマを購入して現金を支出したときに費用を計上することになります。

　現金基準を収益・費用の認識基準とする場合の問題点は，このクルマの例でみるように，価値の減少が生じている時と現金が支出される時が大きく違ってくることです。収益である価値の増加と現金収入との関係についても同様です。したがって，原則として，現金基準は収益あるいは費用の認識基準として採用されません。

発生基準

　発生基準は，純資産の増減が生じた時点で収益あるいは費用を計上するというものです。先に，収益は純資産を増加させるもの，費用は純資産を減少させるものと規定しました。この規定からすれば，発生基準はまさに収益あるいは費用を純資産の増減が生じた時点で計上することになり，収益あるいは費用の定義にそった基準ということになります。しかし，純資産の増減といっても，その価値の増減がどの時点で生じているかを知ることはむずかしいことです。したがって，純資産の増減といっても，実際には，具体的な物やサービスの利用あるいは消費などを手掛かりとします。こうした利用・消費などが行われたときに収益・費用を計上するのです。発生基準は主として費用の計上に使われます。

　たとえば，営業用に購入したクルマは，それを実際に使用することによって価値が減少し，費用が発生するとみるのです。また，電気やガスなどのサービスでは，その消費によって価値が減少し，費用が発生するとみることになります。こうした例からも分かるように，収益あるいは費用の発生と現金の収支とは時間的に異なるのがふつうです。決算時点で費用として発生しているとみられるものであれば，たとえ代金が未払いであっても，費用として計上するとい

うのが発生基準の考え方です。

実現基準

　実現基準は，純資産の増加が現実のものとなったときに収益を計上するというものです。純資産の増加である収益が現実のものとなるのは，現金やその同等物によって確認できるようになるということです。これによって儲けが実感できるのです。実現基準は収益の計上に使われます。詳しくは第12章であらためて説明します。資産の評価基準で説明した正味実現可能価額の「実現可能」も現金化したらいくらになるかという意味です。

　商製品については，その収益が実現する時をその販売時点としています。販売すれば，商製品が相手方に移転し，その対価として現金が得られたり売掛金や受取手形といった債権が生じたりします。商製品の移転とその対価の確定という具体的な出来事が，収益という抽象的なものを現実のものとするからです。私たちの日常的な感覚からしても，それによって収益を実感するようになるといえます。

費用収益対応の原則

　費用収益対応の原則は，収益と費用との間になんらかの関連があるものは同じ時期に計上させるという原則です。この原則によって，発生基準などに従って計算される収益あるいは費用の計上を見直すことになります。

　収益とは企業の営業活動の成果であり，費用とはその成果を得るために費やされた努力です。収益と費用を関連させるものはこの努力とそれによる成果です。先に述べた貨幣的評価の公準が示すように，努力も成果も金額で表されるものでなければなりません。努力を超えた成果が得ることができれば，その超過分は純成果となります。純成果とは儲け，つまり利益です。こうした関係を式で表せば次のようになります。

$$収　益 － 費　用 ＝ 利　益$$
$$（成果）　　（努力）　　（純成果）$$

　費用収益対応の原則は，単に収益から費用を差し引くということではありま

せん。収益から差し引く費用は，この収益という成果を得るために費やされた努力としての費用，その意味で収益に関連した費用でなければならないということです。

　企業は営業活動としてさまざまな努力をしています。努力が今期の収益として実ったものもあれば，次期以降の収益として実ると見込まれるものもあります。費用収益対応の原則は，収益が実ったものについて，その収益を得るのに貢献した努力を対応させ，その純成果としての利益を計算しようとするものです。

　仕入れた商品を販売すると，売却損益という純成果が得られます。商品の仕入原価はこうした成果を得るために費やされた努力です。したがって，収益としての売却代金から仕入原価を差し引くことになります。運送費や購入手数料などの付随費用も売却益を得るための努力とみることができるので，純成果を計算するためにはこれらの費用も売却代金から差し引かなければなりません。付随費用を資産の価額に含めるのは，それによる成果が実る次期以降にその費用を繰り越して，その成果と対応させるための工夫なのです。このように，次期以降に計上される収益に対応させるために，費用を資産として繰り越すという役割が貸借対照表にはあるのです。

　この費用収益対応の原則は現代会計を支える理念の1つですが，すべての費用を収益に対応させようとするのは無理なことです。たとえば，営業員の販売活動という努力は今期の売上として実るものと次期以降の売上として実るものとがあるでしょう。営業員の給料やさまざまな販売活動の費用を今期の売上に対応する部分と次期以降の売上に対応する部分とに厳格に分けることはできません。ですから，費用収益対応の原則が適用できない状況も多いわけです。にもかかわらず，この原則は現代会計の考え方として大事なものです。

4　財産計算と損益計算の関連

　これまで財産計算の基準と損益計算の基準を別々に述べてきました。この2つの基準は互いに関連しています。それは，会計の計算メカニズムである複式簿記の仕組みによって，貸借対照表と損益計算書が利益を媒介にして相互に結

びついているからです。すなわち，貸借対照表を構成する要素である資産や負債をどう評価するかによって，損益計算書を構成する収益や費用の計上額が異なってきます。また，その逆に，収益や費用をどれだけ計上するかによって資産や負債の金額も異なってくるのです。

　2000年の会計ビッグバン以前は，基本的には，原価基準と実現基準が連動していました。たとえば，資産はたとえその時価が上がっても原価で評価し，それを売却するまでは時価と原価との差額を収益として計上しませんでした。売却によって実現した収益だけを損益計算書に計上するため，資産は原価のまま評価されるのです。しかし，次第に資産や負債を時価基準で評価するケースが増えてきました。こうした時価基準の適用が損益の計算基準とどのように関係しているかを説明することにします。

時価評価と損益計算

　資産について原価基準を採用していれば，その時価が取得原価より高くなった場合であっても，取得原価で評価することになります。この場合，取得原価と時価との差を「含み益」といいます。「益」とありますが，収益として計上されず，資産の帳簿価額として表にでないことから「含み」というのです。この状態を，図表３－３の形式で示すと，図表５－２の左側の表のようになります。この場合，資産に含み益20が隠されていることになります。

図表５－２

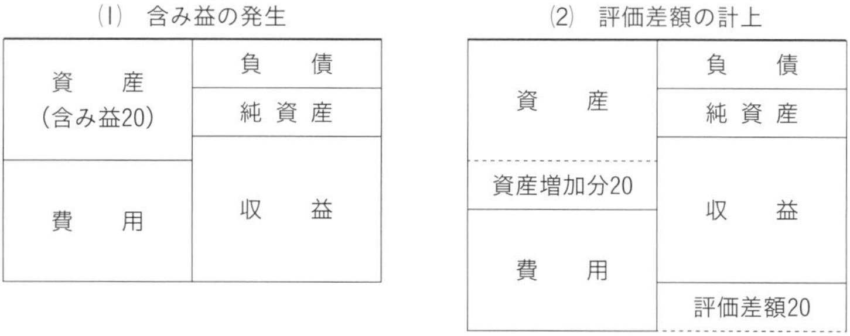

　原価基準は，資産が値上がりしても，売却するまでは「含み」のままにしておく方法です。時価が下がっている場合は「含み損」といいます。また，資産だけでなく，負債もその帳簿価額と時価とに差が生じる場合があります。以下

では，資産に関して，その時価が取得原価よりも高くなっている場合だけを説明しています。

　では，時価基準を採用すると，どうなるのでしょうか。図表5-2の右側の表で示されるように，資産が時価で評価されてその金額が増加します。この例では，20だけ増加しています。複式簿記のルールによれば，このように資産が増加すれば，右側の負債，純資産，収益のいずれかが増加しなければなりません。資産の評価増が負債の増加になることは例外的なケースですので，純資産の増加か収益の発生のいずれかになります。

　評価差額を収益の発生として扱えば，資産の評価益として損益計算書に計上されます。その結果，その期の純利益が増加します。時価評価で評価益が表にでたことにより，含み益は解消します。第9章で述べるように，売買目的で所有する有価証券についてはこのような評価方法が採用されています。

　評価差額を純資産の増加として扱えば，純資産の部において「評価・換算差額等」に表示されます。貸借対照表の内部だけで処理されることになり，損益計算には影響しません。含み益は解消されますが，評価益は計上されないのです。同じ有価証券でも「その他有価証券」として扱われるものについては，このような処理がされます。

　純資産の増加として扱われる場合でも，第14章で説明する包括利益計算書が採用されると，評価差額はある種の損益として扱われます。しかし，損益計算書の純利益には影響しません。これについては第14章で扱います。

会計物語の変化

　これまでの会計の基本は，ある期間に実現した収益に対して，発生した費用を費用収益対応の原則によって対応させて利益を計算するというものです。このような収益と費用の対応を考えて損益計算書が作成され，貸借対照表の資産や負債はその結果を受けて計算されます。こうした損益計算書での損益計算を中心とした語り方がこれまでの会計物語の中心にあったわけです。

　しかし，金融商品の時価評価などにみられるように，資産や負債の時価評価が重要になってきています。資産や負債をすべて時価で評価するようになれば，貸借対照表を中心とした語り方になってしまいます。そうなれば，損益計算書

に計上される収益と費用のほとんどが評価益と評価損となり，損益計算書は重要性の劣る財務諸表となってしまいます。

　国際会計基準やアメリカの会計基準の基礎になっている考えによれば，資産は将来の経済的便益とされています。これに対して負債は将来における経済的便益の犠牲であるとされています。経済的便益とは，これまで資産や負債の「価値」といってきたものをより明確に言い表したものです。といっても，これだけではスローガンのようなもので，この言葉が何を意味しているかは具体的には分かりません。経済的便益とは，基本的には，キャッシュ・フローが高い確率で流入するということです。すなわち，資産は将来におけるキャッシュ・フローの流入であり，負債はその流出です。したがって，こうした考えを推し進めると，財産計算の基準としては現在価値が，損益計算の基準としては発生基準が最も優れているということになります。将来の経済的便益は経済理論的には妥当なものかもしれません。しかし，その考えは，金額の客観性を重視する会計で全面的に採用することは無理です。

　現状では，原価基準と時価基準とが混在しています。大まかにいえば，事業資産には原価基準が，金融資産には時価基準（あるいは公正価値基準）が採用されている状況です。しかし，国際会計基準は，公正価値評価による時価会計を推し進めています。すなわち，貸借対照表を中心にして公正価値評価による会計物語を語ろうとしています。会計物語の中心が損益計算書から貸借対照表に完全に移行するのでしょうか。これに対する解答はまだ得られていないといえます。

【復習問題】

(1)　次の文章が間違っているかどうかを指摘し，間違っている場合にはその理由を説明しなさい。

　ア．企業を会計単位とする企業実体の公準から会計期間が必要となる。

　イ．再調達原価は売却を考えた場合の時価であり，売却に係る付随費用は差し引かれる。

　ウ．ある資産を保有することによって将来一定の収入が得られるとすると，高い割引率を使えばその資産の現在価値は高くなる。

　エ．現金基準によって損益計算を行っている場合，次期に引き渡す予定の商

　品代金の一部を今期に前受けしても収益としては計上されない。

⑵　資産の取得原価には，その取得に係る付随費用が含められます。その理由を費用収益対応の原則の観点から説明しなさい。

⑶　年利率４％の国債（額面と購入価額は同じく1,000,000円）があります。この国債の残り期間が３年となりました（１年後と２年後に利息40,000円を，３年後に元利合計1,040,000円を受け取る）。これを当初の利子率４％を割引率として使う現在価値と，現在の市場利子率５％を割引率として使う現在価値を計算しなさい。なお，電卓を使って計算することになりますが，計算の過程で円未満の金額がでた場合は，円未満を四捨五入してください。

第6章　棚卸資産

1　棚卸資産とは

Case 6-1

　企業は，会計処理の方法を変更することがあります。次の記事は，ある石油会社が棚卸資産の評価方法を変更したというものです。その内容をみることにしましょう。

東燃ゼネ，純利益4.5倍
１〜６月　会計ルール変更効く

　東燃ゼネラル石油が12日発表した2011年１〜６月期連結決算は，純利益が前年同期比約4.5倍の1299億円になった。採用する会計ルールを切り替え，在庫評価方法が変わったことに伴う利益が大きく純利益を押し上げた。

　東燃ゼネは期首在庫と期中に仕入れた原油価格を平均する「総平均法」に今期から変更。この会計ルールでは，原油価格が上昇すると期首に持つ安値在庫による利益かさ上げ効果が生じる。従来は「後入れ先出し法」を使っていた。

　１〜６月期には在庫評価方法変更に伴う利益だけで1571億円発生。この分が営業利益段階から含まれ，１〜６月期の営業利益は約16倍の2178億円と大きく膨らんだ。（後略）

（日本経済新聞　2011年8月13日）

　会計ルールの変更だけで1,571億円もの利益が生じたとのことです。この半期の純利益が1,299億円でしたから，この変更がなければ純利益ではなく純損失になっていたはずです。純損失を純利益に変えるマジックを探ってみることにしましょう。

　棚卸資産とは，コンビニやスーパーの店内の棚に陳列されている商品が典型的なものです。他にも，製品，仕掛品，半製品などがあります。これらについて説明しましょう。なお，「たな卸資産」と表記されることもあります。

　商品と製品との区別は，他から仕入れたものであれば商品であり，原材料を購入して加工したものであれば製品です。しかし，現在の大企業はその傘下に多数の子会社，関連会社，下請け企業を抱えており，それらの企業に製造を委託しているケースがよくあります。ソニーでは「ソニー」のブランドで売りだされている製品の半分以上はソニー・コンピュータエンタテイメントなどの子会社が製造しているとみられます。トヨタも，その販売するクルマの多くが実際には関連する会社で製造されています。自社で研究開発，原材料の仕入，販売などは行うけれども，製造は他の企業に任せるという企業もアパレル産業にみられます。このように，商品と製品との区別もはっきりしなくなってきているのが現状です。

　販売目的で買い入れたものが商品ですから，第3章で述べたように，不動産会社が他から購入して販売用に保有する土地・建物も「商品」です。「販売用不動産」，「販売用土地・建物」といった名称が使われますが，商品には違いありません。分譲用の土地・建物となれば製品に相当するでしょう。

　仕掛品は「しかけひん」と読みそうですが，会計の業界では「しかかりひん」と読むのがふつうです。仕掛かりとは，仕事に取りかかって途中にある状態，を意味します。ですから，仕掛品は製造業において製造工程の途中にある物を指します。半製品も，ある意味では製造工程の途中にある物ですが，ある一定の工程を終了しており，外部にも販売することができるような状態になっているものです。その点で，さらに加工を受けなければならない仕掛品とは異なっています。

　製品の製造を他の企業に委託する場合，委託される企業の側からみると，仕掛品があれば，それに労務費などの無形のサービス（役務）が累積しているとみられます。こうした無形のサービスも棚卸資産となります。コンピュータのソフトウェアの制作費も，そのソフトが仕掛かり中のものであれば，無形のサービスが仕掛品となることもあります。ですから，棚卸資産には物理的な物だけでなく抽象的なモノも含まれるのです。

　これまで説明してきたように，棚卸資産には物やサービスであって販売目的で仕入れたもの，製造途上にあるもの，製造が終了したものなどがあります。ほかには，販売活動や一般管理活動において短期間に消費されてしまう事務用品なども含まれます。

　棚卸資産という言葉は，商品などを陳列棚から卸（下ろ）して，その数量を調べることからきたと思われます。これまで述べてきたように，その範囲は棚には載らないようなモノにまで広がっています。いずれにしろ，数量を調べる必要のある資産です。商店のドアに「本日棚卸につき休業」といった札を見かけることがありますが，これは棚卸で商品の数量を実際に調べるために店を休みにするということです。

2　棚卸資産の評価方法

棚卸資産の数量計算

　期末における棚卸資産の数量，たとえば商品の数量は次の式によって表すことができます。

$$期首棚卸数量＋当期仕入数量－当期売上数量＝期末棚卸数量\cdots\cdots(1)$$

　この(1)式は次のように変えることができます。

$$期首棚卸数量＋当期仕入数量＝当期売上数量＋期末棚卸数量\cdots\cdots(2)$$

　(2)式を図表6-1のように図形化して表すことができます。これが勘定の形式になっていることは分かるでしょう。

図表6-1

期首棚卸数量	
当期仕入数量	当期売上数量
	期末棚卸数量

この図表6‐1から，期首の棚卸数量と当期の仕入と売上の数量を記録しておけば，期末の棚卸数量が計算できることが分かります。このように記録に基づいて期末の在庫を計算する方法を帳簿棚卸法といいます。これに対して，実際に現物にあたって棚卸をして在庫を計算する方法を実地棚卸法といいます。紛失したり壊れたりしているものがあるでしょうから，帳簿棚卸法によって計算した数量は実地棚卸法によって訂正しなければなりません。

棚卸資産の金額計算

棚卸によって棚卸資産の数量は明らかになります。しかし，棚卸資産の会計処理には，数量ではなく金額が必要となります。その金額として取得原価を使います。個々の棚卸資産に取得原価のラベルを付けておくといったことはできません。また，たとえ同じような商品でも仕入時期によって仕入価格が異なってくることもあります。ケース6‐1も，原油の仕入価格が高くなってきたという状況のものでした。ですから，取得原価を貸借対照表における棚卸資産の価額とするというだけでは，どの仕入価格を使ったらいいかは分かりません。

先の(1)式と(2)式，そして図表6‐1の「数量」に代えて「高(だか)」と「原価」という価額を示す言葉を入れると，次のようになります。

期首棚卸高＋当期仕入高－当期売上原価＝期末棚卸高……(3)
期首棚卸高＋当期仕入高＝当期売上原価＋期末棚卸高……(4)

図表6‐2

期首棚卸高	当期売上原価
当期仕入高	
	期末棚卸高

これまでの説明は商品の場合ですが，製品の場合では「当期仕入高」のところが「当期製造原価」になります。

期首棚卸高は前期の決算で確定されています。当期仕入高は当期に仕入れた

商品の取得原価ですから，会計帳簿から知ることができます。つまり，（4）式の左辺，図表6-2でいえば左側の図形部分は，その大きさが決まっていることになります。これが当期の売上原価と期末棚卸高に二分されることが示されています。この分け方を決めるのが棚卸資産の評価方法です。すなわち，棚卸資産の評価方法とは，商品の取得原価を当期の費用（売上原価）と次期以降の費用（期末棚卸高）とに分ける（配分する）方法なのです。

棚卸資産の評価方法

　次に，こうした評価方法について簡単に説明します。6つの評価方法を取り上げますが，そのいくつかは数値を使ってより具体的に説明します。
⑴　個別法──期末に残っている物品の取得原価を個々に調べる方法です。不動産会社の販売用土地・建物，貴金属店の宝石，自動車販売店が販売用に保有しているクルマなどのように，高価で個性的な物品に適した方法です。
⑵　先入先出法──時間的に先に入ってきたものから順に払い出したかのように考えて棚卸高を計算する方法です。したがって，期末の棚卸高は，期末近くに入ってきた物品の取得原価で計算されます。
⑶　総平均法──期首の在庫も含めて期間中に入ってきた物品の取得原価をその合計数量で割って得られる平均単価で棚卸高を計算する方法です。期末の棚卸高も売上原価も同じ平均単価で計算されますから，取得原価がその数量に比例して棚卸高と売上原価に配分されます。
⑷　移動平均法──新たに物品を仕入れるたびに，その時点の在庫も含めて平均単価を計算するという方法です。仕入のつど平均単価が変わっていくのがふつうです。期末の棚卸高は，最後の仕入が行われたときの平均単価で計算されます。
⑸　最終仕入原価法──期末に最も近い仕入時の仕入単価で棚卸高を計算する方法です。期末の棚卸数量が最後に仕入れた数量よりも多くても，すべてその仕入単価で評価するという便宜的な方法です。
⑹　売価還元法──実地棚卸で期末の在庫品の売価（販売価格）を調べ，それから取得原価を逆算するという方法です。デパートなど取扱品種の多い

　小売業や卸売業で採用されます。

　これらの評価方法のうち，先入先出法，総平均法，移動平均法について少し詳しく説明しましょう。これらの方法をイメージ化して説明し，次に具体的に数字を使って説明します。

　先入先出法は自動販売機をイメージしたらいいでしょう。先に入った物品から順に出ていくからです。昔のいい方をすれば，トコロテン式に押し出されていく，というところです。

　先入先出法とはまったく逆の方法で，期間中の後から入った物品から出ていくと仮定する方法もあります。ケース6−1にもでてきた「後入先出法」です。変な方法と思うかもしれませんが，それなりの理由があって採用する企業もありました。しかし，現在の会計基準では国際会計基準とのコンバージェンスを理由に廃止されています。したがって，本書でもその説明は省略します。

　移動平均法は，物品が入ってくるたびに平均を出し，どれをとってもその取得原価を均一にしてしまうという方法です。総平均法は，期間中に入ってきた物品をすべて一緒にして取得原価を平均してしまうという方法です。移動平均法は仕入があるたびに平均する方法であり，総平均法は期末に一括して平均する方法です。ですから，総平均法は，その期の仕入が終わるまでは，払い出した物品の取得原価を計算することはできません。なお，総平均法でも月毎に平均単価を計算する方法があります。これですとかなり移動平均法に近いものとなります。

評価方法の数値例

　次に，具体的な数字を用いて評価方法を説明しましょう。いま，A商品が次の図表6−3のように売買されたとします。

　この数字を図表6−2に当てはめてみましょう（図表6−4）。評価方法を決めていませんので，まだ売上原価と期末棚卸高は計算できません。

　期末に残っているA商品の個数は7個です。この7個のA商品は，どの評価方法によってどんな価額が付けられるでしょうか。

　先入先出法では，この7個の商品は期末に最も近い仕入日である15日の140円の単価が付きますから，980円（＝7個×140円）となります。したがって売

図表 6 - 3

4月1日	前月繰越	5個	仕入単価100円	総額	500円
5日	仕　入	10個	仕入単価130円	総額	1,300円
10日	売　上	10個	売上単価160円	総額	1,600円
15日	仕　入	10個	仕入単価140円	総額	1,400円
20日	売　上	8個	売上単価170円	総額	1,360円

図表 6 - 4

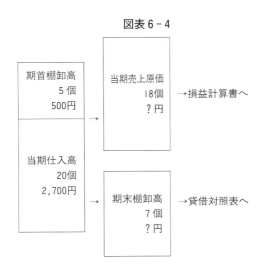

上原価は2,220円（＝3,200円－980円）と計算されます。

　総平均法での平均単価は128円（＝3,200円÷25個）です。期末棚卸高は896円（＝7個×128円）となり，売上原価は2,304円（＝3,200円－896円）となります。

　移動平均法はどうでしょうか。まず，5日の仕入時に平均単価を計算すると120円（＝1,800円÷15個）となります。10日に10個を売り上げていますから，この売上原価は1,200円（＝10個×120円）で，残高は600円（＝5個×120円）となります。次に，この残高と15日の仕入分（10個で1,400円）とで平均単価を計算します。2,000円÷15個＝133.333…ですが，円未満を四捨五入して133円とします。20日に8個を売り上げていますから，この売上原価は1,064円（＝8個×133円）となります。したがって，期末の棚卸高は936円（＝2,000円－1,064円）となります。期末の個数7個に133円を掛けて931円としなかっ

98

たのは，平均単価を計算するときに円未満を四捨五入しているので，この切り捨て分を棚卸高に含めるためです。なお，この期間の売上原価は2,264円（＝1,200円＋1,064円）となります。

このようにして期末の棚卸高と売上原価が計算できます。先の図表6－3におけるA商品についての取引では売上高も計算できますから，売上高から売上原価を差し引いて売上総利益を計算することができます。それぞれの評価方法による数値を示すと，図表6－5のようになります。

図表6－5

	先入先出法	総平均法	移動平均法
期末棚卸高	980	896	936
売上原価	2,220	2,304	2,264
売上高	2,960	2,960	2,960
売上総利益	740	656	696

A商品の売買では，仕入単価が期末に近づくにつれて上昇していたことに注意してください。つまり，インフレ時のような価格上昇期においては，期末の棚卸高は先入先出法を採用した場合が最も大きく，次に移動平均法，総平均法の順に小さくなります。売上原価は，逆に，期末の棚卸高が大きいほど小さくなります。したがって，売上総利益の大きさも，期末棚卸高の順に並ぶことになります。商品など資産の期末の価額が大きくなればなるほど，利益も大きく計算されるわけです。

3　棚卸資産の期末評価

Case
6-2

　貸借対照表における棚卸資産の金額は，先入先出法などの評価方法で計算した数値がそのまま使われるわけではありません。場合によっては評価減をしなければならないからです。次の記事がそうした状況を伝えています。

決算期末の懸念材料　①在庫評価
低価法適用で損失膨らむ

（前略）「在庫とはいかに恐ろしいものか，よく分かった」。三井金属の竹林義彦社長は肩を落とす。同社の08年4〜12月期の連結最終損益は200億円の赤字（前年同期は233億円の黒字）。この中には低価法適用で計上を迫られた149億円の評価損が含まれる。（中略）

大半の企業は前期まで，在庫を取得原価で評価する「原価法」を採用，時価が大幅に下がった場合のみ評価損を計上してきた。今期から低価法に統一されたことで，時価が簿価を下回れば評価損を計上することになり損失が一気に膨らんだ。（後略）

（日本経済新聞　2009年3月17日）

　「低価法」という言葉がでてきましたが，これによって多額の評価損が計上される場合もあるということです。その評価損がどのように計上されるかをみることにしましょう。

　このケースの記事に述べられているように，先に説明した評価方法に基づいて棚卸資産の期末棚卸高を決める方法は「原価法」と呼ばれてきました。以前は，この原価法と「低価法」という方法との選択適用が認められていました。しかし，現在では期末の評価においては低価法が強制されるようになったのです。このケースは，まさに強制された年度の出来事です。

　低価法とは，評価方法によって計算した期末在庫の取得原価と時価とを比較して，低いほうの金額を期末棚卸高とする方法です。すなわち，時価が取得原価よりも下がった場合に時価を期末棚卸高とするということです。この場合の時価としては，原則として，正味売却価額すなわち正味実現可能価額を採用しています。

　なお，ケース6-2では，低価法による評価損を計上するかのように述べられています。時価を採用した場合，図表6-2で表せば，その時価を期末棚卸高として使うので，評価損は当期売上原価に算入されます。ただし，評価損が臨時かつ多額の場合は特別損失として計上します。三井金属のケースでは，評価損が売上原価に含められているのか，あるいは特別損失として計上されたのかは，この記事だけでは分かりません。

　これまで「低価法」という言葉を使ってきましたが，会計基準では使っていません。代わりに「収益性の低下に基づく帳簿価額の切り下げ」と述べています。しかし，実質的には低価法を採用しているのです。収益性が低下したら帳

簿価額を切り下げますが，収益性が上昇したからといって帳簿価額を切り上げることはしません。帳簿価額を切り上げることもあれば，時価基準になってしまいます。低価法は原価基準と時価基準の折衷的な方法なのです。

保守主義の原則

棚卸資産の低価法においては，原価基準と時価基準が折衷的に採用されています。次章で取り上げる減損会計もそうです。これらに共通することは，取得原価よりも時価が低下した場合にのみ時価を採用するというものです。取得原価よりも時価が上昇した場合は無視するのです。したがって，損益計算書において評価損の計上は認めるが，評価益の計上は認めないことになります。こうした非対称的な処理方法を認める理由となっているのが，会計における保守主義の考えです。

会計では，利益を控え目に計上することが美徳とされてきました。これが保守主義の考え方です。企業会計原則でも，この伝統的な美徳を尊重し，保守主義を一般原則として取り上げています。それが次の規定です。

企業会計原則：一般原則6
企業の財政に不利な影響を及ぼす可能性がある場合には，これに備えて適当に健全な会計処理をしなければならない。

政治における保守主義は旧来の状態や考え方を守ろうとする態度のことですが，会計における保守主義は将来を悲観的にみて慎重な会計処理を行うことです。用心深い，慎重な判断を求めている点では，両者は共通するものがあります。会計における慎重な判断に基づく会計処理とは，棚卸資産における低価法にみられるように，貸借対照表において資産を低めにあるいは負債を多めに評価し，損益計算書において収益を少なめにあるいは費用を多めに計上するということです。結果として，利益は少なめに計上されます。

とりわけ債権者保護を理念とする旧商法では，資産の担保能力としての財産価値を重視することから，保守主義的思考が好まれました。時価の下落により財産価値のなくなった部分を評価損として計上することは，旧商法の理念にか

なった処理です。

　保守主義の原則は，「企業の財政に不利な影響を及ぼす可能性」がある場合に，こうした慎重な判断をするよう求めたものです。ただし，過度に保守的な処理が行われると会計の数字が歪められることになるので，節度が必要です。

　この保守主義のためか，会計担当者は会計処理において慎重になるだけでなく，企業活動においても慎重な行動，悪くいえば，消極的な行動をとる傾向があります。大規模な設備投資を行うときなどは，資金や収益性の観点から消極的な態度を取ることが多いようです。それも会計担当者の役割であるかもしれません。経営トップが楽観的過ぎる予測によって過大な設備投資を行い，その負担に耐えきれずに倒産する会社もあるからです。

4　棚卸資産の処理方法の変更

　ケース6-1では，石油会社が棚卸資産の評価方法を変更していることを取り上げています。第2章の会計の規則においても説明しましたが，同じ出来事を会計処理するにしても，複数の方法が認められることがあります。企業はこうした複数の方法の中から1つを選択することになります。たとえば，棚卸資産の評価方法として先入先出法を選択したとします。こうして選択した会計処理の方法は継続して適用することが要請されます。このことを述べているのが継続性の原則です。

継続性の原則

　継続性の原則は，企業会計原則の中では一般原則として次のように述べられています。会計処理の方法を適用する指針として重要な原則ですので，その注解とともに示しておきます。注解の文章については，説明の便宜上，文章中に番号を入れております。

企業会計原則：一般原則5
　企業会計は，その処理の原則及び手続を毎期継続して適用し，みだりにこれを変更してはならない。

102

企業会計原則注解：注3

　①企業会計上継続性が問題とされるのは，一つの会計事実について二つ以上の会計処理の原則又は手続の選択適用が認められている場合である。

　②このような場合に，企業が選択した会計処理の原則及び手続を毎期継続して適用しないときは，同一の会計事実について異なる利益額が算出されることになり，③財務諸表の期間比較を困難ならしめ，この結果，企業の財務内容に関する利害関係者の判断を誤らしめることになる。

　④従つて，いつたん採用した会計処理の原則又は手続は，正当な理由により変更を行う場合を除き，財務諸表を作成する各時期を通じて継続して適用しなければならない。

　⑤なお，正当な理由によつて，会計処理の原則又は手続に重要な変更を加えたときは，これを当該財務諸表に注記しなければならない。

　①の文章は，継続性の原則が要求される状況を示したものです。それは，棚卸資産の評価方法や固定資産の減価償却方法などのように，その会計処理において2つ以上の方法の中から選択して適用することが認められているという状況です。特定の方法だけしか認められていなければ，それに従う以外にないからです。

　②の文章では，会計処理の方法を継続して採用しなかったときに，継続して採用した場合とは異なる利益額が計算されると述べています。ケース6-1では，石油会社は後入先出法から総平均法へと変更しています。新聞記事によれば，こうした変更によって利益額が1,571億円も多くなったのです。

　こうした数値例から分かるように，棚卸資産の評価方法を変更すると，費用の額が，さらには利益の額が変わります。先の石油会社の例で棚卸資産の評価方法を変更した結果として前期よりも利益が増加しました。評価方法が変更されたという事実を知らないで財務諸表を読めば，この会社は前期よりも利益が増加しているから業績は向上していると判断するかもしれません。評価方法が変更されていなければ，会社の業績は低迷していたと判断したことでしょう。財務諸表をみて業績が向上したから株式を購入したとすれば，その投資家は会計処理の方法の変更によって投資判断をミスリードされたということになるでしょう。前記③の「財務諸表の期間比較を困難ならしめ，この結果，企業の財

務内容に関する利害関係者の判断を誤らしめることになる」という文章は，こうした事態を述べています。

　なお，こうした問題があるため，会計処理の方法（これを「会計方針」という）の変更などに関して会計基準が設定されました。この会計基準によれば，会計方針を変更した場合には，新たに採用した会計方針を以前から採用していたかのように扱い，前期以前の財務諸表を修正して表示することを求めています（これを「遡及処理」という）。したがって，有価証券報告書では前期の財務諸表が遡及処理された数値で表示されるので，財務諸表の期間比較はできることになったのです。

　ケース6-1の東燃ゼネラル石油の場合，会計方針の変更によって前期比で当期純利益が4.5倍に，営業利益が16倍になっていました。しかし，現在の会計基準に従えば，遡及修正によって会計方針を以前から適用していたかのように前期の期首の棚卸資産の額と繰越利益剰余金を修正しておきます。その結果，その数値から出発して前期も今期も変更後の会計方針に従って計算するので，今期の当期純利益などの数値はほぼ前年並みになったと推測されます。つまり，同じ総平均法で比較されるので，前期との業績の期間比較が容易になるのです。

　続く④の「従つて，いつたん採用した会計処理の原則又は手続は，正当な理由により変更を行う場合を除き，財務諸表を作成する各時期を通じて継続して適用しなければならない」という文章は，上記の理由をあげたうえで，あらためて継続性の原則の内容を述べたものです。

　ただし，会計処理の方法を変更することは決して認められないわけではありません。企業を取り巻く状況が変化すれば，今まで採用してきた方法が妥当ではなくなることもあるからです。したがって，継続性の原則も「正当な理由」があれば破ってもいいということが，この文章で示されているわけです。企業が正当な理由がないのに会計処理の方法を変更すれば，公認会計士はそうした変更を認めないことになります。

　最後の⑤の「なお，正当な理由によつて，会計処理の原則又は手続に重要な変更を加えたときは，これを当該財務諸表に注記しなければならない」という文章は，会計処理の方法を変更したという事実を財務諸表への注記として記すことを要求したものです。この注記によって財務諸表の読者は企業の財務内容

に関する判断を誤らなくなる，と考えているのでしょう。

会計方針を変更する理由

　会計方針（会計処理の方法）を何らかの理由で変更することがあります。ケース6-1の東燃ゼネラル石油の場合，棚卸資産の評価方法を後入先出法から総平均法へと変更しました。これは会計基準の設定によって後入先出法が認められなくなったことによる変更であり，継続性の原則に反するものではありません。また，上述したように，正当な理由があれば，会計方針の変更は認められるのであり，このような変更は継続性の原則も認めています。

　過去においては，企業はその業績が悪いときには利益が多くなるような変更を行う傾向にありました。逆に，業績が良いときには利益が少なくなるような変更を行っていたのです。ケース6-1より前に，他の石油会社がやはり後入先出法から総平均法に変更しています。中には利益を捻出するために変更したとみられる会社もありました。

　企業は，会計方針を変更するたびに「正当な理由」を考えなければなりません。変更の真意が大きな利益を圧縮したり，小さな利益を膨張させたりすることであっても，表向きはそれなりの理由を付けなければなりません。監査人としての公認会計士・監査法人は，その理由がはたして正当なものであるかを検討しなければなりません。企業と監査人との間の「紛争」の多くは，会計方針の変更の正当性をめぐって生じていたのです。

　先に述べたように，会計方針の変更などに関する会計基準が設定され，遡及処理で過去の財務諸表も新たな会計方針に基づいて作成し直すことになりました。この遡及処理のため，会計方針を変更しても，遡及処理しない財務諸表に比べて利益数値等が劇的に変化するということはなくなるでしょう。企業と監査人との会計方針の変更に関する「紛争」が減るものと思われます。

【復習問題】
(1)　次の文章が間違っているかどうかを指摘し，間違っている場合にはその理由を説明しなさい。
　ア．家具の修理業者が家具（時価500,000円）の修理を依頼され（修理代は

40,000円)，労務費20,000円をかけて修理した。期末でこの家具は依頼主に引き渡していない。この修繕費は修理業者にとっては棚卸資産には該当せず，今期の費用として計上される。

イ．棚卸資産の仕入価格が上昇しているときに，企業がその評価方法を先入先出法から総平均法に変更すれば利益を少なくすることができる。

ウ．現行の会計基準は棚卸資産の評価基準として低価法を採用しているので，いわゆる「含み益」も「含み損」も生じない。

エ．保守主義の原則によれば，負債は低めに評価することが求められる。

(2)　棚卸資産の仕入価格が低下している状況では，先入先出法と移動平均法のいずれを採用するほうが保守的な会計処理となるかを説明しなさい。

(3)　会計処理の方法を継続しないと，利害関係者の判断を誤らせることになる場合があるので，現行の会計基準ではこれを防ぐ方法を採用している。この方法について説明しなさい。

第7章　有形固定資産

1　有形固定資産とは

**Case
7-1**

　有形固定資産の会計処理で最も問題となるのはその減価償却です。また，会計処理において税務の影響が最も強く現れるところです。次の新聞記事をもとにして会計処理と税務の関連を考えることにします。

電子部品生産設備　相次ぎ前倒し償却
大手電機各社　製品寿命短縮で

　大手電機各社は液晶，二次電池など電子部品の生産設備を前倒し償却する。シャープが2001年3月期に液晶の生産装置の減価償却額を当初計画から100億円積み増すほか，京セラもLSI（大規模集積回路）封止材料などの設備償却を一部有税で実施する。三洋電機も検討中だ。各社とも今期は過去最高の利益水準を記録する見込み。高水準の期間利益を原資に，世代交代の速い電子部品事業でコスト負担の先送りを回避し，競争力強化に努める。

　シャープはTFT（薄膜トランジスタ）液晶を生産する三重県の第一，第二工場の機械装置の今期の減価償却額を，当初の230億円から税務上，無税処理できる限度額いっぱいの330億円に増やす。

　三重第二工場は今年8月の稼働。需給ひっ迫を背景にほぼフル稼働の状態で，今年度の液晶の売上高は前期比約3割増の見込み。同社では第一工場も含めて本格的な投資回収期に突入したと判断。償却額を上積みすることで，「コスト負担を前倒しで処理する」（佐治寛専務）ことにした。

　京セラは今期のグループ全体の償却計画を当初，570億円（前期は484億円）としていたが，半導体部品，電子部品の生産設備を中心に700億円まで増やす。増額分の内訳は有税で実施する前倒し償却が約100億円で，残り30億円が期中の設備投資増額に伴うものだ。（中略）

　今後，次世代製品の開発競争や設備投資への対応もにらみ，他の電機メー

108

カーなどにも前倒し償却が広がる公算が大きい。

（日本経済新聞　2000年11月7日）

「前倒し償却」は会計の専門用語ではありません。新聞記事でよく使われるところからみると、会計実務の現場で使われるものかもしれません。予定よりも早く償却を行うことのようですが、これにどのような意味があるのか知る必要があります。

また、記事の文中に「有税」と「無税」といった言葉がでてきます。記事にもあるように減価償却額は巨額になることがあります。それが「無税」になるとすれば、税金が課されないという印象をもつことでしょう。それが何を意味しているのか、企業の会計担当者はよく知っています。会計を勉強する人も知っておくべきことです。

企業は多くの金融資産を保有するようになっていますが、事業資産として土地や製造設備といった固定資産も依然として重要です。本章では、こうした固定資産のうち有形固定資産といわれるものを扱います。

有形固定資産

有形固定資産は、営業用に1年以上使用する予定で保有される資産で、物理的な形態をもっているものです。現金と商製品が循環する営業循環の支えとなっている、いわば企業活動の足腰となって働いている資産です。

有形固定資産の科目名と、それによって表される資産には次のようなものがあります。

① 建物——事務所、店舗、工場、倉庫などの建物です。エアコン、電気・ガス設備、エレベータなど、建物に付属する設備も含まれます。
② 構築物——土地に定着する建造物で建物以外のものです。橋、煙突、塀、貯蔵タンクなどがあります。
③ 機械装置——各種の製造設備や工作機械などです。
④ 船舶・航空機——貨物船、旅客船などの水上運搬具とジェット機やセスナ機などの航空機です。
⑤ 車両運搬具——鉄道車両、自動車、バイクなどです。
⑥ 工具器具備品——工作用具、器具、机、コンピュータなど多種多様なものがあります。

⑦　土地——営業活動に使用される土地です。社宅や保養所の土地なども含まれます。なお，不動産業者が販売用に保有する土地は商品であり，棚卸資産となります。

⑧　建設仮勘定——建物や機械装置などの固定資産を建設しているときに支出された金額を処理するための一時的な勘定です。完成して引渡しを受けたとき，あるいは実際に営業に使用されはじめたときに，適当な科目に移されます。

⑨　その他——上記以外のもので，たとえば書画・骨董（こっとう），山林，家畜，果樹，鉱物資源などです。

償却資産と非償却資産

固定資産には，減価償却が行われる償却資産とそうでない非償却資産とに分けることができます。ただし，貸借対照表においてこのように区分するわけではありません。

非償却資産の代表的なものは土地です。建設途中にある資産である建設仮勘定も償却しません。また，有名画家・書家による書画などの芸術品や価値のある骨董品も償却できません。これらは土地と同じように，使用によってその価値が減少するものではないからです。

2　減価償却の意味

「減価償却」という言葉は聞いたことのある人も多いと思います。経済学では「資本の減耗（げんもう）」ともいいます。経済学での「資本」はいくつもの意味がありますが，この場合は会計での有形固定資産とほぼ同じです。減耗とは「すり減ること」です。つまり，有形固定資産がすり減るのが資本の減耗です。では，資産の何が減るのでしょうか。

減価償却のことを英語では depreciation といいます。この語の中心部分の preci は price（価格）と同じくラテン語の pretium（価値）を語源としています。de は，否定などを意味するものです。そこから depreciation は，価値の低下，貨幣の購買力の低下などを意味するようになりました。この反対語が

appreciation で，評価すること，真価を知ること，感謝，価格の値上がりなど，価値の上昇を意味する言葉となっています。

depreciation であれば減価（価値の減少）だけでよさそうなのですが，日本語ではこれに「償却」という言葉が付いています。この償却という言葉には，借金などを「償（つぐな）い返す」といった意味があります。しかし会計では，償却は「費用に計上する」という意味で使われています。つまり，減価償却とは「価値の減少分を費用に計上する」という意味になるわけです。

減価を価値の減少と考えると，資産が価値の塊（かたまり）であるかのようにみていることになります。したがって，決算期に価値の減少分が費用として計上され，価値の残存分が資産として計上される，となります。これが減価償却の本来の意味といえます。

しかし，現在の会計において減価償却をこのように考えることはできません。現在の会計では価値を扱っていないからです。つまり，資産の価値が低下しているようだといっても，そこでの価値がそもそも何であるかがよく分かっていないのです。価値を時価の意味にとって，時価の減少分を償却することも考えられます。しかし，使用中の有形固定資産の時価を見積もることは困難です。後で述べる減損会計の場合で，臨時的な処置として時価が使われることもあります。しかし，決算期ごとに膨大な数の固定資産の時価を調査することはできないことです。

では，現行の会計においては，減価償却はどのように考えられているのでしょうか。それは，減価を取得原価の減少とみて，その原価減少分を費用に計上するというものです。価値の減少であれば，その固定資産に生じる現象とみることができます。しかし，原価の減少となると，会計を行う人間が資産の取得原価を減少させる，つまり切り捨てることになります。この切り捨ては会計担当者が勝手に行うのではなく，ある一定の方法に従わなければなりません。この方法が，後で述べる減価償却の方法です。

減価償却を，資産の取得原価の切り捨て分を費用として計上するものとみることは，資産が価値の塊ではなく，費用の塊であると考えることです。図表7-1のクルマで示されるように，使った部分の取得原価が減価償却費という費用になり，使い残った取得原価が資産になるともいえます。このことは，棚卸

図表 7 - 1

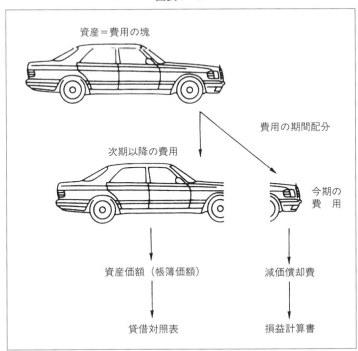

資産＝費用の塊

費用の期間配分

次期以降の費用

今期の
費　用

資産価額（帳簿価額）

減価償却費

貸借対照表

損益計算書

　資産についても同様です。資産は費用が塊として残っている部分であり，減価
償却費はその塊が溶けだした部分といえます。
　取得原価から切り捨てられた原価部分は当期の費用となります。残った部分
は次期以降の費用になるために残存する原価部分です。未だ使っていない原価
という意味で「未費消原価」といわれることもあります。現行の会計における
減価償却は，棚卸資産の評価方法と同様に，取得原価を今期と次期以降に配分
するという役割をもっているのです。こうした取得原価の期間配分を会計では
単に原価配分といっています。
　減価償却は発音が同じせいか，またワープロの変換ミスのせいか「原価償
却」と誤記される場合があります。むしろ，これまで説明してきたことからす
れば，取得原価を費用として計上するのが減価償却ですから，「原価償却」と
いう言葉づかいこそ現在の会計における減価償却観を表しているといえるでし

ょう。

3　減価償却の計算要素

　減価償却は取得原価を配分することですから，その計算を行うためにはいくつかの計算要素が必要です。次節で述べる減価償却の方法については，取得原価，耐用年数，残存価額という3つの計算要素が必要です。

取得原価

　取得原価の意味については既に説明しています。取得原価といっても，資産を購入する場合だけでなく，自社で製作する場合，自社の株式を提供して取得する場合，自社の資産と交換で取得する場合，贈与によって取得する場合など，さまざまな取得の形態があります。それぞれの場合に応じた取得原価を算定することが要求されます。

　営業用に長期に使えれば固定資産だとみると，固定資産の数が膨大なものになってしまいます。そこで，長く使えるものでも少額の資産は固定資産から除くことになっています。少額か否かは本来は企業が独自に決定すべきことです。しかし，税務と異なる処理をすると面倒なので，税務の規定に従っているのがふつうです。

　現行の税務では，取得原価が20万円以上の資産についてはこれから述べるような償却方法を行うことを要求しています。そこで，企業は20万円以上の資産だけを固定資産として会計処理しているのが現状です。なお，税務では10万円以上20万円未満の資産については，3年間に取得原価の3分の1ずつの償却を行うことを要求しています。そこで，これらの資産については，会計処理としては一括して費用に計上しますが，税務としては3年間にわたって損金として処理するのが一般的です。

耐用年数

　耐用年数とは，文字どおり，資産が使用に耐えられる年数ということです。使用に耐えるといっても，単に物理的に使用可能であるということではありま

せん。経済的に割りに合うかどうかが問題となります。クルマであれば，物理的には10年以上は使用できるでしょう。しかし，特に日本の場合では車検という制度によって長期の使用は経済的に割りに合わなくなっているようです。そうした意味で，物理的な耐用年数ではなく経済的な耐用年数が問題となります。

　固定資産の耐用年数は，本来は，企業が独自の判断でそれぞれの資産ごとに決定すべきものです。しかし，耐用年数を短くすれば資産の取得原価がそれだけ早期に費用として計上されることになります。企業の利益に基づいて税金を徴収する税務当局にとっては，課税の公平という観点からして，同じような資産の耐用年数が企業によって異なるのは認めにくいことです。そこで財務省は「減価償却資産の耐用年数等に関する省令」（以下では「耐用年数表」と省略します）という省令で，税務上の耐用年数を定めています。これを法定耐用年数といいます。実務の会計もこれに従っているのがふつうです。

　この「耐用年数表」では，多くの償却資産についてこと細かに耐用年数を規定しています。たとえば営業用に使用されるクルマの耐用年数は6年です。事務所用の鉄骨鉄筋コンクリート造の建物は50年です。生物の耐用年数表もあって，馬や牛などの動物とりんご樹やぶどう樹などの植物についても耐用年数を定めています。たとえば競走用の馬であれば4年，温州みかんであれば28年となっています。

　資産の耐用年数によって毎期の減価償却費の額が，ひいては利益の額が違ってきます。資産を耐用年数がくる前に廃棄すると多額の除却損を計上することになります。だから，耐用年数がくる前に資産を廃棄することは企業経営者にとってはむずかしい決断を要求するものです。このように，耐用年数の決定は企業活動にも大きく影響することになります。耐用年数を短くすると早期に費用計上することができ，それだけ会社は設備を更新しやすくなります。こうしたことから，法定耐用年数が国の経済政策の一環として決定される場合も出てきます。

　戦後の日本経済が高度成長を達成したのは，耐用年数が短かったため設備の更新を早めに行うことができたからだという説もあります。耐用年数の長かったアメリカは設備更新ができにくかったので，気づいたときには日本の工場は最新鋭の設備を保有しており，アメリカの工場はオンボロの設備であったとい

114

うわけです。レーガン大統領の時代（1981年〜1989年）に，その経済政策の一環として税務上の耐用年数が大幅に短縮されました。これに負けずに耐用年数を短縮しなければ，今度は日本が遅れてしまう，という声がでたほどです。会計が政治の問題になった例といえます。

　企業は法定耐用年数を使うのが一般的ですが，技術革新の激しい分野では法定耐用年数より短い耐用年数を採用する場合もあります。たとえば半導体の製造設備の法定耐用年数は5年ですが，企業の判断で耐用年数を3年あるいは極端なところでは1年にするところもあります。1年ということは，設備の購入時に一括して費用計上するということです。

　この場合，会計では短い耐用年数で計算した数値を用いますが，税務上では法定耐用年数で計算します。短い耐用年数による減価償却費が法定耐用年数による減価償却費を超える部分は，損益計算書上は費用となりますが，課税所得の計算では除外されてしまいます。税金はしっかり課されるわけです。これについては後で説明します。

残存価額

　残存価額とは，資産の耐用年数が過ぎて使用できなくなって処分するときに見込まれる売却価額または利用価額です。使えなくなった資産が売却できると考えるのは，クルマなどにみられるように，機械や備品に使われている金属にクズ鉄としての価値があった時代の名残といえるでしょう。このように残存価額は実際的な意味がなくなったので，現在ではゼロとして計算します。税務でも残存価額は廃止されています。

4　減価償却の方法

　減価償却の方法とは，取得原価から残存価額を差し引いた額（償却総額）を耐用年数にわたって配分する方法です。どの期間にどれだけの原価を配分するかということに決定的な方法というものはありません。それは，何人かの子供がいたときにケーキをどのように分けたらいいか，という問題と似たようなものです。ケーキを均等に分ける，年齢が高い子供ほど大きくする，体重に応じ

て分けるなど，さまざまな方法が考えられます。なんらかの意味で公平な方法を考え，それに従って分配しなければ，子供たちは納得しないでしょう。

　償却総額というケーキを耐用年数の各期間にどのように配分するか，その方法もいろいろ考えることができます。各期間に均等に配分する，最初の期間ほど多く配分する，後の期間ほど多く配分する，などとなります。それぞれが，なんらかの意味で妥当な方法でなければなりません。ここでは，定額法，定率法，生産高比例法の3つの方法について説明します。

定額法

　定額法は，償却総額を各期間に均等に配分する方法です。毎期計上される減価償却費が同じであるので，最も理解しやすい方法といえるでしょう。毎期の減価償却費は，次の式によって計算します。

$$減価償却費＝（取得原価－残存価額）\times \frac{1}{耐用年数}$$

たとえば，クルマの取得原価が1,000,000円，残存価額をゼロ，耐用年数5年とすれば，次のように計算されます。

$$減価償却費＝（1,000,000円－0円）\times \frac{1}{5}＝200,000円$$

取得原価が減価償却費として毎期200,000円ずつ5年間にわたって配分されます。耐用年数が過ぎれば帳簿価額はゼロとなります。各年度の減価償却費，償却費の累計額，帳簿価額を一覧表にしたものが図表7-2です。

　先の式の分数部分（1／耐用年数）を計算して得た数値を，税務の「耐用年数表」では定額法の償却率といい，小数点3位まで示しています。耐用年数3年の償却率は0.334，5年の償却率は0.200と示されています。3年の償却率のように小数点4位以下を切り上げている場合には，途中の期間の償却費は平均額よりも多くなるので，耐用年数の最終期間の償却費を減額することで調整します。

　先に述べたように，減価償却費の計算においては残存価額はゼロとして計算

図表 7-2　定額法による減価償却

年　　度	年間償却費	償却費累計額	帳簿価額
取得時	―	―	1,000,000
1	200,000	200,000	800,000
2	200,000	400,000	600,000
3	200,000	600,000	400,000
4	200,000	800,000	200,000
5	200,000	1,000,000	0

します。したがって，耐用年数が過ぎてしまえば帳簿価額はゼロになるはずです。しかし，税務では，最後の償却時においては1円だけを備忘価額として残すように規定しています。それゆえ，実務でもこれに従うことになります。これによれば，図表7-2の5年度の年間償却費は199,999円となり，帳簿価額は1円となります。面倒なことです。

　備忘価額として1円という名目的な金額を残すのは，どのような意図があるのでしょう。これは，償却が済んだ資産であっても現に使用されているのであれば，その存在を帳簿から確認できるようにして資産の維持・管理に役立てるためでしょう。あるいは，税務調査のための隠れた工夫かもしれません。資産は，それが除却されるまでは帳簿価額1円のままで帳簿に残ることになります。

定率法

　定率法は，最初の期間ほど多く減価償却費を配分する方法です。クルマの中古市場での価格は購入直後の値下がりが大きく，その低下の割合はしだいにゆるやかになっていきます。定率法による資産の各期の帳簿価額は，こうした中古市場での価格低下に対応したものとなっているので，定率法は経済常識にも合致したところがあります。

　定率法は，資産の帳簿価額（未償却残高）に定率法の償却率を乗じて各期の減価償却費を計算します。償却費と償却率の計算方法は次のようです。ただ，定率法の考えは説明しにくいものですから，計算方法にとらわれることなく，各期の減価償却費の動きに注目してください。

減価償却費＝（取得原価－減価償却累計額）×定率法の償却率

定率法の償却率＝（1÷耐用年数）×2

　税務では、「耐用年数表」において定率法の償却費も小数点3位まで示されています。したがって、実務においても上記の計算式による償却率ではなく、「耐用年数表」の償却率を使うことになります。参考のため、耐用年数10年までの定額法の償却率と定率法の償却率を図表7-3に示しておきます。

図表7-3　耐用年数による償却率

耐用年数	2年	3年	4年	5年	6年	7年	8年	9年	10年
定額法の償却率	0.500	0.334	0.250	0.200	0.167	0.143	0.125	0.112	0.100
定率法の償却率	1.000	0.667	0.500	0.400	0.333	0.286	0.250	0.222	0.200

　先のクルマの数値例を定率法によって計算してみましょう。定率法の償却率は耐用年数5年で0.400です。これを使えば、1年目と2年目の減価償却費は次のように計算されます。

1年目の減価償却費＝（1,000,000円－0円）×0.400＝400,000

2年目の減価償却費＝（1,000,000円－400,000円）×0.400

＝240,000

　最初の2年間だけで640,000円も償却します。定額法の400,000円とは大きな違いです。つまり、定率法は定額法に比べて最初ほど償却費を多く計算する方法なのです。この違いについては、後で改めて説明します。

　ところで、上記のように定率法で減価償却費を計算していくと、耐用年数の5年が経っても帳簿価額は86,400円となり、ゼロにはなりません。先の計算式では、帳簿価額は永久にゼロにならないのです。これでは困るので、途中の年度から定額法に移行して、償却予定額をすべて償却するようにします。耐用年数5年の場合では、4年目から定額法に移行します。したがって、定率法による償却費などは図表7-4のようになります。なお、税務に従って備忘価額として1円を残すと、5年目の減価償却費は107,999円となり、償却費累計額は999,999円となります。

　これまで述べてきた定率法は、2007年度から税務で採用された減価償却の方

118

図表7-4　定率法による減価償却

年度	年間償却費	償却費累計額	帳簿価額
取得時	－	－	1,000,000
1	400,000	400,000	600,000
2	240,000	640,000	360,000
3	144,000	784,000	216,000
4	108,000	892,000	108,000
5	108,000	1,000,000	0

法です。それ以前に使われていた定率法とは様変わりしています。しかし，この新たな定率法はアメリカにおいても使われてきた方法であり，その意味では目新しい方法というわけではありません。

生産高比例法

　生産もしくは利用される度合に比例して減価償却費を計上する方法です。この方法は，鉱石の埋蔵量や航空機の飛行可能時間など総利用可能量を比較的正確に推定できる場合に用いられます。会計期間ごとに減価償却費を計算しますが，定額法や定率法と異なり，耐用年数は計算要素ではなくなります。生産高比例法による減価償却費は次の式で計算されます。

$$減価償却費＝（取得原価－残存価額）\times \frac{期間中の実際利用量}{総可能利用量}$$

　定額法が会計期間に均等に原価を配分するのに対して，生産高比例法は生産量もしくは利用量に応じて原価を均等に配分する方法といえます。
　定額法，定率法，生産高比例法の3つの方法のうち，有形固定資産には定額法と定率法が一般的に使われます。生産高比例法は飛行機や鉱業権などに使われます。

前倒し償却

　これまで説明してきた減価償却の話からすると，ケース7-1における「前倒し償却」とはどのようなものでしょうか。これは，既定の減価償却のやり方を変えて，減価償却費を多く計上することです。電機会社がどのような方法を

とったかは不明です。一般的には，次のような方法が考えられます。

①　耐用年数の途中で定額法から定率法に変更する。耐用年数の残りの期間
　　だけでも定率法で償却すれば，変更した当初は減価償却費が増加します。

②　耐用年数を短縮する。耐用年数が予定していたよりも短いことが判明し
　　た場合，短縮した以後の期間で償却を行うようにする。

③　減損会計を行う。これについては後で説明します。

①でみるように，減価償却の方法は，棚卸資産の評価方法の変更で説明した
ように，正当な理由があると認められれば，耐用年数の途中でも変更すること
ができます。なお，減価償却方法の変更は，会計方針の変更に該当しますが，
棚卸資産の評価方法の場合とは異なり，過去の会計期間にまで遡って変更する
という遡及処理はしません。つまり，変更時点から後の期間にわたって新しい
償却方法を適用するだけです。

5　償却方法と税務

先の数値例を図にして初年度の減価償却費の比較を行うと，次のようになり
ます。

図表 7 - 5

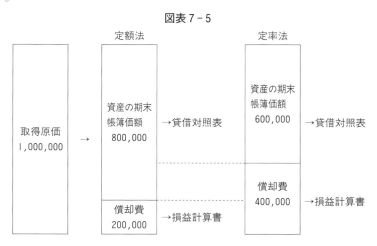

図表 7 - 5 で示されるように，定額法を採用すれば，定率法を採用する場合
に比べて，初年度の資産の帳簿価額は200,000円も多く計上され，それだけ減

価償却費が少なく計上されます。

　減価償却の方法としてどちらを採用するかは企業の判断に任されています。それは，資産の使用目的や使用状況から考えていずれが適切な方法であるか判断できるのは企業であるからです。しかし，定率法を採用した場合，定額法に比べて減価償却費の額が200,000円も多くなり，それだけ利益が少なくなります。したがって，これを税務が認める限りは，法人税などの税金も少なくて済むわけです。しかし，耐用年数が経過するにつれて定額法よりも減価償却費が少なくなり，したがって利益も税金も多くなります。償却費の総額は同じですから，他の条件が一定であれば，耐用年数の間に支払う税金の額は同じになります。支払う税金の総額が最終的には変わらないからといって，どちらの方法をとっても有利・不利はない，ということにはなりません。定率法を採用すると，定額法を採用する場合に比べて，初年度は減価償却費が200,000円だけ多くなります。それだけ課税所得が減少するとします。税率を40％と仮定すると，80,000円だけ税額が少なくなります。このように，定率法は定額法に比べて，最初の２年間は「減税」になります。しかし，後の３年間では「増税」となります。「減税」と「増税」は同額になるところから，トータルとしては節税にならない，つまり税金面では得にならないと思われるかもしれません。しかし，税金は遅く納めるほうが得になるのです。たとえば，最初の２年間の「減税」によって支払わなくて済んだお金を預金などで運用して受取利息を得る，あるいは借入金を返済して支払利息を少なくすることができます。したがって，税金を節約する効果というよりは延納による効果といったほうが正確でしょう。こうした延納効果も節税効果あるいは減税効果といわれます。この延納効果があるため多くの企業は定率法を採用しているのです。

　これまでの話から分かるように，固定資産を早期に償却すればそれだけ延納効果が生じます。早期の償却という点では，定率法の採用だけでなく，耐用年数の短縮や資産価額の引き上げも同じことです。第２章で説明した「パソコン減税」は資産価額引き上げの例です。これは，実質的には，耐用年数を１年として償却したと同じことになります。減価償却費の計上だけではなく，一般的にいって，費用を早期に計上するほど税金の延納効果が生じるのです。

　これまでの説明は費用計上したものが税務でも損金として認められることを

前提としていました。しかし，企業会計で費用計上しても税務では損金としては認められない場合があります。たとえば，建物の償却は現在の税務では定額法しか認められていません。したがって，企業会計で建物を定率法で償却しても，税務では定額法で計算した減価償却費までしか損金として認められません。同様に，「耐用年数表」に記載されている法定耐用年数よりも短い耐用年数を採用しても，税務では法定耐用年数で計算した減価償却費までしか損金として認められません。

　ケース7-1の記事では，「有税」と「無税」という言葉が出てきました。この「無税」とは，企業会計において計上する費用が税務でも損金として認められるということです。逆に，「有税」は，企業会計で費用計上しても税務では損金として認められないということです。無税償却であれば，それだけ課税所得が減少して税額も減少します。しかし，有税償却であれば，課税所得は減少せず，税額も減少しません。したがって，有税で前倒し償却をしたとしても，前倒し償却をしなかった場合に比べて税額が増えるわけではないのです。

　ケース7-1は，電機各社が電子部品の製造設備について「前倒し償却」を行うというものでした。その前倒しによる減価償却費の増加分が税務の認める限度額以内に収まる「無税」償却の場合と，限度額を超える「有税」償却の場合があることが示されています。企業会計は税務の計算とは目的が異なります。税務で損金として認められないからといって費用計上を抑えるべきではありません。妥当であれば「有税」償却もすべきものです。逆にいえば，「無税」償却が認められるからといって，妥当な額を超えた費用を計上すべきものでもありません。税務にとらわれない企業会計を行うことが必要なのです。

6　減損会計

Case 7-2

　減損会計に関する会計基準が設定される少し前に，次のような記事がでました。会計基準として設定されていない段階においても，それを先取りして実施する企業に関するものです。

122

　この記事を解説するのが次の記事です。

　「減損会計」とは，分かりにくい表現です。損失を減少させる会計とでも理解されかねないからです。そのような意味合いはまったくありません。「減損」とは損耗や減耗といったことで，モノがすり減ったりすることです。この場合のモノとは固定資産です。固定資産が減損するということは，資産が物理的にすり減るというよりは，その経済的価値が大幅に減少することです。

　減損会計（あるいは減損処理）とは，資産に生じた価値の大幅な減少分を資産の金額から控除し，その減少分を減損損失として損益計算書に計上する会計処理です。減価償却を行っている資産については価値の減少分を定期的に費用として計上していますが，それでは足りないぐらいに大幅に資産の経済的価値が減少した場合に減損会計が行われます。

　減損会計は，資産の帳簿価額を切り下げるという点では，棚卸資産の低価法

と似ています。「収益性の低下に基づく帳簿価額の切り下げ」である点でも低価法と同じです。つまり，低価法の固定資産版であるともいえます。しかし，低価法とは異なる点もあります。

　減損会計は，時価の著しい下落や事業の再構築などで固定資産に減損の兆候がみられたときに，資産によって得られる将来キャッシュ・フローの総額（割引前）が帳簿価額を下回っている場合に行われます。たとえば，帳簿価額が1,000万円の設備があるとします。もし，この設備によって年間120万円のキャッシュ・フローが10年間にわたって得られるとします。この場合，キャッシュ・フローの総額（割引前）は1,200万円となり，帳簿価額を上回るので減損会計は行いません。もし，年間90万円のキャッシュ・フローが10年間にわたって得られるとすれば，キャッシュ・フローの総額（割引前）は900万円となり，帳簿価額を下回ることになるので減損会計を行います。

　棚卸資産の低価法では正味売却価額が使われましたが，減損会計では「回収可能価額」が使われます。この回収可能価額とは，正味売却価額と使用価値のうちいずれか高い方をいいます。正味売却価額は正味実現可能価額と同じです。また，使用価値とは，その資産を使用することによって生じる将来キャッシュ・フローの現在価値であるとされています。したがって，貸借対照表において資産価額を回収可能価額まで減額し，損益計算書においてその減額分を減損損失として計上することになります。

　先の数値例で，正味売却価額は650万円であるとします。使用価値は，年額90万円で10年間のキャッシュ・フローの現在価値です。割引率を 5 ％と仮定すると，それは約695万円と計算されます。回収可能価額は正味売却価額（650万円）と使用価値（695万円）のうちいずれか高い方ですから，695万円となります。したがって，資産価額は695万円となり，減損損失305万円が損益計算書に計上されることになります。

　この数値例からも分かるように，たとえ［帳簿価額＞回収可能価額］であっても，［帳簿価額＜将来キャッシュ・フローの総額］であれば，減損会計を行いません。この点で減損会計が，少しでも時価が下落すれば時価を採用する低価法とは異なっています。

　減損会計は時価が使われますが，時価基準による評価ではありません。低価

法と同じように，保守主義の原則を適用した折衷的な評価基準であるといえます。

　ケース7-2では，減損会計に関する会計基準が設定される前に，特に事業用の土地に対して減損会計を前倒しで実施する企業があることが出ています。減損会計を実施すると多額の減損損失を計上することになります。経営者にとっては辛いことです。それでも前倒しで減損会計を実施したというのは，バブル期の後遺症で事業用の土地に多大の含み損を抱えていたのでは，株式市場では実態以上に悪く評価されてしまい，株価が低迷してしまうという危惧からでしょう。隠していると疑われている事柄については，積極的に情報開示するほうが，株式市場での評価も得られると考えたようです。

7　リース資産

Case 7-3

　次の図表7-6は，JR東海（東海旅客鉄道株式会社）の1991年3月期と1992年3月期の貸借対照表です。この1年間で固定資産と固定負債が急増し，総資産（すなわち総資本）が6倍近くにもなっています。一体，JR東海に何が起こったのでしょうか。なお，貸借対照表で合計額が合っていないのは，億円未満を四捨五入しているためです。

図表7-6　JR東海の貸借対照表

1991年3月期（単位：億円）

流動資産	2,802	流動負債	2,707
		固定負債	4,598
固定資産	7,876	資本	3,372
合計	10,679	合計	10,679

1992年3月期（単位：億円）

流動資産	2,780	流動負債	3,393
		固定負債	54,923
固定資産	59,303	資本	3,767
合計	62,084	合計	62,084

リース

　私たちの日常生活や企業活動のさまざまな場面でリースが行われるようになっています。リースは，ある人が他の人に賃借料を支払って物を借りるという契約であり，賃貸借契約です。身近なところでは，レンタルビデオやレンタ

カーなどのレンタルもリースに当てはまります。

　企業活動においては，私たちが想像する以上にリースは浸透しています。建物や土地の賃貸借もリースです。大企業でも本社の社屋をリースで借りている場合が結構あります。幹線道路で目立つ量販店や大型レストランも建物をリースで借りていることが多く，自己保有の店舗は少ないという外食産業の会社もあります。身近なところではゼロックスなどのコピー機やコンピュータに代表されるような OA 機器もリースで借りることがよくあります。JAL のマークが付いている航空機でも，日本航空がリースで借りていたりします。

リース会計

　さまざまなリース取引の形態があります。また，リースの対象となる物件の貸し手と借り手によっても，会計処理が違ってきます。ここでは，リースの借り手となっている企業の側からみたリース取引を扱います。

　以前は，どのようなリース取引であれ，家賃の支払いと同じように，そのリース料を支払リース料として費用計上するだけでした。これは，リースの法律的な形式が賃貸借契約であるところから，その形式に従った会計処理といえます。これを賃貸借取引としての会計処理とよびます。

　しかし，リース取引であっても，その経済的な実質から判断すると，借入金でリース物件を購入して，リース料の名目で借入金を返済しているとみることができる場合もあります。すなわち，実質優先の考えでリース取引をみると，借入金による資産の購入であると考えられるのです。こうした場合，賃貸借取引として会計処理することは適切ではありません。リース物件を資産として計上し，借入金に該当する負債（リース債務）を計上することが必要となります。これを売買取引としての会計処理とよびます。

　「リース取引に係る会計基準」では，こうした売買取引としての会計処理が行われるリース取引を「ファイナンス・リース取引」として，それ以外の「オペレーティング・リース取引」と区別しています。これによれば，ファイナンス・リース取引とは，

　①　リース期間の中途で解約できないリース取引
　②　①に準じるリース取引で，借り手が，リース物件によって得られる経済

　　的利益を実質的に受けることができ，かつ，リース物件に関する費用を実
　　質的に負担するようなリース取引

です。

　これだけでは分かりにくいものですが，「リース取引に関する会計基準」や
日本公認会計士協会による「実務指針」には詳しく規定されています。しかし，
本書では深く立ち入ることはできません。

　大まかにいえば，借り手の企業が自社で購入する場合と同じような感覚でリ
ース物件を利用するというリース取引がファイナンス・リース取引です。これ
以外のリース取引がオペレーティング・リース取引となります。カーリースが
後者に該当することは分かると思います。

　ファイナンス・リース取引は，リース物件の借り手が，自社で購入すると同
じ処理，つまり売買取引としての会計処理をすることになっています。そのた
めには，資産の取得原価を求めなければなりません。リース物件の購入価額を
知ることができれば，それを使うこともあります。しかし，購入価額を知るこ
とができない場合には，リース料の現在価値の金額を取得原価として使います。
また同じ現在価値の金額をリース債務の金額とします。

　たとえば，リース期間3年，リース料年100,000円で後払い，利子率を7％
と仮定すると，リース料の現在価値は次のように計算されます。

$$\text{リース料の現在価値} = \frac{100{,}000}{(1+0.07)^1} + \frac{100{,}000}{(1+0.07)^2} + \frac{100{,}000}{(1+0.07)^3}$$

$$\fallingdotseq 262{,}432$$

　こうして計算された現在価値の262,432円がリースによる資産の取得原価と
なり，またリース債務の金額となります。この現在価値とリース料の総額
300,000円との差額37,568円はリース債務に対する利息とみなされます。資産
の取得原価はリース料から利息相当分を差し引いた額とするわけです。したが
って，1年目のリース料100,000円を支払ったときは，リース債務の元本の一
部と1年目の利息を支払ったと考えます。利息支払分は18,370円（＝262,432
円×0.07）となり，元本返済分は81,630円（＝100,000円−18,370円）となりま
す。

　なお，資産の購入価額を使った場合では，現在価値の計算式で，現在価値の
位置に購入価額を置き，利子率を未知数とする方程式として，利子率を計算し
ます。以後はこの利子率を使って，元本の返済分と利息の支払分を上記のよう
に計算します。

　リース料の支払いによってリース債務は減少していきます。一方，リースに
よる資産は減価償却を行います。この場合，借り手にリース物件の所有権が移
転すると認められるものは，会社が保有する類似の資産と同じように減価償却
を行います。それ以外のリース資産については，リース期間を耐用年数とし，
残存価額をゼロとして減価償却を行います。

リース会計の問題

　リース取引の形態もさまざまです。企業がその営業活動に使用する資産をリ
ースで借りる場合に限定すれば，リースの利点としては次のものがあります。

①　設備の調達資金は貸し手が負担するので，銀行から新規の借入れをしな
　　くてすむ。

②　契約時に多額の資金を必要としないので予算の制約を避けることができ
　　る。

③　リース物件の保守・管理・整備などを貸し手のリース会社が専門に行う
　　ことがあり，こうした場合では企業の合理化になる。

④　賃貸借取引として会計処理できる場合，リース期間が短ければ資産の早
　　期償却と同じような節税効果をもつ。

⑤　自己資金または借入金で資産を購入すると流動比率や自己資本比率など
　　の財務比率が悪化するが，リース取引を賃貸借取引として会計処理できる
　　場合，財務比率の悪化を防ぐことができる。

　リースの借り手の企業にはこうした利点がありますが，当然，欠点もありま
す。たとえば，購入した場合に比べてリース料などの負担が高くなる，中途で
解約できない，リース物件は自分のものにならない，などです。

　上記の利点の⑤を理解するため，ケース7-3のJR東海の貸借対照表を眺
めることにします。この2つの決算の間でJR東海に固定資産と固定負債を急
増させた出来事があります。それは，それまで「リース」で借りていた東海道

新幹線の設備一式を1991年10月に購入したからです。新幹線という固定資産と未払金という固定負債が5兆円余り増えました。この例は実際に購入したものであり，リース取引を売買取引として会計処理することとは異なります。それでもこのケースは，リース取引を賃貸借取引として会計処理する場合と，それを売買取引として会計処理する場合との違いを鮮やかに示しているといえます。

　財務比率をみると，その違いは明白です。自己資本比率は32％から6％へと悪化しています。固定比率もやはり234％から1,574％へと悪化しています。この点だけでも，固定資産と固定負債の多い，財務の安全性が極度に劣った企業と判断されることでしょう。当然のことながら，総資産回転率は1.03倍から0.18倍へと，また総資産利益率は4.9％から0.9％へと大幅に悪化しました。こうしたことが逆に，リース取引を賃貸借取引として会計処理できる場合の利点を示しているといえます。

　JR東海は，その存続のためには新幹線の設備が必要です。しかし，リース取引ということで新幹線の設備を資産として計上する必要はなかったのです。こうした項目を，貸借対照表から除外されているという意味で「オフ・バランスシート（off-balance sheet）」または単に「オフバランス」とよびます。リースによる資産とそれに対応するリース債務がオフバランスになっていたから，以前の貸借対照表では財務比率がよくなっていたのです。

　同じような資産を利用しても，自社で購入するよりもリースで借りる方が財務体質や業績がよくみえるとすれば，借り手にとっては確かに利点となります。しかし，財務諸表を利用する側からすると，同じような資産を使い，同じような利益をあげていながら，安全性や収益性が違ってみえるというのは問題があります。これによって投資や融資の判断がミスリードされるかもしれないからです。

　こうしたことから，リース資産・債務というオフバランス項目を貸借対照表に計上するというオンバランス（on-balance sheet）が叫ばれるようになりました。これがリース取引を売買取引として会計処理するということです。

　しかし，リース資産・負債のオンバランス化は，リース取引による早期償却の効果や財務比率の向上といった利点を減らすことになります。設備をリースで借りる利点が減ってしまえば，リース取引が減少することになり，リース業

界にとっては死活問題となります。実際，リースに関する会計基準の設定はリース業界の猛反対に遭ってきました。その結果，リースに関する会計基準はファイナンス・リース取引でも賃貸借処理を認めることになり，実質的には骨抜きされてしまったのです。しかし，国際会計基準との統一化のため，2008年度からはファイナンス・リース取引には売買処理が強制されるようになりました。死活問題の会計処理が決まったこともあってか，リース業界では合併によって生き残りを図ろうとする企業がでてきました。会計基準の変更が業界の再編につながったといえるものです。会計のもつ力を再認識する思いです。たかが会計……，ではないのです。

【復習問題】

(1) 次の文章が間違っているかどうかを指摘し，間違っている場合にはその理由を説明しなさい。

ア．定額法と定率法を比べた場合，定額法のほうが保守的な方法である。

イ．税務で定額法と定率法が認められている場合，定率法を採用するほうが税金面で有利である。

ウ．有税で前倒し償却を行った場合，前倒し償却を行わなかった場合に比べて法人税等の課税額が増える。

エ．減損会計が適用されるのは，資産を使用することによって生じる将来キャッシュ・フローの現在価値が帳簿価額よりも下がった場合である。

オ．リースで借りた資産を売買取引として会計処理する場合，その取得原価として購入価額もしくはリース料の総額が計上される。

(2) 耐用年数の途中で減価償却方法を定額法から定率法へ変更すると，変更した期間では，変更しなかった場合と比較して，財務比率の各項目がどのように違ってくるかを述べなさい。

(3) ある資産をリースで借りたとき，それを売買取引として会計処理する場合と，賃貸借取引として会計処理する場合では，財務比率の各項目がどのように違ってくるかを述べなさい。

第8章 無形固定資産と繰延資産

1 無形固定資産

Case 8-1

　企業にとって経済的な価値があるものでも貸借対照表に記載されていない，と思われることが多いようです。優秀な経営者がいても，それを資産として貸借対照表に計上することはできません。売れっ子の歌手を抱える芸能プロダクションやスター選手を保有するプロ野球の球団も，そうした人材を資産として計上するわけではありません。次にあげるケースもそうした価値ある「資産」ですが，オンバランスされていないものです。

未来の価値　経営指標に

　経済のグローバル化や産業構造の転換を受けて，会計制度や商法など日本の株式会社を取り巻く法制度の見直しが始まった。だが，実際の見直し作業では日本的な旧来制度の肌触りを残そうという動きも目立つ。しびれをきらした企業は，制度改革に一歩も二歩も先んじて，経営の改革に踏み出そうとしている。

無形資産を評価

　保有する資産の総額が一気に1.4倍に膨らむ。そういう手品のようなことを始めた会社がある。食品から医薬品まで幅広く事業を展開する協和発酵だ。

　手品の仕掛けは同社が導入した「未来資産」という経営指標。開発途上の新薬について，発売できたら20年間でどれだけの現金（キャッシュフロー）を生み出すかを予測。そこから逆算して決算期末ごとにその時点の時価をはじく。これが未来資産である。

　開発に時間がかかる新薬は会計上，発売されて売上が立つまで資産として表に出てこない。開発の進みぐあいに応じて新薬の資産価値を把握すれば，会社が全体でどれだけの資産を持っているか，いいかえれば自社の企業価値がいまどれだけあるかを実態に近い姿でみることができる。

　協和発酵の2001年3月期末の未来資産は12の"新薬候補"の合計で1,700億円。バランスシート（貸借対照表）

132

に計上されている資産の総額4,314億
円の4割に相当する。
　実際に手元にある現金や設備ではな
く，ノウハウや特許，ブランドといっ
た目に見えない無形資産の価値をどう
はかるのか。今は企業買収のときに表
面化する「のれん代」しか尺度がない。
企業を買収する場合，帳簿に載る設備
などのモノ資産の価値に無形資産を上
乗せした価格で買う。この帳簿価値へ
の上乗せ分がのれん代だ。

資産総額数倍に
　未来資産はいわば，のれん代を常に
時価でつかめるようにして企業価値を
高めていこうという試みだ。協和発酵
は未来資産を10年後に3倍の5,000億
円に拡大する計画。「価値を生みそう
にない新薬開発から早く手を引くなど，
迅速な経営も可能になる」。土井内徹
専務はねらいを話す。（後略）
　　　　（日本経済新聞　2001年7月15日）

　協和発酵（現在は協和発酵キリン株式会社）は，外部に公表する貸借対照
表にこの「未来資産」を計上して資産総額を1.4倍にしているのではありま
せん。会社内部の管理目的として「未来資産」を計上しているのです。協和
発酵に限らず多くの企業が研究開発に多額の資金を投じています。これが資
産として貸借対照表に計上されるのでしょうか。

無形固定資産とは

　無形固定資産は，物理的な形態をもたないけれども，法律上の権利あるいは
事実上の権利として企業の事業活動にとって価値があり，長期にわたって利用
されるものをいいます。これからの企業には，目に見える資産にもまして，目
に見えないアイディアや情報，サービスといった無形の資産が重要になってい
ます。したがって，資産総額に占める無形固定資産の割合が増えていくと予想
されます。

　無形固定資産は，法律上の権利となっているものと，それ以外の，事実上の
権利となっているものとに大別されます。法律上の権利となっている無形固定
資産としては，特許権，借地権，商標権，実用新案権，意匠権，著作権，鉱
業権，漁業権などがあります。また，事実上の権利となっている無形固定資産
には，のれん（暖簾）があります。

無形固定資産の評価

　こうした無形固定資産は，他の企業から購入したり自社でお金をかけて得た
りするなど，有償で取得した場合に，その取得原価で貸借対照表に計上されま

す。無形固定資産も，有形固定資産と同様に，償却資産と非償却資産とに区別されます。償却する場合は，残存価額をゼロとして，定額法によって行うのがふつうです。

　これらの無形固定資産のうち重要な項目となっているのが，のれんとソフトウェアです。のれんについては次節で，ソフトウェアについてはその後で研究開発費に関連して説明することにします。

2　のれん

Case 8-2

　のれんは企業の合併や買収によって生じます。次の記事の文中では「のれん代」となっています。

のれん代　経営への影響増大
昨年末9.5兆円　大型買収が背景に

　M&A（合併・買収）で生じるのれん代の企業経営への影響が増大している。円高を背景に海外企業買収が相次ぐなど，案件の増加に伴いのれん代が膨らんでいるためだ。毎期の償却負担に加えて，買収先企業の収益悪化で減損処理を迫られる事例もある。期間損益への影響を和らげようと会計処理を見直す動きも出るなど，のれん代への対処は重要な経営課題になりつつある。（中略）

　のれん代への対処で，会計処理は重要な視点だ。日本の会計基準ではのれん代を毎期，定期償却することが義務づけられている。これに対し，米国会計基準やIFRS（国際会計基準）は定期償却の代わりに，一定の条件に抵触すると減損処理を求める。グローバル企業では日本基準の処理が，投資家が海外企業と比較する際に不利になる場合もある。

　日本たばこ産業（JT）は前期末からIFRSを任意適用し，07年の英ガラハー買収などで発生していた年間約830億円ののれん償却負担がなくなった。（後略）

（日本経済新聞　2012年4月5日）

　この記事によれば，上場企業ののれんの総額は，2011年末で9.5兆円でした。それから5年後の2016年末では29兆円となっています。それだけ日本企業のM&Aが推し進められたといえます。この記事での日本たばこ産業やケース5-1の楽天に見られるように，日本基準とは異なり，国際会計基準ではのれんを定期的に償却する必要はありません。日本基準と国際会計基準のいずれを採用するかによって各期の利益が大きく変わってしまうのです。

のれんの計算

　最初に，のれんの金額の計算方法から述べます。のれんは，次の式によって計算します。

$$のれんの金額＝買収額－被買収企業の純資産額$$

　純資産額は資産総額から負債総額を差し引いた額ですが，のれんを計算する場合には，資産と負債を時価に評価替えします。したがって，この場合の純資産額は，貸借対照表の純資産の部の金額とは異なるのがふつうです。パナソニックが2009年12月に三洋電機を子会社化した時に計上したのれんの額は約5,000億円だったそうです。先の記事では2011年末ではパナソニックののれんの総額は8,834億円だったそうですが，その60％近くが三洋電機の買収によるものになります。アメリカの会計基準を採用していたパナソニックでは，その１年後の2012年３月期においてその半分の2,500億円を減損処理によって損失として計上したそうです。金額が大きく変動するのれんとは，一体何なのでしょう。

のれんとは

　のれんが生じるのは，時価で計算した純資産額よりも高い代価を支払うことによって他の企業あるいはその一部を買収するときです。このとき，代価の支払いは金銭の支払いまたは株式の交付によって行います。なぜ，純資産額よりも高い代価を支払うのでしょうか。余分な代価をだすくらいなら，パナソニックが自分で個々の資産を買い集めて事業を開始するほうがいいはずです。それが分かっていながら余分に代価をだすのは，その事業に無形の経済的価値があるとみるからです。こうした無形の価値を「のれん」といいます。新聞記事にある「のれん代」とは新聞に特有の使い方のようです。

　のれんの英語は goodwill です。これは親切や好意といった意味であり，分かりにくい言葉です。これは，のれんで示される無形の価値が，適切な言葉がないほど複雑な内容のものであることを暗示しています。こうしたことから，のれんは，通常の会計処理では現れてこないような無形の価値を表す項目である，と大ざっぱに理解して先に進むしかありません。

　企業を運営しておれば，こうした無形の価値が多少なりとも生じているとみられます。こうした自然に発生するようなのれんを「自己創設のれん」といいます。自己創設のれんは，その金額を見積もることがむずかしいといった理由から，貸借対照表では計上することは認められていません。買収で代価を支払って他の企業あるいはその一部を取得した場合に生じるのれんを「買入のれん」といいます。こうした買入のれんだけは資産として貸借対照表に計上することが認められています。なお，貸借対照表では「のれん」として表示されます。

　のれんを生じさせる要因にはさまざまなものが考えられます。そのいくつかをあげて説明しましょう。

(1)　他の企業がその業種や地域に容易に参入できないような，なんらかの意味で独占的な権利がある。

(2)　ブランドや商号，商標の知名度が高い。

(3)　製造業で特別な製造技術や研究開発能力がある。

(4)　従業員がその業務内容に精通している。営業部員であれば販売技術があり，経理部員であれば会計知識があり，製造部員であれば製造技術があるなど。

(5)　経営組織がうまく形成されている。

(6)　卸店や小売店への販売ルートをもっている。

　(1)の独占的な権利では，かつてのタクシーのナンバー権（タクシーを運行する権利）や日本酒の造石権（日本酒を作る権利）など，行政官庁の許認可による独占的な権利がこれに該当します。「営業権」という言葉のイメージに近いものです。規制緩和によって独占的な権利が消失すれば，これらの価値もなくなってしまいます。地域を割り振って出店を認めるフランチャイズ権も一種の独占的な権利といえます。

　(2)と(3)では，無形固定資産の商標権や特許権に該当するような価値が認められるということです。現在ではブランドが非常に重視されています。インターブランド社が発表した「最も優れた世界的ブランド2021」では，アップルのブランド価値が第1位で，4,083億ドルだそうです。日本企業ではトヨタが第7位となっており，その額は541億ドルでした。しかし，これらのブランドは自

己創設のれんに該当しますから，アップルやトヨタの貸借対照表でお目にかかることはないのです。

(4)と(5)は，他の企業と比べて特に優れた価値をもっていることもありますが，必ずしもそうではありません。新規に事業を開始するには，開業を準備する，従業員を採用・教育する，経営組織を作り上げるなど，多くの時間と費用がかかります。そうした時間と費用の節約分として無形の価値を認めるものです。後で説明する繰延資産の開業費や開発費に相当する部分が節約されるわけです。企業が独自で開業準備や採用・教育の費用を支出して事業を作り上げるか，出来上がった事業を買収するかの違いといえます。

のれんは，伝統的には，被買収企業の平均的な収益力が同種の他企業のそれよりも大きい場合，その超過収益力の原因となるものを意味するとされてきました。簡単にいえば，被買収企業が同業他社よりも儲けがあり，その超過的な儲けを生じさせる要因がのれんだというのです。

しかし，儲かっている企業が別の企業に買収されるというのは，アメリカではよくあることですが，日本では珍しいことです。むしろ日本では，儲かっていない企業が買収され，のれんが認められることが多いようです。したがって，超過収益力があるからのれんが発生するという理由では説明できない場合もあるのです。

のれんの評価にとって重要な視点は，被買収企業が買収企業にとって価値があるかどうかです。たとえば，消費者への流通ルートをもつ企業は，そうしたルートをもたない企業には魅力的ですが，すでにルートがある企業には意味がないでしょう。バブル経済の崩壊後，破綻した銀行や保険会社などが外資系の企業に買収されました。日本に営業拠点のない外資系企業には日本の企業以上に破綻した企業の店舗や顧客，従業員などに魅力を感じたのでしょう。すなわち，日本の銀行や保険会社よりも外資系企業がそれらに無形の価値を認めたのです。先にも説明したように，開業費や開発費に相当する部分が節約できるからだともいえます。

また，買収によって企業に相乗（シナジー）効果が生じ，売上が増えることも期待されます。つまり，1プラス1が単純に2になるのではなく，3にもなるというものです。かつてソニーがアメリカの映画会社コロンビア（現ソニ

ー・ピクチャーズエンタテイメント）を買収したのは，ソニーの8ミリビデオというハードと，コロンビアのもつ映画というソフトとの相乗効果を期待したからです。そうした期待があるから純資産額以上の金額を余計に支払ってもいいわけです。このように，被買収企業に超過収益力がなくても，買収企業にとってなんらかの価値があると認められれば，余分な代価を支払うだけの意味がある，つまりのれんが生じるのです。

　これまでの説明とは逆に，のれんの金額がマイナスになる場合があります。すなわち，被買収企業の純資産の額よりも買収額が少ないということです。ある意味で，その企業を割安で買収したということになります。実際，こうしたケースも出てきています。ある企業を割安で買えるということは，その企業の収益力が落ち込んでいるなど何らかのマイナスの要因があるとみられます。そうであるにせよ，マイナスの差額は負ののれんとして扱うしかありません。負ののれんは，のれんとは逆に，利益として計上します。

のれんの償却

　のれんは建物や機械のように定期的に償却すべきか，あるいは土地のように償却すべきでないのか，この問題は研究者の中でも議論のあるところです。日本の現行基準では，のれんは20年以内の適切な期間で定額法などの方法によって規則的に償却することになっています。償却によってのれんは毎期その償却額を費用として計上します。また，減損会計も適用されます。したがって，償却資産として扱われています。

　これに対して，アメリカの会計基準は，以前は40年以内にのれんを償却することにしていましたが，産業界の要請もあって，現在では定期的な償却は行わなくなりました。したがって，土地のように非償却資産として扱っていることになります。ただし，減損会計は適用されます。減損会計だけを行う方法を国際会計基準も採用したのです。近いうちに日本も追随することでしょう。

　のれんは，定期的に償却すれば，長期にわたって利益を押し下げる要因となります。自己資本利益率も長期にわたって悪くなります。それに対して，減損会計だけを行う方法であれば，一時的に巨額の減損損失を計上することはあるでしょうが，一過性の出来事として扱われます。この方法が，経営者にとって

も，また投資家にとっても良くみえるのでしょう。産業界が減損会計だけの方法を要請したのも，こうした事情があるからです。また，ケース1-3でみたように，同じような理由で国際会計基準を採用しようとしている日本企業があるようです。

3　研究開発費とソフトウェア

　ケース8-1の記事にあるように，製薬会社は新薬の研究開発に莫大な資金を投じています。製薬会社に限らず，多くの企業が多額の研究開発費を支出しており，その成果に企業の命運がかかっています。その会計処理に関する基準ができたのは1998年の「研究開発費等に係る会計基準」です。この会計基準は，現代の企業においてやはり巨額の研究開発が行われているソフトウェアの制作費についても規定しています。以下では，この会計基準に従って，研究開発費とソフトウェア制作費に関する会計処理を学ぶことにします。

研究開発費の処理
　次節の繰延資産で説明するように，研究開発費はその内容によっては資産として計上することも可能でした。ところが「研究開発費等に係る会計基準」は，研究開発費は発生時にその全額を費用として処理するよう規定しました。したがって，たとえ価値のある研究開発を行っても，貸借対照表に資産として計上することは認められないのです。
　「研究開発費等に係る会計基準」では，研究開発費を費用として処理する方法を採用した理由として，次の2点をあげています。
　①　将来において収益を獲得することができるかが不明である。
　②　資産として計上する要件を設定することが困難である。
　①の理由は，将来における収益の獲得が確実ではないため，資産として計上することが適当でないというものです。第5章で説明したように，資産を将来の経済的便益であるとする現代の資産概念からすれば，収益を獲得する可能性が高くなければ，資産として計上することはできないと考えられます。将来における収益と対応させるという費用収益対応の原則よりも，将来における収益

獲得の可能性があるか否かを重視したものといえます。

　②の理由は，一定の要件を満たすものを資産として計上することを認めたとしても，その要件を実務上で客観的に適用できるように規定することが困難であるというものです。ある程度客観的な要件を規定できなければ，企業によって判断がバラバラになってしまい，企業間の比較ができなくなってしまうおそれがあるからです。

　なお，研究開発費として一括されていますが，研究費と開発費を分けることもできます。「研究開発費等に係る会計基準」によれば，研究は新しい知識の発見を目的とした計画的な調査や探究です。また開発は，新しい製品・サービス・生産方法についての計画や設計，または既存の製品等を著しく改良するための計画や設計として研究の成果その他の知識を具体化することであるとされています。この説明だけでは具体的なイメージも浮かばないかもしれませんが，本書ではこれぐらいにしておきます。

「未来資産」は資産となるか

　ケース8−1の記事では，未来資産に関する会計制度が遅れているから，協和発酵がしびれをきらして一歩も二歩も先んじたかのように述べられています。しかし，協和発酵が公表する貸借対照表にはこの「未来資産」は見当たらないはずです。こうした資産を計上すれば，公認会計士の監査では不適正との意見が付けられます。また，「未来資産」に関する会計処理は会計基準としてはまったく議論されていないのが現状です。研究開発費を資産として計上するかは議論の多いところであり，「未来資産」となると資産として計上するのは無理です。会計制度が遅れているとするのは記者の一方的な判断です。

　「未来資産」は，前述した自己創設のれんに該当するものです。買入のれんは過去の取得原価（過去のキャッシュ・フロー）に基づいて計算されますから，ある程度客観的に測定できます。しかし，「未来資産」は将来の成果（将来のキャッシュ・フロー）に基づいて計算します。それゆえ，研究開発費を資産として計上しない理由の①にあるように，成果が獲得されるかは不確実であり，数値を客観的に測定することは困難です。そうした数値を貸借対照表に計上することは無理です。ただし，企業が自社の管理目的で「未来資産」を測定する

ことはおもしろい試みです。また，他の企業を買収する際に，その企業のもつ「未来資産」の価値をなんらかの方法で見積もっているはずです。しかし，その見積りが外れれば，パナソニックがのれんの減損処理を行ったように，「未来資産」が減少して多額の「現在損失」になってしまうおそれがあるのです。現在の協和発酵キリンのホームページでは，「未来資産」を検索してもでてきません。「未来資産」という言葉それ自体も消滅したようです。

ソフトウェア制作費の処理

ソフトウェアとは，「研究開発費等に係る会計基準」によれば，コンピュータを機能させるように指令を組み合わせて表現したプログラム等をいう，と規定されています。このコンピュータを動かすソフトウェアは，ゲームソフトなどのように一般の商品として制作されるものや，業務用のソフトとして自社で制作したり，他社に制作を委託したりするなど，一般の製品と同じようにその制作の目的や方法はさまざまです。制作目的は自社用か他社用・販売用かに，制作方法は自社制作か委託制作かに分かれます。

ソフトウェア制作と研究開発とが関係するケースでは，次の２つのようになっています。１つは，たとえば新薬や新車などの研究開発のためにソフトウェアを制作するということです。これは，ソフトウェアの制作それ自体が研究開発の一部になっている場合です。もう１つは，新薬や新車を作り出すために研究開発を行うように，一般に販売する商品としてのソフトウェアを制作するために研究開発を行うということです。これは，研究開発がソフトウェアの制作の一部になっている場合です。原則として，いずれの場合でもソフトウェアの制作費は研究開発費としてその発生時に費用として処理されます。

こうした研究開発費に該当しないソフトウェアの制作費があります。それには次のようなものがあり，それぞれの制作の目的と方法とによって処理の仕方が異なってきます。

① 受注制作のソフトウェア

他社が利用するソフトウェアの制作を請け負うことです。これはビル建設の請負工事と同じようなもので，第12章で説明する長期請負工事の会計処理と同じように処理されます。

② 市場販売目的のソフトウェア

　ゲームソフトやワープロソフトのように市場で販売するソフトです。これには製品マスター（複写可能な完成品のことで，いわば原盤です）を制作する過程があり，この過程には研究開発に該当する部分と製品の製造に該当する部分とがあります。研究開発に該当する部分は研究開発費として費用処理します。一方，製品マスターの製造部分はそれが著作権という法的権利を有しており，また制作原価を明確にできることから，無形固定資産の「ソフトウェア」として計上します。

③ 自社利用のソフトウェア

　企業がその業務用に使うソフトは，備品などを業務用に使うのと同じように，将来の収益獲得あるいは費用削減が確実であると考えられるところから，その取得に要した費用は無形固定資産の「ソフトウェア」として計上します。

　「ソフトウェア」として資産に計上されたものは，生産高比例法に準じた方法など，それぞれのソフトウェアの性格に応じた方法で減価償却を行います。時には，減損会計に準じた処理をする必要もあります。

4　繰延資産

繰延資産とは

　貸借対照表における繰延資産の部は，流動資産と固定資産に並ぶ第3の区分です。しかし，それを計上している企業は少なく，また計上していても，その金額は資産総額からすれば非常に少ないものです。したがって，金額からすれば重要でない項目です。しかし，現代会計を考える上でおもしろい項目です。

　繰延資産については企業会計原則とその注解において次のように説明されています。

企業会計原則：貸借対照表原則 1 D
　将来の期間に影響する特定の費用は，次期以後の期間に配分して処理するため，経過的に貸借対照表の資産の部に記載することができる。
企業会計原則注解：注15

142

> 「将来の期間に影響する特定の費用」とは，すでに代価の支払が完了し又は支払義務が確定し，これに対応する役務の提供を受けたにもかかわらず，その効果が将来にわたつて発現するものと期待される費用をいう。
>
> これらの費用は，その効果が及ぶ数期間に合理的に配分するため，経過的に貸借対照表上繰延資産として計上することができる。

「将来の期間に影響する特定の費用」とは，繰延資産として計上される項目を指します。この項目が通常の費用と違うのは，「その効果が将来にわたつて発現するものと期待される」というところです。つまり，提供された役務（サービス）の効果が，将来の期間に発現するということです。役務の効果とは，役務によってもたらされる収益です。つまり，費用は発生しているが，その成果である収益はまだ実現していないというものです。ですから，成果（収益）と努力（費用）を対応させる費用収益対応の原則から，その費用の全額を今期の費用として計上するのではなく，次期以降の費用としても計上する必要が出てくるのです。費用を将来の期間に計上するためには，費用を繰り越さなければなりません。そのためには，複式簿記の仕組みから，貸借対照表において資産として計上することが必要です。このことを表しているのが「経過的に貸借対照表上繰延資産として計上することができる」という文章です。

この文章の最後の「できる」というのは，繰延資産を計上してもいい，計上しなくてもいい，それは企業が選択できるということです。繰延資産について長い文章で説明しておきながら，最後に，必ずしも繰延資産を計上しなくてもいい，と規定しているのです。変な規定ですが，その理由については後で説明します。

これまで説明してきたことを図で示したのが図表8−1です。期間費用は，期間収益に対応する費用を指しています。

繰延資産は資産と名が付いていますが，内容は費用の繰り延べです。費用を資産として計上するのは変ではないか，と思う人もいることでしょう。しかし，減価償却に関連して償却資産が費用の塊であることを説明しました。同じ理由で，繰延資産も費用の塊であり，資産としての資格があるのです。

図表 8 - 1

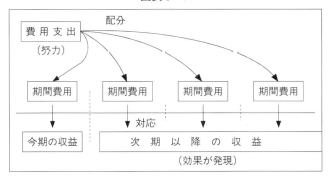

　現行の会計基準では繰延資産を 5 項目だけ認めています。それは，株式交付費，社債発行費，創立費，開業費，開発費です。これらは支出時に費用として処理するのが原則です。しかし，先に述べたように，繰延資産として資産計上することもできます。以下，簡単に説明します。

　(1)　株式交付費

　これは新株の発行または自己株式の処分に係る費用です。自己株式の処分については第11章で説明します。株式交付費とは，株式募集のための広告費，金融機関の取扱手数料，証券会社の取扱手数料，目論見書・株券等の印刷費など，株式の交付等のために直接支出した費用です。ただし，繰延資産として計上することが認められるのは，企業規模の拡大のために行う資金調達などの財務活動に係る費用だけです。株式の分割など資金調達をともなわないときの費用は繰延資産として計上することは認められません。

　(2)　社債発行費

　これは社債発行のための費用で，社債募集のための広告費，金融機関の取扱手数料，証券会社の取扱手数料，目論見書・社債券の印刷費など，社債の発行のために直接支出した費用です。また，社債発行費には新株予約権の発行に係る費用で資金調達などの財務活動に係るものも含まれます。

　(3)　創立費

　これは会社を設立するために支出した費用であり，定款等の諸規則の作成費用，株式募集その他のための広告費，目論見書・株券等の印刷費，創立事務所の賃借料，設立事務に使用する使用人の給料，金融機関の取扱手数料，証券会

社の取扱手数料，創立総会に関する費用その他会社設立事務に関する必要な費用，発起人の報酬などです。

(4) 開業費

これは開業準備のために支出した費用であり，土地，建物等の賃借料，広告宣伝費，通信交通費，事務用消耗品費，支払利子，使用人の給料，保険料，電気・ガス・水道料などで会社の成立後営業開始時までに支出した費用です。

(5) 開発費

これは，新技術または新経営組織の採用，資源の開発，市場の開拓などのために支出した費用，生産能率の向上または生産計画の変更等により，設備の大規模な配置替えを行った場合等の費用です。ただし，経常費の性格をもつものは除かれます。なお，前に述べた「研究開発費等に係る会計基準」の対象となる研究開発費は発生時に費用として処理しなければなりませんから，繰延資産としての開発費には該当しません。

繰延資産は，先の企業会計原則注解にあるように，その「効果が及ぶ数期間に合理的に配分する」ことになっています。たとえば，株式交付費は，その交付から3年以内のその効果が及ぶ期間にわたって定額法で償却することになっています。また，創立費や開業費は「5年以内」となっています。社債発行費と開発費はこれらとは多少異なる規定があります。

繰延資産の資産性

「繰延資産」とは妙な言葉です。会計上の資産は，次期以降に繰り延べられるからこそ資産ですから，資産に「繰延」という言葉は本来は必要ありません。まるで「ひとり者の独身」というような表現なのです。アメリカでは「繰延費用」とするのが一般的です。先に説明したことからも分かるように，こちらの表現のほうが実態を表しているといえます。「繰延費用」とならずに「繰延資産」となったのも，導入時にそれなりの理由があったのでしょう。

会社法が設定される前は旧商法も会計の規則を設けていました。旧商法は，ある種の繰延資産を認める必要があったようです。しかし，一般論としては，旧商法は換金性があるものが真正の資産であるとの立場から，費用の繰延であ

る繰延資産を「擬制資産」であるとして，それを認めることには消極的でした。これに対して，企業会計原則の側は費用収益対応の原則から，繰延資産の概念規定に該当するものであれば，積極的に認めようとするものでした。先に述べたように，資産は費用の塊であるという考え方からは，繰延資産も同じく費用の塊であることには変わりはないのです。

　しかし，アメリカにおいては資産を経済的便益であるとする考え方が支配的になってきたせいか，経済的便益を欠く繰延費用を次第に認めなくなってきました。現在では，繰延費用とされる項目はほとんど見かけないぐらいです。これは国際会計基準でも同様です。そのためか，日本の会計基準でも，暫定的に繰延資産の計上を許容しているかのような規定になっています。いずれ繰延資産は廃止されるかもしれません。

　ただし，これまで繰延資産とされてきた項目でも，それが経済的便益があると認められるものについては，それなりの表示科目で資産として計上されるかもしれません。開発費や研究費の中には経済的便益があれば資産として計上するということです。無形固定資産の一種となるのでしょう。「未来資産」が復活するかもしれません。ただし，その金額の測定が困難であるという問題点をどのように解決するかという難問があります。

税法上の繰延資産

　こうした会計基準が規定している繰延資産とは別に，法人税法も独自の立場から繰延資産を規定しています。法人税法が認定する繰延資産には，上記の項目のほかに次のようなものがあります。それらをまとめて「税法固有の繰延資産」としておきます。

(1)　自己が便益を受ける公共的施設または共同的施設の設置または改良のために支出する費用。

(2)　建物などの資産を賃借し，または使用するために支出する権利金，立退料などの費用。

(3)　役務の提供を受けるために支出する権利金などの費用。

(4)　製品などの広告宣伝の用に供する資産を贈与したことにより生じる費用。

(5)　上記のほかに，自己が便益を受けるために支出する費用。

146

このように，法人税法は繰延資産の認定には，旧商法とは異なり，「積極的」な態度を取っています。それは，法人税法がその理念としている課税の公平という観点からです。たとえば，商店街がお金を出し合って公道にアーケードなどを作ることがありますが，これは上記の(1)に該当します。それを支出する商店にとって損金と認定されれば，それだけ税金が少なくなります。こうした商店が同様の施設を作っていない商店街の商店よりも税金が少なくなるのは課税の公平を欠くと判断するわけです。アーケードを作れば集客力が増し，商店の売上が増えて利益も増えると考えられます。支出した費用を，その後に発現する効果と対応させるという費用収益対応の考えによって費用を繰り延べるという繰延資産の考え方が，この場合の理由づけとして使われているのです。

また，野球などのプロ選手と専属契約をするために支出する契約金などが上記の(5)に含まれます。プロ野球選手の契約金をいくらにしようが球団の勝手ですが，給料の先払分まで含まれるようになれば，それだけ契約時の税金が低くなってしまいます。契約金の一部は後の時期の費用としてみるべきだからです。法人税法が繰延資産を広く認める根拠となっているのが，まさに会計理論での繰延資産の考えなのです。また税収の確保のため，益金の認定は甘く，損金の認定は厳しく，という面からも繰延資産を認めたほうがいいわけです。

税法固有の繰延資産は，貸借対照表において計上されていなくても，税務申告上は認定されるというものです。ですから，税法固有の繰延資産に該当する項目は，貸借対照表にまったく計上されないこともあります。また，たとえ貸借対照表に計上する場合でも，会計基準は繰延資産としては5項目しか認めていないので，税法固有の繰延資産を繰延資産の区分に計上することはできません。税法固有の繰延資産の中には無形固定資産や長期前払費用に該当するような項目もあります。そうしたものであれば，貸借対照表では無形固定資産や長期前払費用として計上することもできます。しかし，それ以外のものは貸借対照表に計上することはできないことになります。

【復習問題】
(1) 次の文章が間違っているかどうかを指摘し，間違っている場合にはその理由を説明しなさい。

　　ア．ある企業を買収したとき，時価で評価した純資産額がその買収額よりも
　　　多い場合に，その差額がのれんとして資産に計上される。
　　イ．飛行機製造会社が新たなジェット機の研究開発のために支出したソフト
　　　ウェア作成費は無形固定資産として計上できる。
　　ウ．新製品の販売促進のためテレビ等で大々的に宣伝活動を行った。この費
　　　用は繰延資産の開発費として計上することができる。
⑵　「自己創設のれん」はのれんとして資産計上することが認められません。
　　その理由を考えて述べなさい。
⑶　ケース8-1にあるように，現行の会計基準では研究開発が成功したものに
　　ついても，それが貸借対照表に表されることはありません。成功した研究開
　　発を資産として計上すべきか否かを論じなさい。

第9章　金融資産

1　金融資産とは

Case 9-1

　日本企業の特殊性として取引先と相互に株式を持ち合うことがあげられます。いわゆる株式の持ち合いであり，こうした株式を持ち合い株式といいます。株式の持ち合いは，製品売買や製造委託などの取引関係にある企業の間だけでなく，資金の融通という取引関係にある企業と銀行との間にもみられます。持ち合い株式はこれまでは原価で評価してきましたが，2002年3月期から時価で評価することが義務づけられました。これに対して企業は次のように対応しています。

持ち合い株の時価評価
前倒し3社に2社
財務を透明化　9月中間期

　2002年3月期から義務づけられている持ち合い株式の時価評価を2000年9月中間決算から前倒しで実施した上場企業が1,306社に達し，3月期上場企業全体の3社に2社にのぼったことがわかった。持ち合い株式の評価差額の合計は7兆800億円のプラスで，実施した企業全体の株主資本を6％押し上げた。時価会計の早期導入は日本企業の財務の透明性を高め，国際的な信頼向上にもつながる。一方で，株主資本が膨らむことにより株主資本利益率（ROE）の低下を招き，企業は持ち合い株式を保有することの必要性を株主から問われることになる。（後略）

（日本経済新聞　2000年12月9日）

　この記事から10年後，次のような記事が出ています。新たに「政策保有株」という名称が使われるようになっています。

政策保有株　15兆円
３月末初開示，本社集計
商社など持ち合い多く

　上場企業が純投資以外の目的で持っている「政策保有株」が，2010年3月期末時点で計15兆円に上ることが明らかになった。事業上の取引関係を維持するために大手商社，自動車，鉄鋼などで株式を持ち合う例が目立つ。株保有を減らす企業が増えているものの，なお連結自己資本の約１割に達する。

　金融庁が３月末から上場企業に純投資以外の目的で持つ株式の保有状況の開示を義務付けたのを受け，実態が初めて明らかになった。(中略)

　11年３月期から上場企業には保有株や海外の子会社資産の変動を反映させる「包括利益」の開示が義務付けられる見通しだ。

　こうした事情から，株式売却に動く企業も一部に出ている。三菱商事や日本郵船など三菱グループ企業がそれぞれ保有株の一部を売却。４月に新日鉱ホールディングスと統合した新日本石油（現 JX ホールディングス）も東京ガス株の持ち分を減らした。

（日本経済新聞　2010年7月22日）

　最初の記事では，持ち合い株式を保有する必要性が問われていました。そのためか，この10年間で持ち合い株式数は減少しています。後の記事によれば，政策保有株ということで株式の持ち合いは続いているようです。同じ記事では，政策保有株の額は三菱商事が１兆333億円，トヨタ自動車が7,908億円，新日本製鉄が5,291億円と伝えています。ただ，包括利益の開示によって保有株は減少するケースも出てきているとのことです。

　本章の主題は金融資産ですが，最初に「金融商品」という言葉を説明することにします。

　金融商品というと，銀行や証券会社が販売する商品のように思ってしまうことでしょう。一般的には，そのように使われるかもしれません。しかし，会計では異なる使われ方をします。「金融商品に関する会計基準」では，金融商品を金融資産と金融負債を総称するものとして使っています。この会計基準では，金融商品がどのようなものであるかを説明せずに，具体的な例をあげているだけです。それだけ金融商品を的確に説明することはむずかしいのでしょう。ここでは大まかに理解することにしましょう。

　金融商品の「金融」とは金銭の融通ということであり，資金の貸借を意味します。金融商品の英語は financial instrument です。直訳すれば「金融の道具」あるいは「金融の手段」とでもなります。つまり，お金を貸し借りする道具あるいは手段と理解することができます。したがって，貸付金や借入金は最

も金融商品らしいものといえます。しかし，金融商品はこうした金銭の貸し借りとして明確なものだけではありません。お金を受け取る権利である金銭債権とお金を支払う義務である金銭債務を内容とするものが金融商品です。したがって，お金を直接やり取りしなくても，契約によって金銭債権・金銭債務が生じるものであれば，金融商品となるのです。

　「金融商品に関する会計基準」では金融資産の例として，現金預金，受取手形・売掛金・貸付金などの金銭債権，株式などの有価証券，デリバティブ取引によって生じる正味の債権などをあげています。また，金融負債の例として，支払手形・買掛金・借入金・社債などの金銭債務，デリバティブ取引によって生じる正味の債務などをあげています。デリバティブについては後で説明します。本章では，金融資産の代表的なものとして有価証券とデリバティブを取り上げることにします。

　大多数の企業は，製造や販売を中心に事業活動を行っています。こうした事業活動には商製品や設備などの有形資産が主として使われます。金銭債権や金銭債務は事業活動にともなって付随的に生じます。したがって，金融商品は，事業活動に補助的に利用されるにすぎないと思われるかもしれません。しかし，ファイナンス・リース取引が金融取引の面もあるように，金融商品は事業活動に浸透しています。それゆえ，金融商品をどのように有効利用するかが企業経営に大きく影響するようになっているのです。

　金融商品は，それを売買する市場が成立して，その市場価格を知ることができる場合があります。また，市場価格がない場合にもそれに相当する価額を合理的に算定することができます。さらには，金融商品によって生じる将来キャッシュ・フローが契約によって確定していることも多く，その現在価値を知ることが容易にできます。こうしたことから金融商品に時価基準が採用されるようになってきました。現在では時価基準の採用は一部の金融商品に限られていますが，次第に採用される範囲が広がってきています。

金融資産の表示

　金融商品は資産にも負債にも，またそれぞれ流動の区分にも固定の区分にも表示されます。ここでは，資産としての金融商品，つまり金融資産の表示につ

いて説明します。

　流動資産としての金融資産には，現金や預金，売掛金，受取手形，有価証券などが含まれます。固定資産としての金融資産は，「投資その他の資産」の区分に記載されます。この区分を示すと，次のようになっています。繰延税金資産のように金融資産でないものもありますが，大半は金融資産です。

①　投資有価証券

②　関係会社株式

③　関係会社社債

④　その他の関係会社有価証券

⑤　出資金

⑥　関係会社出資金

⑦　長期貸付金

⑧　株主，役員または従業員に対する長期貸付金

⑨　関係会社長期貸付金

⑩　破産更生債権等

⑪　長期前払費用

⑫　繰延税金資産

⑬　その他

　この「投資その他の資産」の区分の最後の科目である「その他」は，「投資その他の資産」に「その他の資産」が含まれているように，資産の部全体の「その他」の役割をしています。つまり，流動資産，有形固定資産，無形固定資産，繰延資産に入るもの以外の，さらに列挙された科目以外の項目がこの「その他」として表示されるのです。複雑な企業の出来事で既成の科目に入らないような項目も分類する必要があり，これを表示する場所がこの「その他」といえます。なお，「その他」の項目でも総資産の100分の1以上の金額になれば，「その他」から独立して適当な科目名で表示されることになります。

2　有価証券

有価証券とは

　有価証券とは，一般的には，財産権を表示する証券であり，その権利の発生，行使，移転が証券によって行われるもの，というように説明されます。それには，手形，小切手，商品券，株券，債券など，さまざまなものがあります。プリペイドカードであるテレホンカードを偽造した事件で，それが有価証券に該当するかどうかは裁判所でも見解が分かれたほどです。しかし，簿記を勉強した人は知っていると思いますが，会計では手形，小切手，商品券，プリペイドカードなどを有価証券としては扱っていません。

　会計で有価証券として扱われるのは，株式，国債（国が発行する債券），地方債（都道府県や市町村が発行する債券），社債券（会社が発行する債券），日本銀行その他の特別の法人が発行する出資証券，投資信託や貸付信託の受益証券などがあります。

有価証券の分類

　有価証券を購入したときは，他の資産の場合と同様，取得原価で記入します。しかし，期末における評価は他の資産と異なります。有価証券の一部に時価基準が導入されるなど，原価基準と異なる評価方法が採用されているからです。有価証券の評価は保有目的などによって異なります。「金融商品に係る会計基準」では有価証券をその保有目的によって次の4つに分類し，それぞれについて評価基準を定めています。

① 売買目的有価証券
② 満期保有目的の債券
③ 子会社株式及び関連会社株式
④ その他有価証券

以下，有価証券の評価基準なども含めて説明します。

売買目的有価証券

売買目的有価証券とは，その時価の変動によって利益を得ることを目的として保有する有価証券です。資金の有効な利用を目的として保有するものであり，持ち合い株式のように営業活動に必要だからといって保有するものではありません。

売買目的有価証券の運用は，会社内部の専門部署が行うか，あるいは投資信託の委託会社といった外部の専門機関に委託することが望ましいとされています。銀行や証券会社などの金融機関であれば，そうした専門部署が「トレーディング取引」として有価証券を頻繁に売買しています。

この売買目的有価証券は，その値上がり益を得ることを目的としています。したがって，証券市場で売買することができる有価証券が対象となります。こうした有価証券は，時価である市場価格を得ることができ，また，売却しようと思えば比較的容易にできます。こうしたことから，期末における評価も時価で行うことになっています。すなわち，時価基準が採用されているのです。

時価基準の採用により，時価による評価額と帳簿価額とに差額が生じることになります。この差額は評価損益となります。売却した場合の売却価額と帳簿価額との差額は売却損益です。この評価損益と売却損益を一緒にして有価証券運用損益として扱うこともできます。これは，売買目的有価証券はその時価の変動によって利益を得ることを目的とすることから，評価損益と売却損益はいずれも時価の変動によるものであり，運用損益として同じものだと考えられるからです。

満期保有目的の債券

満期保有目的の債券とは，その満期まで保有する意図で保有する社債や国債などの債券です。債券は，株式に比べれば時価の変動が少ないので投資先としては安全なものです。売買目的有価証券に比べれば，満期保有目的の債券は安全で，長期間安定した利益を得ようとするものです。

債券でも国債や大企業の社債などは証券市場で売買され，市場価格を知ることが容易にできます。しかし，満期保有目的の債券は，取得原価で評価することになっています。これは，満期保有目的の債券を保有する目的が，債券に記

された利息を得ることにあり，時価の変動による利益を得ようとするものではないからです。

　ところで，前章で述べたように，債券を券面額とは異なる価額で取得する場合があります。たとえば券面額100円について98円で購入するような場合です。こうしたことは，債券の表面利率（券面に記されている利子率）が発行企業に妥当な利子率に比べて低いときに行われます。元本部分を割り引くことによって低い表面利率を補うわけです。先の差額2円がこうした金利の差を調整する性格のものであれば，それは利息に該当することになります。こうしたときには，償還期間にわたってこの2円分を取得原価に加算するとともに利息を受け取ったかのように処理します。これを償却原価法といいます。償却原価法では，帳簿価額が取得原価から次第に券面額へと増加することになります。利息分は有価証券利息として損益計算書に計上されます。償却原価法の「償却」とは本来は費用計上という意味ですが，多少異なる意味で使われていることになります。償却原価法は原価基準の特殊な例といえます。

子会社株式及び関連会社株式

　子会社と関連会社については詳しくは第13章で説明します。こうした会社の株式を保有することは，実質的には事業資産を保有するようなものです。したがって，この株式は表面的には有価証券となっていますが，実質的には子会社あるいは関連会社の資産と負債から構成されているとみられます。

　こうした子会社・関連会社株式は，取得原価で評価することが原則です。それは，企業にとってこれらの会社の株式は設備投資などと同じような投資であると考えられるからです。設備など有形固定資産は取得原価で評価することから，こうした株式も取得原価で評価することになったのです。

　子会社・関連会社が証券市場に上場されている場合，市場価格を知ることができます。しかし，こうした時価を評価基準として使うことはありません。

　子会社・関連会社株式が原価基準で評価されるのは個別財務諸表においてです。連結財務諸表では事情は異なります。第13章で説明しますが，子会社はまさに親会社の一部であるかのように財務諸表が作成されます。財務諸表から子会社株式がなくなって，子会社の資産と負債が計上されるからです。関連会社

株式についても，その利益あるいは損失に応じて株式の評価額を変えます。株式の時価を使うのではなく，取得原価を修正するものといえます。

その他有価証券

　その他有価証券は，これまでにあげた有価証券以外の有価証券です。この代表的なものは，ケース9-1で取り上げた持ち合い株式です。その他有価証券は，原則として，時価で評価します。「原則として」というのは，時価が得られない場合，取得原価あるいは償却原価を採用することがあるからです。売買目的有価証券と同じように時価で評価しますが，取得原価と時価との評価差額の扱いが異なります。この評価差額を処理する方法として全部純資産直入法と部分純資産直入法とがあります。言葉だけですと分かりにくいので，簡単に説明することにします。

　全部純資産直入法は，評価差額を純資産の部に「その他有価証券評価差額金」として計上する方法です。時価が取得原価よりも上回っている銘柄についてはプラスとして，下回っている銘柄についてはマイナスとして記入するものです。プラスの評価差額である評価差益もマイナスの評価差額である評価差損も全て純資産の部に直接記入する方法です。

　他方，部分純資産直入法は，時価が取得原価よりも上回っている銘柄についてだけその評価差益を「その他有価証券評価差額金」として計上し，下回っている銘柄についてはその評価差損を損益計算書に評価損として計上するというものです。評価差益という「部分」だけ純資産の部に直接記入する方法といえます。部分純資産直入法は，低価法と同じように，費用は早めに計上するという保守主義の原則を適用したものといえます。

　なお，第12章で税効果会計について説明しますが，その他有価証券の評価についても税効果を考慮します。たとえば評価差益50万円がある銘柄でも実際に売却されるまでは税金が課されません。そこで，法人税等の税率を40％であるとすると，税金分20万円が未払いになっていると考えて「繰延税金負債」として負債の部に計上し，残る額30万円だけをその他有価証券評価差額金として計上するというものです。評価差損がある銘柄については逆に「繰延税金資産」を差し引いた残額をその他有価証券評価差額金に記入します。

　全部純資産直入法と部分純資産直入法のいずれにしても，次の期首で有価証券の価額は時価から当初の取得原価に戻され，その他有価証券評価差額金や繰延税金負債あるいは繰延税金資産も取り消されます。これを「洗い替え」といいます。実際に有価証券が売却されるまでは取得原価が採用され，期末の時価と比較される対象となるのです。有価証券が売却されたときには，取得原価と売却価額との差額が売却損益として損益計算書に計上されます。売却されずに残った有価証券は，決算時においてあらためて取得原価と時価と比較されることになります。

　その他有価証券は，売買目的有価証券と同じように時価基準を採用します。しかし，その評価差益は損益計算書に即座に計上することはしません。評価差益は税金分と利益の留保分とに分けて貸借対照表に一時的に計上する点が売買目的有価証券とは異なります。また，評価差損は部分純資産直入法では評価損として計上されますが，全部純資産直入法では税金分と損失の留保分として貸借対照表に一時的に計上されるのです。

　なお，連結決算では連結包括利益計算書が作成され，その他の包括利益の計算においてその他有価証券評価差額金の増減が記載されます。今期中の評価差額金の増減差額が一種の利益としてその他の包括利益として計上されます。ただし，その増減差額は損益計算書の当期純利益には影響しません。これについては第14章で説明します。

有価証券の表示区分

　これまでの説明でも理解されるように，会計上の有価証券にはさまざまなものがあります。このうち流動資産の区分にある科目である「有価証券」に区分されるのは，次の2つのものです。

①　売買目的有価証券

②　一年内に満期の到来する有価証券

　①の売買目的有価証券は有価証券の分類で説明したとおりのものです。②の「一年内に満期の到来する有価証券」とは，満期のある有価証券（実際には，社債や国債などの債券）のうち，その満期が決算から1年以内（つまり次の決算まで）に来るものです。満期保有目的の債券あるいはその他有価証券に分類

された有価証券のうち1年以内に満期が来るものが，これに該当します。

　この①と②以外の有価証券を保有している場合は，固定資産の部の「投資その他の資産」に表示されます。そのなかでも具体的な表示科目としては，財務諸表規則によれば，子会社や関連会社の株式を保有している場合は「関係会社株式」として表示されます。

有価証券の減損処理

　売買目的有価証券は，時価基準の採用によって時価が期末の帳簿価額となります。次の会計期間ではこの帳簿価額と決算時の時価との差額が評価損益となります。これ以外の有価証券については，減損処理が適用されます。

　減損処理は固定資産の減損会計と同じように，時価が著しく下落したときは，回復する見込みがあると認められる場合を除いて，評価差額をすべてその期の損失として計上し，その額だけ帳簿価額を減額するというものです。以後の会計処理ではこの時価を取得原価であるかのように扱います。

　その他有価証券の場合，この減額された帳簿価額がそれ以後の評価の基準となり，時価と比較されて評価差額が計算されます。もし減損処理が適用されないときは，売却されるまでは当初の取得原価あるいは償却原価が評価の基準となり，時価と比較される対象となるのです。

有価証券の時価評価と企業の行動

　ケース9-1では，その他有価証券に該当する持ち合い株式は2002年3月期から時価評価することが義務づけられているのに，3社に2社が前倒しで実施したと述べられています。新聞記事からは，企業がなぜ前倒し実施に踏み切ったのか，その明確な理由は見出せません。企業経営者の団体である経団連などが反対したために実施が2002年3月期に遅れたのに，企業の多くは早めに実施したのです。早期に実施しないと，持ち合い株式に含み損があるのではないか，情報公開に後ろ向きである，などと疑われることをおそれたのではないかと推測されます。評価差額がマイナスとなる企業があったかどうかは新聞記事からは分かりません。こうした企業は実施をぎりぎりまで見送ったのではないかと思われます。

前倒しで実施した企業では評価差益が出ていたのではないかと推測されます。その評価差額は7兆800億円となっていました。したがってこうした企業は、時価評価しても特に問題はない、と思ったのではないでしょうか。しかし、記事にもあるように、「株主資本が膨らむことにより株主資本利益率（ROE）の低下を招き」ます。引用していませんが、同じ記事によれば「前倒し適用した1,306社の9月中間決算で年率換算したROEは3.99%。仮に評価差額を算入しなかった場合は4.25%を維持できたとみられる」と述べています。その他有価証券の時価評価によって自己資本比率など財務の安全性を示す経営指標は向上します。しかし、ROEなど収益性を示す経営指標は低下することになります。収益性を犠牲にしてまで株式の持ち合いを続けるかどうか、経営者は厳しい判断を迫られるわけです。

　実際、具体的な数値では示すことはできませんが、これ以後では持ち合い株式の数が減少しました。しかし、取引関係の強化を理由に株式の持ち合いが増加に転じたともいわれました。ケース9-1の2番目の記事では、「政策保有株」ということで持ち合い株式を保有する場合も多いようです。持ち合い株式は企業がお互いの株式を持ち合うことなので、一方的に株式を保有するケースは除外されてしまいます。いずれにしろ取引関係という経営政策の観点から他の企業の株式を保有するので「政策保有株」と呼ぶようになったものと思われます。

　ケース9-1の最初の記事では、時価評価によって持ち合い株式が解消されるという状況が、次の記事では、包括利益に計上されることによって政策保有株を手放すという状況が説明されています。会計基準の変化が企業経営に大きな影響を与えているのです。

3　デリバティブ

　私たちの日常生活は、病気や火災、交通事故などのさまざまなリスクに取り囲まれています。こうしたリスクには生命保険や損害保険といった保険商品を購入することによって対応しています。企業でも同様です。火災や盗難などの保険だけでなく、株主代表訴訟で役員が訴えられた場合の保険など、事業活動

にともなう損害に対する保険があります。

　企業は，その事業活動そのものがさまざまなリスクをともなっています。新製品の開発には大きなリスクがともなっています。大きなリスクがあるからこそ，逆に大きなチャンスとなって儲けを得られる場合があるのです。こうしたリスクには進んで挑戦する意味があります。しかし，事業活動にともなって生じるリスクでも企業外部の経済的な要因によって生じるリスクは回避したいものです。特定の企業だけでなく多くの経済主体が参加する市場における需要・供給の変動によって生じるリスク（市場リスク）もその１つです。デリバティブ（金融派生商品）は，こうしたリスクを回避するための金融商品です。主として金融資産・負債に生じる市場リスクに対応するものです。

　金融資産・負債に生じる市場リスクには，たとえば次のようなものがあります。それぞれのリスクによって生じる損失の例もあげておきます。

①　有価証券の市場における価格変動のリスク……株式や債券の市場価格が下落する。

②　貸付金や借入金などの市場における利率変動のリスク……借入金の金利が上がって支払利息が増える。

③　外国為替市場における為替レート変動のリスク……ドル安になってドル表示の売掛金の価値が下がる。

　リスクが逆方向に向けば利益が生じるわけですから，リスクといっても損失が生じる危険と，利益が生じるチャンスとがあるわけです。したがって，危険を回避すれば利益を得るチャンスも回避することにもなりかねません。しかし，チャンスが来ると前途を楽観しているよりも，危険が来ると悲観して準備を整えておくほうが破局を防ぐことになります。ですから，危険に対して準備しておくことが大事なのです。会計における保守主義の原則もこうした危険に対処する知恵なのでしょう。

　企業活動それ自体がリスクを抱えているので，経営者は外部の要因によって生じる市場リスクにわずらわされたくないものです。デリバティブは，こうした市場リスクを避け，経営者が本来の企業活動に専念する助けとなる手段なのです。火災リスクを避けるために火災保険という保険商品を購入するように，市場リスクを避けるためにデリバティブという金融商品を購入するのです。い

ずれも商品の「購入」といいましたが，その内容は契約によって権利・義務関係を定めるというものです。この権利・義務関係によって金銭上の債権・債務が生じます。これが債権としての価値があれば金融資産に，債務としての価値しかなければ金融負債になるわけです。

デリバティブの種類はさまざまですが，その基本的なものは先物（さきもの），スワップ，オプションの3つです。それぞれを簡単に説明しておきます。

① 先物……金融商品を，将来の特定の日に，特定の価格で売買することを現時点で決めておく契約。たとえば，3か月後に1万ドルを1ドル120円で売るという契約。

② スワップ……金融商品の保有にともなう資金の受け渡しに関する条件を別の条件に交換（スワップ）する契約。たとえば，借入金について変動金利による条件を固定金利による条件に交換するという契約。

③ オプション……ある金融商品を，将来の特定の日あるいはその日までに，特定の価格で買うあるいは売るという選択権（オプション）を得るという契約。たとえば，6か月以内ならいつでも1万ドルを1ドル120円で売却できるという選択権を得るという契約。

先物での例は為替予約というものです。この例で，3か月後に1万ドルの売掛金を回収する予定であるとします。3か月後に回収した1万ドルを為替予約に従って売却すれば，為替レートがドル安・円高になって3か月後に1ドル110円であったとしても，120万円の日本円が手にはいることになります。為替予約によってドル安・円高で生じたはずの10万円の損失を回避することができたわけです。これがリスクを回避するためにデリバティブを使う方法です。

この例で，もし当初から売却すべき1万ドルがないとするとどうなるでしょうか。3か月後に1万ドルを売る契約を実行するためには，その時点で1万ドルを購入しなければなりません。3か月後の為替レートが1ドル110円であれば，110万円を支払って1万ドルを購入し，それを1ドル120円で売却することになります。この場合，差額の10万円が利益となります。逆に，為替レートが125円になっていたとすると，差額の5万円が損失として生じるわけです。為替予約という契約だけで期限が来れば利益あるいは損失が生じるのです。3か月後に1万ドルの売買を同時に行うので，1万ドルあるいは110万円もの資金

162

を用意する必要はありません。したがって，巨額の資金がなくても，その資金を運用したと同様の利益を得ることができるわけです。

　為替予約などのデリバティブをこうした運用目的で利用することもあります。巨額の利益が得られる反面，巨額の損失が生じる危険もあります。運用目的というよりは投機目的といったほうがいいかもしれません。したがって，こうした運用目的でデリバティブを利用する事業会社は少ないでしょう。為替相場の専門家を抱えている金融機関で運用目的のデリバティブを利用するところがあります。決算期において運用目的のデリバティブは時価評価し，それによって生じている債権あるいは債務を貸借対照表に計上し，それによる損益を損益計算書に計上しなければなりません。

　これまで説明したように，多くの企業ではデリバティブを運用目的ではなく，リスクを回避する目的で利用しています。このようにリスクを回避することをヘッジといいます。ヘッジ（hedge）は「生け垣」ということですが，生け垣によって危険を防ぐといったところでしょうか。ヘッジの目的でデリバティブを使う方法は，ヘッジしたい金融商品に対して，そのリスクを軽減する効果をもつデリバティブを手段として使うというものです。

　これまで述べてきたデリバティブでは，金融商品を対象としてきました。ほかに商品先物で知られるように，コーヒーや大豆といった農産物や石油なども　デリバティブの対象となっています。また，最近では天候デリバティブというものがあります。これは，エアコンの製造・販売など気温によって収益が大きく変動するというリスクに対応するものです。さまざまなものを対象に，またさまざまな仕組みのデリバティブが開発されますが，本書では，デリバティブについてはこれ以上は立ち入らないことにします。

【復習問題】
(1)　次の文章が間違っているかどうかを指摘し，間違っている場合にはその理由を説明しなさい。
　　ア．安定的な配当収入を得るために優良企業の株式を購入した。この株式は売買目的有価証券として扱うことができる。
　　イ．割引発行された社債を購入している。期末においてその評価に償却原価法を採用すると，その帳簿価額は減少する。

ウ．満期まで保有する目的で購入した国債の時価が値上がりした場合，この評価益を損益計算書に計上することができる。

エ．ヘッジ目的でデリバティブ取引を使う場合，巨額の運用損益が生じるおそれがある。

(2)　次に示すのは，その他有価証券に属する株式の銘柄ごとの数値である。それぞれの銘柄ごとに，その他有価証券評価差額金と繰延税金資産あるいは繰延税金負債を全部純資産直入法に従って計算しなさい。なお，法人税等の税率は40％とする。

銘柄	株式数	1株当たり取得原価	1株当たり期末時価
A	2,000	500	700
B	1,000	900	600

(3)　ケース9-1では，有価証券への時価基準の導入にともなって日本企業が持ち合い株式を売却していることが述べられています。なぜ持ち合い株式を売却するのか，その理由を説明しなさい。

第10章　負　債

1　負債とは

　負債は，貸借対照表の右側（貸方）にあります。この貸借対照表の右側をどのように考えるかについて2つの見方があります。1つは企業資金の調達源泉を表示するというもので，もう1つは企業に対する請求権を表示するというものです。

　企業資金の調達源泉を表示するという見方は，企業活動のための資金の提供元を表すのが負債と株主資本であるというのです。つまり，貸借対照表の右側は企業資金を調達した源泉を表示するというものです。これに対して，貸借対照表の左側（借方）の資産は，このような源泉から得られた資金を企業活動のためにどのように運用しているかを表すことになります。つまり，資金の運用形態を表しているのです。

　もう一方の，請求権という見方は，負債と株主資本が企業に対して法律的に何かを請求する権利を表すというものです。負債は法律上の債務であることが多く，会社債権者は債務を返済せよという請求権があるわけです。資本の提供者は債権者ではありませんが，会社が清算したときには，債権者の請求権を差し引いて残ったものを請求できる権利があります。これを残余請求権といいます。こうした点で貸借対照表の右側は債権者と株主の請求権が表示されているとみることができるのです。

　この2つの見方の一方が正しくて他方は間違っているというわけではありません。みなさんは自分が理解しやすいと思われる見方をとれば結構でしょう。

これまでにも使ってきましたが,「負債」と似た言葉として「債務」があります。この2つの言葉は日常ではほぼ同じ意味で使われています。しかし専門分野からすると,負債は会計上の用語であり,債務は法律上の用語です。この両者の意味が完全に重なればどちらを使ってもいいわけです。重なっている部分が多いことは確かですが,重ならない部分もあります。この点は引当金のところで説明します。

負債は資金の調達源泉であるといっても,さまざまな理由で生じます。営業循環において生じる買掛金や支払手形は仕入先から一時的に資金を調達しているといえます。また,お客から予約金を受け取ったり,商品券やプリペイドカードを発売していれば,お客から一時的に資金を調達しているといえます。こうした負債は,企業にとって借りているという感覚はないかもしれません。また,利益があれば税金が課されますが,決算時点では未払いになっていることがあります。こうした未払いとなっている税金も課税当局から借りていることになるのです。

企業が借りているものとして分かりやすいのは借入金や社債です。借りているものについては,通常,利息を支払わなくてはなりません。こうした利息を支払う必要がある負債を有利子負債といいます。「無借金経営」という言葉があります。これは負債がないということではなく,有利子負債がないという意味です。利息を支払わなければならない借金がないので財務の安全性が優れた企業といえます。

以下では,負債の中から社債,引当金,それに退職給付債務を取り上げ,負債に関する諸問題を説明することにします。

2　社　債

Case 10-1

企業が発行した社債を満期日前に買い入れることがあります。借入金の途中返済のようなものです。次の記事は,自社が発行した社債を安く買い入れ,これによって利益が出たというケースです。

長谷工の9月中間
社債の消却益計上　経常増益を確保

　長谷工コーポレーションは4日，99年9月中間期の経常利益が前年同期比14％増の35億円に拡大したと発表した。従来予想は3億円。支援銀行からの低利融資を原資に既発の普通社債を買い入れ消却した結果，買い入れ消却約20億円を営業外収益に計上したのが主因だ。

　中間期の売上高は956億円と前年同期比30％減少した。含み損を抱えた不動産の処分や関係会社支援損など470億円の特別損失が発生したものの，6月末に受けた銀行からの債務免除益441億円で穴埋めし，最終損益も30億円の黒字（前年同期は39億円の赤字）を確保した。

　支援銀行との合意に基づき今期末には1,468億円の債務免除を受ける見通し。債務免除益との見合いで不良資産の処分と借入金圧縮も進めており，期初に1兆300億円あった単独の有利子負債を今期末には7,500億円程度まで減らす考えだ。

　　　　　（日本経済新聞　1999年11月5日）

　企業が資金を調達する方法はさまざまです。株式会社であれば株式を発行することが基本です。負債として資金を調達する方法としては，金融機関や他の企業からの借入金があります。社債は一種の借入金ですが，借用証書の代わりに社債券という有価証券を発行します。企業の借入金は金融機関から借り入れるのがふつうです。金融機関が一般の人から預金という形で集めた資金を借りることから間接金融といいます。これに対して社債は，一般の投資家から直接借りることから直接金融といいます。なお，直接金融には株式を発行して資金を調達することも含まれます。日本の企業の資金調達は，間接金融から直接金融へと移行してきています。それだけに，銀行などの金融機関に対して説明するだけでなく，一般の投資家や機関投資家といわれる人々に対しても説明することが必要になっているわけです。

　社債は借入金の一種ですが，その借入金とはまた異なった評価の問題があります。第5章でも説明しましたが，負債の多くは法律上の債務であり，債務の額は契約によって定まっているのがふつうです。このことから，この後で説明する引当金に金額の見積もりの問題があること以外は，負債の評価は資産の評価のようには問題にされてはきませんでした。

　負債の評価基準としては，契約による債務額のほかに，現金受入額や時価などを考えることができます。

　負債の多くを占める債務は，その債務額を計上します。ただし社債について

は，その発行時においては現金受入額で計上します。たとえば，券面額100万円の社債を発行しても，債務額を表す100万円ではなく，実際の発行価額が98万円だとすれば，この金額で計上するのです。

　第9章でも述べましたが，社債は割引発行がふつうです。たとえば，上記の社債を100円につき98円で発行したとすれば，100万円の社債でありながら98万円の現金を得ただけです。まるで，98万円の借金をして100万円の借用証書を書いたようなものです。

　負債の評価基準としての現金受入額は，こうした実際の受入額を負債の評価額とするものです。したがって，この場合は社債の評価額は98万円となります。資産として社債を購入する場合，100万円の社債であっても，98万円で購入したとなれば，その取得原価である98万円として評価しました。現金受入額は，資産の原価基準に対応する負債の評価基準であるといえます。なお，第9章で償却原価法について説明しました。それは，上記の例でいえば，100万円と98万円の差額が社債の表面利率を調整するためのものならば，その差額を取得原価に加算するという方法でした。社債を発行する立場では，これとは逆に，現金受入額の98万円にその差額を少しずつ加算します。修正現金受入額とでもいえるでしょう。これも償却原価法です。現行の会計基準は，原則として，社債の評価基準に償却原価法を採用しています。

　社債が証券市場で売買されているような場合，その市場価格を得ることができます。こうした市場価格を社債の評価に使えば，負債の時価基準といえます。もし市場価格が100円につき80円になっているとすれば，負債としての社債を80万円で評価することになります。こうした社債の市場価格の下落は，発行企業の財政状態が悪化したり，市場利子率が上昇したときに生じます。

　ケース10－1の長谷工コーポレーションは他の多くの建設会社と同様に，バブル経済の崩壊後，業績が急激に悪化しました。記事にもあるように，銀行から多額の債務免除を受けています。そうした企業では，倒産によって社債が返済されないというおそれから，社債の市場価格が大きく下落してしまいます。社債は満期日には券面額で返済されるはずですから，その市場価格が券面額よりも大幅に下落することは通常では考えられません。資産として保有する社債であれば市場価格の下落は評価損の発生となります。しかし，負債としての社

債では「評価益」となってしまいます。長谷工コーポレーションは，市場価格が下落している社債を証券市場で買い入れたので多額の「評価益」を社債償還益として実現させたのです。

このケースで興味深いのは，もし社債を時価評価すれば，多額の評価益が計上されるということです。つまり，倒産の危険がある企業では，社債に評価益が生じる可能性があるということです。逆に，業績が回復して倒産の可能性が減れば「評価損」が生じることになります。貸付金には「貸し倒れ」による損失が生じることがあります。負債を「借り倒し」するかもしれないから利益が生じるとなるのでしょうか。社債の市場価格の下落によって発行企業に評価益が生じるという変な事態になります。資産と同様に負債をも時価で評価しようとすれば，こうした変な事態が生じる可能性もあるのです。

新株予約権付社債

社債に新株予約権を付けることがあります。これを新株予約権付社債といいます。こうした特別な条件のない社債を普通社債といいます。

新株予約権とは，あらかじめ決められた価格で株式を購入することができる権利です。以前でもストック・オプション（自社株購入権）といって，取締役と従業員にこのような権利を与える場合がありました。この権利を得た取締役や従業員は，株価が値上がりすれば，その権利を行使して会社から株式を購入し，それを株式市場で売却することができます。それによって決められた価格と時価との差額が手に入ります。企業経営の成果として株価が上昇すれば，新株予約権をもつ人は給与外の臨時収入を得ることができるわけです。2001年の商法改正でストック・オプションは新株予約権に含められるようになり，取締役や従業員のほかに取引先や融資先，顧問弁護士，経営コンサルタントなど，企業に貢献する人にもこうした予約権を与えることができるようになりました。

こうした新株予約権を社債に付けたのが新株予約権付社債です。社債を購入してくれた人に対して，株価が値上がりしたときに利益が得られるように特典を与えたものといえます。

新株予約権付社債は，株価が順調に上昇すれば，新株予約権が行使されることになります。それに応じて会社は，新株式を発行する，あるいは所有してい

る自己株式を引き渡すことになります。自己株式については次章で説明します。新株予約権が行使されると，社外に出回る株式が増えることから，新株予約権付社債は潜在株式といわれることがあります。

3　引当金

「引当金」という言葉からは，何かの支出のためにとってあるお金というようにイメージされるかもしれません。しかし，財務諸表では「現金」以外は「金」は金額という意味です。この引当金も「引き当て額」といった意味になります。次章でも「積立金」や「準備金」という言葉がでてきます。これも同じように，「積み立てている額」や「準備している額」ということで，積み立てられた現金や預金があるわけではありません。まぎらわしい言葉ですが，誤解のないようにしてください。

ケース1−1のホンダの貸借対照表では，引当金としては貸倒引当金が資産の側にでています。△印はマイナスを意味しています。つまり，他の資産の金額から差し引くということです。もう少し詳しい貸借対照表ですと，負債の部にも引当金が出てくるはずです。貸倒引当金にしても負債の部にでてくる引当金にしても，そこに示された金額が現金あるいは預金といった形で貯められているわけではありません。では，その引当金について説明します。

引当金とは

最初に，引当金のおおまかな説明から入ります。

第8章では，費用収益対応の原則から，すでに支出された費用が将来の収益と対応させるため繰延資産として計上されることを説明しました。繰延資産の場合は，費用の支出が先で収益の発生が後でした。これとは逆に，収益が先に発生しており，費用の支出が後になることも考えられます。これが引当金のケースです。図表10−1はこの論理を図にしたものです。図表8−1と似ていますが，支出の時点が収益より後である点に大きな違いがあります。

退職金を例にして図表10−1を説明しましょう。退職金は，現在では，給料の後払いと考えられます。給料の後払いとは，従業員が提供した労働に対する

図表 10 − 1

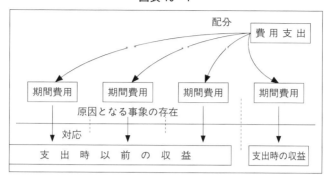

対価の一部を退職時に支払うということです。したがって，労働を提供してもらった期間の収益に対して給料の未払分である退職金を費用として対応させる必要があります。このように，実際の支払いが後になる場合であっても，費用の計上をその原因となる事象の発生時点で行うというのが引当金の論理です。なお，退職金の会計処理については次節で説明します。

引当金の設定要件

引当金を企業会計原則に従ってさらに検討しましょう。説明の便宜上，文中に数字を挿入しています。

企業会計原則注解：注18

①将来の特定の費用又は損失であつて，②その発生が当期以前の事象に起因し，③発生の可能性が高く，かつ，④その金額を合理的に見積ることができる場合には，⑤当期の負担に属する金額を当期の費用又は損失として引当金に繰入れ，⑥当該引当金の残高を貸借対照表の負債の部又は資産の部に記載するものとする。

⑦製品保証引当金，売上割戻引当金，返品調整引当金，賞与引当金，工事補償引当金，退職給与引当金，修繕引当金，特別修繕引当金，債務保証損失引当金，損害補償損失引当金，貸倒引当金等がこれに該当する。

⑧発生の可能性の低い偶発事象に係る費用又は損失については，引当金を計上することはできない。

---

①の文章は，将来において支出もしくは資産の減少が見込まれるような費用または損失の項目があって，その項目が具体的に特定されるものであることを示しています。費用あるいは損失の項目が，退職金の支払いであるというように明確に特定されているという条件です。費用と損失の区別については第12章で説明します。

②では，こうした費用または損失を発生させる原因が当期もしくはそれ以前の事象にあるということです。これは，費用については費用収益対応の原則を意味していると理解できます。損失については支出の原因となるような事象が当期以前に生じていることです。

③は，支出あるいは資産の減少が生じる可能性が高いことを示しています。しかし，「発生の可能性が高い」はあいまいな表現です。降水確率で90％となれば雨の降る可能性は高いといえるでしょうが，50％となればどうでしょうか。高いか低いかは人によって判断が異なります。ともかく，発生の可能性が高いものでなければなりません。

発生の可能性の低い出来事を偶発事象といいますが，これについては引当金を設定してはいけないと規定しているのが，後の⑧の文章です。

④は，支払額あるいは資産の減少額が合理的に計算できることを意味しています。退職金であれば，企業が設けている退職金の規程に基づいて，勤続年数と退職時の給与などから計算することができます。

以上の①から④は引当金を設定する要件について述べたものです。この4つの要件を満たしたときだけ引当金が設定されることになります。

⑤の文章は，引当金が設定されるときに費用または損失としてその会計期間にどれだけの額を計上するかを示したものです。④で支払額などが見積もられるわけですから，そのうちどれだけ当期の費用または損失とするかを決めなければなりません。なんらかの合理的な基準に従って決めた額が「当期の負担に属する金額」となるわけです。

⑥は，引当金を貸借対照表のどこに表示するかを指示したものです。それによれば，貸借対照表の負債の部か資産の部に表示されることになります。引当金の多くは負債の部に計上されます。ホンダの貸借対照表で示されているように，貸倒引当金は資産の部に計上されます。△印が付いていますが，これは他

の資産の価額から差し引きする額であることを意味しています。資産がそれだけ低く評価されることになりますから，貸倒引当金は評価性引当金といわれます。なお，負債の部に計上される引当金は負債性引当金といわれます。

⑦の文章では各種の引当金があげられています。引当金はこれだけに限定されません。最後の「貸倒引当金等」の「等」の字が示すように，これらは引当金の例としてあげられているのです。この点では，繰延資産が5項目に限定されていることとは対照的です。

最初にも述べましたが，引当金それ自体は，そこで示されている額のお金が貯められているわけではありません。しかし，その額が費用あるいは損失として計上されるわけですから，それだけ利益が少なくなります。利益が少なければ配当金として社外へ流出する額が少なくなり，それだけ資金が社内に留保されると考えられます。引当金自体はお金の留保を意味しないまでも，配当金などへの支出を抑えるという働きがあるのです。

負債性引当金の多くは法律上の債務としての性格をもっていますが，債務でないものもあります。たとえば修繕引当金と特別修繕引当金です。修繕引当金は今期において修繕すべき事態が発生しているが，資金の都合などによって次期に修繕を行う場合に，その費用を見積もって計上するものです。特別修繕引当金は，船舶・溶鉱炉・石油タンクなど大規模な設備で数年ごとに定期的な大修繕を行う場合に設定される引当金です。こうした引当金は決算時点では誰かに対して支払義務があるというものではないので法律上の債務には該当しません。債務ではない負債の例であるといえます。

引当金を設定すると，その繰入額は費用として計上されます。しかし，法人税法では，返品調整引当金を除いては，原則として引当金繰入額を税務上の損金として認めません。つまり，引当金を設定しても，固定資産の有税償却のように，その繰入額は課税所得の減少とはならず，法人税等も減少しないのです。妥当な額の引当金の設定は企業会計においては適切な処理ですが，税収を図りたいという国の税務政策からは認めがたいというのでしょう。

4　退職給付債務

Case 10-2

　2000年の会計ビッグバンの一環として退職給付会計が導入され，年金の積み立て不足が問題となりました。それから10年余り経った後では，改めて年金の積み立て不足が問題となっています。

年金積み立て不足　負債計上
14年3月期から　新会計基準

　年金の積み立て不足を貸借対照表（バランスシート）に全額反映させる上場企業の新しい会計基準が，2014年3月期の連結決算から適用される見通しとなった。（中略）

　現在の会計基準では年金の積み立て不足は10年程度の期間で毎年分割して費用に計上し，総額は決算書外の注記による開示にとどめている。新基準では従来と同様の毎年の費用処理に加え積み立て不足を全額負債に即時に計上，一方で自己資本を減額し，貸借対照表に反映させる。（中略）

　日本基準の3月期決算上場企業1692社（金融，電力，新興除く）の積み立て不足（11年3月末）は総額5兆2863億円で，自己資本全体の3.8％に相当。全体としてみると影響は軽微だが，自己資本の2割を超える積み立て不足を抱える企業が42社あるなど企業によっては影響が大きい。

　新基準の適用は連結決算のみで，企業から「配当など利益処分への影響が大きい」と反発が強かった単独決算についての適用は見送る。

（日本経済新聞　2012年5月9日）

　同じ日の関連記事では，積み立て不足額が大きな企業として，富士通が3,895億円，NECが1,996億円，日産自動車が1,485億円と伝えています。富士通で負債が一気に3,895億円も増加すれば大変な事態です。

　退職給付とは，企業が退職後の従業員に対して支給する給付です。わが国では退職一時金（いわゆる退職金）と企業年金が該当します。この退職給付に関する会計処理の基本は，前節で説明した引当金の考えに基づいたものです。つまり，将来の退職給付のうち当期の負担に属する額を当期の費用として引当金に繰り入れるというものです。しかし，退職給付の制度と会計処理については複雑な問題がありますので，少し詳しくみていくことにします。

　退職給付には退職一時金と企業年金とがありますが，いずれも退職時あるいはそれ以後に支給される給付ということで退職給付あるいは年金として一括し

て扱われます。ですから，退職給付の会計を単に年金会計ということもあります。

　企業の従業員が加入する年金には，20歳以上の国民に共通の国民年金，民間企業の従業員が加入する厚生年金，そして企業独自の企業年金があります。これらのいずれかに加入するというのではありません。企業年金は，国民年金と厚生年金に上乗せして年金を支給する制度です。企業の退職給付として扱われるのは企業年金であり，これは企業が責任をもって管理・運用しなければならないものです。

退職給付の会計

　退職給付の会計の特異な点は，退職給付に関する資産と負債を扱う部門を企業とは独立した会計単位とすることです。つまり，退職給付を扱う子会社のような会計単位を設けるということです。

　この退職給付部門は，企業が拠出する負担金を受け入れ，退職給付を従業員に支払います。企業が負担金を拠出する時と，実際に退職給付を支払う時とは相当の期間があります。その間，この部門は企業が拠出した資金を運用することになります。これを年金資産といいます。この部門は，従業員に対して退職給付を支払う義務を負っており，これを退職給付債務あるいは年金債務といいます。つまり，この部門には資産として年金資産が，負債として退職給付債務（年金債務）があることになります。したがって，この部門の貸借対照表を作成すると，次の図表10-2のようになります。

図表 10 - 2

年 金 資 産	退職給付債務 （年金債務）
年 金 負 債	

　年金資産が退職給付債務よりも少ない場合，その差額を年金負債といいます。退職給付部門の債務超過額であり，この部分は企業が負担すべき債務となります。逆に年金資産が退職給付債務よりも多い場合，その差額を前払年金費用といいます。いわば資産超過額であり，企業が負担金を余分に支出していることを示すものといえます。

　年金負債は退職給付部門の赤字であるといえます。この赤字すなわち債務超過額は企業が負担しなければなりません。すなわち，退職給付債務ではなく，年金資産との差額である年金負債が企業にとっての純債務になります。企業本体の会計としては，この純債務を引当金として計上することが基本となります。この引当金を「退職給付引当金」といいます。前節の引当金の説明では「退職給与引当金」という言葉が出ていましたが，現在では使わなくなっています。

退職給付債務の計算

　退職給付は，退職金と年金の支払いというキャッシュ・フローです。この支払キャッシュ・フローは将来において生じるものですから，その見込額がそのままの現時点での債務額になるわけではありません。現時点での債務額は，その現在価値です。また，この退職給付債務は従業員が退職するまでの全期間に対応して生じる債務です。現時点で退職以前の従業員については，それまでの勤務期間に対応する分だけが債務として生じているといえます。したがって，退職給付債務は，将来予想される退職給付の現在価値のうち，現時点までの勤務期間に対応している分であるといえます。これを，具体的な数値例で説明しましょう。

　かりに従業員が１人であるとして，その従業員は10年間勤務しており，退職までさらに10年勤務するとします。この従業員の退職給付債務を計算するには，次の３つのステップを踏みます。

　第１のステップは，10年後の退職予定時を基点として，予想される退職給付の支払総額の現在価値を計算します。これを退職給付見込額といいます。退職金だけであれば，それがそのまま退職給付見込額になります。退職後の年金は，退職予定時点での現在価値に換算します。こうして計算された退職給付見込額が2,000万円であるとします。

　第2のステップは，この退職給付見込額2,000万円のうち，現時点までの勤務期間に対応している分を計算します。合計して20年間勤務する予定であり，すでに10年が経過しています。したがって，過去の勤務期間に対応する額は2,000万円の10／20で，1,000万円となります。この1,000万円は，現時点までに従業員に発生していると認められる退職給付見込額です。

　第3のステップは，この1,000万円は退職予定時点の金額ですから，現時点での現在価値を求めます。割引率を3％とすると，1,000万円は10年後の見込額ですから，その現在価値は約744万円（＝1,000万円／(1.03)[10]）になります。これが従業員の退職給付に関する現時点での債務額，すなわち退職給付債務です。

　企業に多数の従業員がいる場合も，原則として，1人ひとり退職給付債務を計算することになります。退職給付債務は，退職率，死亡率，昇給率など各種の要因によって左右されます。退職前に死亡する人もいれば，長生きする人もいます。こうした要因を考慮するためには，生命保険料の計算に用いられる数理と同じような年金数理を使って計算することになります。

退職給付引当金

　退職給付の会計では，退職給付債務の評価とともに年金資産の評価が重要です。年金資産は，企業（場合によっては従業員も）が拠出した資金であり，信託銀行や生命保険会社に運用を委託します。株式や債券などの金融商品で運用されるので，その時価は変動します。年金資産の評価は，売買目的有価証券と同じように，時価で評価します。したがって，運用次第で年金資産はその金額が増減します。運用成果が良ければ年金資産が増加し，それだけ年金負債は減少します。逆に，運用成果が悪ければ年金資産が減少し，年金負債は増加します。それだけ企業本体の貸借対照表に表示する退職給付引当金を増加させなければなりません。

　しかし，ケース10-2の記事で伝えられているように，2014年3月期の連結決算からは，割引率等の変更などによって生じる積み立て不足は即時に負債として計上しなければならなくなったのです。個別決算で同様に処理すると利益が急減したりして配当に影響するということから，個別決算への適用は見送ら

れています。個別決算と連結決算では異なる処理方法が適用されることになります。

　ケース10-2に述べておきましたが，2000年の会計ビッグバンの一環として退職給付会計が導入された時にも多額の積み立て不足が生じました。それは，それまで十分に認識されていなかった退職給付債務が退職給付会計の導入に伴ってその債務性が明らかにされたからです。

　退職給付の会計では，年金資産には時価が，退職給付債務には現在価値が使われます。個別企業の状況と経済一般の状況は異なりますが，一般的にいえば，景気の良いときは株式などが値上がりし，市場利子率は高くなります。したがって，年金資産は増加する傾向に，退職給付債務は高い割引率を使うので減少する傾向にあるといえます。つまり，景気が良いと年金負債は少なくなるということです。逆に，景気が悪いと年金負債は拡大するといえます。つまり，景気が悪いときには退職給付の会計は企業業績をさらに悪化させるように働くとみられます。このように会計処理が企業の業績の良し悪しを増幅させることを景気循環増幅効果といいます。時価会計など各種の会計基準は，この景気循環増幅効果をもたらしているといわれています。企業業績の振幅を拡大させるものであり，企業業績をみる場合にも，この点での注意が必要になっています。

　退職給付あるいはその会計が企業にとって困った問題となっているのは，以前の制度では，企業が従業員に対して一定額の年金を支払うことを保証しているからです。積み立て不足が生じれば企業が不足分を負担しなければなりません。このような，年金給付の支給額が確定している年金制度を確定給付型といいます。これに対して，企業の拠出する負担金を一定にして，その運用次第で年金給付の支給額を決める年金制度を確定拠出型といいます。確定拠出型の年金は，アメリカの税法である内国歳入法の第401条k項に規定されていることから「401k」とも称されています。アメリカでは確定給付型よりも多くなっているそうです。日本でも2001年に「日本版401k」といわれる確定拠出型の年金制度に関する法律が成立しました。これに全面的に変更する企業もあれば，部分的に導入する企業も出てくるとみられます。日本版401kを導入した背後には，退職給付会計の導入で巨額の負担に耐えきれなくなった産業界の利害があるようです。

5　資産除去債務

　第7章の有形固定資産に関連して残存価額が取り上げられました。現在では，クルマや電気製品を処分するためにお金がかかるなど，むしろマイナスの残存価額が必要です。たとえば原子力発電所は，その原子炉を除去するためには巨額のお金が必要です。こうした建築物を除去したり，工場の跡地の汚染物質を除去したりする費用を「資産除去費用」といいます。この資産除去費用を見積もり，貸借対照表上の負債として計上するものが資産除去債務です。

　実際に資産除去費用を支出するのは，建築物や汚染物質を除去する時です。したがって，資産除去債務として計上されるのは除去に必要な支出予定額ではなく，その現在価値です。そして，その現在価値と同じ金額を固定資産の購入に伴う付随費用であるかのように取得原価に算入します。

　これを数値例で説明しましょう。たとえば，市街地の道路沿いに土地を10年間の契約で借りて店舗を建て，10年後に除去するために1,000万円の除去費用が見込まれるとします。割引率を3％とすると，10年後の1,000万円の現在価値は約744万円（＝1,000万円／$(1.03)^{10}$）となります。この現在価値を資産除去債務として負債に計上するとともに，店舗の取得原価に算入します。これだけですと，資産と負債に744万円が両建てで計上されるだけです。資産除去費用が費用として計上されるのは，次のようになります。

　まず，資産の取得原価に算入された744万円は，店舗を耐用年数10年で定額法によって償却すれば，店舗の減価償却費の中に毎年74.4万円ずつ計上されます。資産除去費用が減価償却費の形で計上されるわけです。また，744万円の資産除去債務は10年後の支払時には1,000万円となるので，その利息相当分22.32万円（＝744万円×0.03）が初年度の利息費用として費用計上され，同じ額が資産除去債務に追加計上されます。このようにして，初年度の資産除去費用として計96.72万円が計上されることになるのです。最終的には，減価償却費として744万円と利息費用として256万円（＝1,000万円－744万円），合計して1,000万円が10年間にわたって資産除去費用として計上されます。利息相当分（256万円）が資産除去債務に追加計上されて，10年後には1,000万円になり

ます。

　資産除去債務の会計において最大の難問は，除去時の費用支出額の見積もりです。原子力発電所の税務上の耐用年数は40年ですが，その後の除去費用を合理的に見積もらなければなりません。ましてや，被災した福島第一原子力発電所の除去費用の見積もりは現時点で可能でしょうか。また，東京スカイツリーの耐用年数は何年か不明ですが，その除去費用を合理的に見積もることができるでしょうか。とはいえ，何らかの方法で見積もるしかありません。それを監査する側も大変なことです。

【復習問題】

(1)　次の文章が間違っているかどうかを指摘し，間違っている場合にはその理由を説明しなさい。

　ア．社債を割引発行した場合，発行時には，実際の現金受入額である割引額で社債を計上する。

　イ．潜在株式とは，誰が保有しているかが会社には分からない株式のことである。

　ウ．法人税法が認める限度額を超えて引当金を設定する「有税引当」では，限度額まで設定する場合に比べて法人税などが多くなるので不利である。

　エ．低い割引率を採用すると，退職給付債務は減少する。

　オ．資産除去債務の計算で高い割引率を使うとその現在価値は低くなる。その金額が当該資産の取得原価に加算され，減価償却費として計上されることになる。したがって，資産除去に関連して除去時点までに発生する費用の総額も少なくなる。

(2)　貸借対照表の右側（貸方）については2つの見方が考えられます。これについて述べなさい。

(3)　債務と負債の違いを，引当金を例にして説明しなさい。

(4)　国会などの議論の中で「貸倒引当金は現実にはまだ貸倒れになっていない債権に係るものであるから，それを設定して費用を計上しても損金として認めるべきでない」と論じられたことがあります。これについて意見を述べなさい。

第11章　純資産

1　純資産の部

　貸借対照表の貸方は，負債の部と純資産の部から構成されています。純資産の部は次の図表11－1のように示されます。

図表 11－1

純資産の部

```
Ⅰ　株主資本
　1　資本金
　2　資本剰余金
　　(1)　資本準備金
　　(2)　その他資本剰余金
　3　利益剰余金
　　(1)　利益準備金
　　(2)　その他利益剰余金
　　　　任意積立金
　　　　繰越利益剰余金
　4　自己株式
Ⅱ　評価・換算差額等
　1　その他有価証券評価差額金
　2　繰延ヘッジ損益
　3　土地再評価差額金
Ⅲ　新株予約権
　　　純資産合計
```

　この純資産の部の表示形式は個別の貸借対照表のものです。連結の貸借対照表においては「Ⅱ　評価・換算差額等」は「Ⅱ　その他の包括利益累計額」と

なり，また「Ⅲ　新株予約権」の次に「Ⅳ　非支配株主持分」という区分がきます。これについては第13章で取り上げます。

　このように名称が変わった理由としては，負債とも資本とも明確ではない項目（「中間区分」といわれたりします）が増えてきたという事情があります。そうした項目を収容するため「純資産の部」ができたというわけです。

　前期と今期の貸借対照表を比較すれば，資産の部と負債の部の各項目が会計期間中にどれだけ変動したかが分かります。純資産の部の各項目も同様です。しかし，純資産の部の各項目がどのような経緯で変動したのか，これを詳しく表示することが必要だということで，株主資本等変動計算書が作成されます。「株主資本等」という名前がついていますが，純資産の部のすべての項目にわたってその変動が表示されています。この株主資本等変動計算書については第14章で説明します。

　純資産の中身を検討すると，次の図表11-2のように示すことができます。

図表 11-2

資本金 資本剰余金　}……………払込資本	株主資本	広義の株主資本	純資産
利益剰余金………………留保利益			
自己株式……マイナスの株主資本			
評価・換算差額等……利益予備軍			
新株予約権………………仮の勘定			

株主資本

　株主資本は，単に「資本」といってもいいでしょう。株主が会社に対して事業活動の元手として資金を提供している部分を表しています。これは，前章の最初に述べたように，会社の資金の調達源泉を表すとみることも，また会社に対する最終的な請求権を表すものとみることもできます。

　株主資本のなかでも，株主が会社に対して株式と交換に資金の払い込みを行った部分を払込資本といいます。この払込資本は，資本金と資本剰余金に大別されます。

　利益剰余金は，事業活動の成果として得られた利益が株主に分配されずに残

っている部分です。これは，会社内に留保されている利益ということで留保利益といわれます。留保利益であっても，その分だけ資金が会社内に再投資されたことを意味しており，事業活動の元手として使われます。

　払込資本と留保利益の違いを，競馬に投じた資金の例で説明しましょう。第1レースで10万円の資金で馬券を買い，12万円を得たとします。この12万円のうち10万円が払込資本であり，2万円が利益になります。次に12万円全額を第2レースに投入して15万円を得たとすれば，今回は3万円の利益となります。第1レースで得た利益2万円も第2レースでは元手として使ったわけです。払込資本は最初に注ぎ込んだ10万円のままです。残る5万円は留保利益です。払込資本と留保利益はこのように区別します。この時点では，留保利益も含めて元手として使える部分15万円が株主資本に該当します。

　払込資本である資本金と資本剰余金，それに留保利益である利益剰余金については，この後で詳しく説明します。また，自己株式が株主資本のマイナス項目としてありますが，これも後で説明します。

評価・換算差額等

　この評価・換算差額等の項目としては，図表11-1に示されているように，その他有価証券評価差額金，繰延ヘッジ損益，そして土地再評価差額金があります。なお，連結の貸借対照表では「その他の包括利益累計額」となり，為替換算調整勘定などが加わります。これについては第13章で説明します。

　これら評価・換算差額等は，利益予備軍（マイナスの場合は損失予備軍）といえるものです。したがって，留保利益に準じたものとみれば，これも広い意味で「株主資本」といえます。第4章で「自己資本」としたのは，この広義での株主資本のことです。

　評価差額金は，資産を時価で評価した場合に生じる差額です。その他有価証券の例で分かるように，当該資産を売却すれば，こうした評価差額は売却益あるいは売却損として損益計算書に計上されます。しかし，評価差額金は未実現の損益ですから損益計算書に計上せず，その代わりに純資産の部に直接記入したものです。つまり，評価差額金は資産の評価差額を純資産直入法によって処理した結果として生じたものです。いずれ売却したときには売却益（あるいは

売却損）として実現するとみられるところから，利益予備軍（あるいは損失予備軍）といえるのです。

　繰延ヘッジ損益は，リスクを回避する目的でデリバティブをヘッジ手段として使う場合に生じる損益です。このヘッジ手段に生じた損益は，リスクをもつヘッジ対象の損益と相殺するため，ヘッジ対象の損益が確定する期間にまで繰り延べられます。したがって，次期以降において損益として計上されるものですが，一時的に純資産の部に計上されているのです。

新株予約権

　新株予約権とは，第10章で説明しましたが，あらかじめ決められた価格で株式を購入することができる権利です。株式を交付する側の会社からすれば，株式を交付する義務を示すことになります。

　新株予約権は，役員や従業員などに対する報酬として使われるストック・オプションとして発行されたり，新株予約権付社債として社債と抱き合わせで発行されたりします。ストック・オプションの場合，その価値を見積もって新株予約権として計上します。その分だけ給料を払ったかのように扱います。また，新株予約権付社債の場合，社債部分と新株予約権部分を分離して新株予約権部分だけを新株予約権として計上します。

　いずれの場合でも，あらかじめ決められた価格を株価が超えて権利を行使されたときには，新株予約権の金額は払込資本に組み入れられます。しかし，行使されなかったときには，新株予約権の金額は利益に振り替えられます。このように新株予約権という項目は，払込資本になるか利益になるかは現時点では不明なのです。正体がはっきりするまで暫定的に設けている仮勘定といえます。こうした曖昧な性格があるため，純資産の部においては株主資本や評価・換算差額等とは区別して表示されているのです。

2　資本金と資本剰余金

Case 11-1

　野村不動産ホールディングス株式会社は，2006年10月に東京証券取引所に株式を上場しました。その直前に，大量の新株を一般募集で発行したのです。以下がその概要です。同社が発行した「新株式発行並びに株式売出届出目論見書」などによるものです。

　同社の子会社には，「プラウド」というブランド名のマンションを分譲している野村不動産株式会社や，フィットネスクラブのメガロスなどがあります。同社はまた，野村證券株式会社の関連会社である野村土地建物株式会社の子会社となっています。野村證券グループの一員といえます。

　　新株発行の概要
　　1．募集株式数：3,600万株
　　2．発行価額：1株当たり2,720円，総額979億2,000万円
　　3．引受価額：1株当たり3,332円，総額1,199億5,200万円
　　4．発行価格：1株当たり3,500円，総額1,260億円
　　5．資本金組入額：総額599億7,600万円

　なお，一般募集といっても，新株は野村證券など証券会社10社が引き受け，そして株主へと売却されます。株主に対する売却価格が発行価格です。証券会社が発行会社に対して払い込む金額が引受価額です。そして，引受価額と発行価格との差額（1株当たり168円，総額60億4,800万円）は，この新株を引き受ける証券会社の手取金，つまり手数料となります。

株式とは

　株式会社の特徴は，株式という証券を発行して資金を調達することにあります。ケース11-1は，野村不動産ホールディングスの新株式の発行に関するものです。この株式を購入した株主は自分が出資したお金の範囲内で責任を負います。個人企業の経営者であれば，無限に責任を負います。経営がうまくいかなければ，その経営者は個人財産をも提供して債権者に弁済しなければなりま

せん。しかし，株式会社の場合，会社が払いきれないほどの債務をかかえて倒産しても，株主は出資したお金を失うかもしれませんが，株主個人のお金で弁済する必要はありません。これを有限責任といいます。有限責任だから株主は安心して会社に出資できるわけです。

　株式は長い間，額面株式が主体となってきました。これは株式の券面に金額（券面額もしくは額面額といいます）が記載されているものです。これに対して，券面額が記載されていない株式を無額面株式とよんでいます。2001年の商法改正では，額面株式と無額面株式の区別を廃止しました。実質的には，無額面株式だけになったのです。株式に券面額があってもなくても，株式としての権利・義務に変わりはありません。こうしたことから無額面株式に統一したといえます。

資本金と資本準備金

　払込資本は大きくは資本金と資本剰余金に分けられ，資本剰余金はさらに資本準備金とその他資本剰余金とに分けられます。株主が会社に対して払い込んだ資金それ自体にこのような色がついているわけではありません。払込資本をどのように分けるかは会社法によって規制され，その規制の範囲内で取締役会や株主総会で決めることになります。

　大ざっぱにいえば，株式を発行して株主から得た資金が，会社法の規定に従って，資本金と資本準備金に分けられます。こうして決まった資本金あるいは資本準備金が一定の手続きを経て取り崩されたものが，その他資本剰余金になるのです。

　資本金と資本準備金の違いを説明することはむずかしいものです。会社法の条文でもその意義が書いてあるわけではありません。株主が払い込んだ資金のうち基本的な部分だと会社が宣言した部分が資本金であり，それに準じた部分が資本準備金である，と理解するしかないでしょう。ただし，資本金も資本準備金も抽象的な数値であり，会社法では「計数」（計算して得られた数値といった意味）と表現されているものです。したがって，現金や商品といった資産とは異なり，具体的にイメージすることはできません。

　資本金と資本準備金を取り崩すための「一定の手続き」とは，株主総会の決

議と債権者保護手続きです。債権者保護手続きとは，資本金や資本準備金を減少させる旨の公告を新聞紙上で行うことによって債権者の同意を得ることが内容となっています。なお，欠損を塡補するために資本準備金を取り崩す場合は，株主総会の決議だけで行うことができ，債権者保護手続きを取る必要はありません。

　株主からの資金調達で最も分かりやすいのは，ケース11−1にあるように，新株の発行によって株主から資金を払い込んでもらう場合です。この払い込まれた資金がどのように資本金と資本準備金とに分けられるかは，この後すぐに説明します。この場合に生じる資本準備金を株式払込剰余金といいます。

　株式払込剰余金以外の資本準備金は，会社の組織再編によって生じるものです。会社の組織再編とは，合併，会社分割，株式交換，株式移転などです。株式払込剰余金以外の資本準備金は，株主から新たに資金の払い込みを受けるわけではなく，組織再編にともなって既存の払込資本を分類し直した結果として生じるものです。合併と株式移転については節を改めて説明しますが，それ以外の組織再編，そしてそれによって生じる資本準備金についての説明は省略します。

　「資本準備金」は会社法の用語ですが，これがそのまま貸借対照表の科目名としても使われます。資本準備金は一括して表示され，その内訳を示すことはしません。

株式払込剰余金

　会社が新株を発行して株主から資金の払い込みを受けたときには，その払い込まれた資金の額が資本金と資本準備金となります。会社法の規定では分かりにくい表現を使っていますが，このように理解すればいいでしょう。

　払い込まれた資金の総額（払込金額）を資本金とするのが原則です。ただし，その払込金額の2分の1を超えない額を資本金としないこともできます。したがって，払込金額のうち次の範囲内で資本金の額が決定されることになります。

　　　　最大限……払込金額の全額
　　　　最小限……払込金額の2分の1

188

このように規定された最大限と最小限の間で会社の取締役会は資本金にする額を決定しなければなりません。なお，資本金にすることを「資本金に組み入れる」と表現することがあります。払込金額のうち資本金に組み入れられなかった部分が資本準備金となります。この場合の資本準備金を株式払込剰余金といいます。

ケース11-1は，野村不動産ホールディングスが新株を公募で発行するというものでした。会社法に準拠した新株発行の例としては早いものです。

このケースでは，引受価額が払込金額に該当します。つまり，直接的には証券会社が新株を引き受けて，この引受価額に相当する資金を会社に払い込むからです。なお，「発行価額」というのは旧商法のときから使われている用語ですが，資本金等の計算には関係がありません。

このケースでは引受価額は1株当たりで3,332円でした。したがって，払込金額は1,199億5,200万円です。ですから，会社法の規定に従って処理すれば，資本金は最大限はこの金額であり，最小限は599億7,600万円となります。このケースでは最小限を取ったわけです。このケースに限らず，日本の企業の大半は，資本金に組み入れるのは最小限の金額とするのが通例です。

ところで，払込金額から新株の発行費用を控除すべきかどうか議論があります。繰延資産で取り上げたように，新株の発行費用は即時に費用計上するのが原則ですが，繰延資産として計上することも認められています。ところが国際会計基準やアメリカの会計基準では，新株の発行費用は払込金額から控除されます。それだけ払込資本の額が減少します。また，費用として計上されないわけですから，利益が多く計上される結果となります。いずれが正しい会計処理であるのかは，新株の発行費用を資本取引と損益取引のいずれとみるかにかかっています。欧米でも，新株の発行費用は社債の発行費用と同じく資金調達の費用であるから費用計上すべきだという見解もでているとのことです。

しかし，日本でも事実上，新株の発行費用が払込金額から控除されていることがあります。先のケースでも，引受価額に手数料分60億4,800万円を上乗せした発行価格で株主に売却しています。つまり，証券会社は発行会社から受け取るべき手数料を株主から受け取っているのです。こうした方法をスプレッド方式といいます。この方法では，新株の発行費用の大半を占めている証券会社

の手数料を発行会社は費用として計上しなくても済むことになります。

その他資本剰余金

　その他資本剰余金は，株主から払い込みを受けた資金のうち資本金もしくは資本準備金から外された部分です。したがって，払込資本であっても基本的ではないと判断された部分といえます。そうしたことから，株主に対して配当などの形で払い戻すことができるとされています。

　その他資本剰余金には，資本金を減少させた部分（減資差益といわれます），資本準備金を減少させた部分，自己株式処分差額などがあります。自己株式の処分や消却によってその他資本剰余金にマイナスが生じることがあります。自己株式の処分や消却については後で説明します。

　資本金は「会社の顔」といわれたりするほど対外的には重要なものです。以前であれば，そのような資本金を減少することは珍しいことでした。資本金を減少させることを「減資」といいます。現在では減資を行う企業はよくあります。減資と同時に資本準備金も一緒に減少させることが多いようです。日本経済新聞ではそうした減資の公告をよく見ることがあります。

　減資を行えば株式の数も減少すると思われるかもしれません。現在では，資本金の増減と株式の増減とは必ずしも結びつきません。先に述べたように，資本金を減少させて資本準備金やその他資本剰余金を増加させる場合があります。また，後で述べるように，資本剰余金や利益剰余金を減少させて資本金を増加させる場合もあります。こうしたケースでは，株式は増減しません。

　逆に，資本金を増減させることなく，株式数だけを増減させる場合もあります。株式分割といって，資本金は同じままでたとえば株式1株を2株に分割する，つまり全体の株式数を倍増させたりすることがあります。後で述べるように，自己株式を消却すると，資本金は同じままで株式数だけが減少します。ただし，この場合にはその他資本剰余金が減少します。

株主資本の計数の変動

　先に述べたように，株主と債権者の同意が得られれば，資本金を減少させて資本準備金やその他資本剰余金を増加させることができます。このように株主

資本の各項目の金額を別の項目に振り替えることを「計数の変動」といいます。会社法は，資本金等の数字は単なる計算の結果として得られた数値（計数）に過ぎないと考えているのか，計数の変動を以前に比べて簡単に認めるようになっています。資本金と資本準備金とその他資本剰余金の間だけでなく，利益剰余金から資本金への計数の変動も認めています。ということは，利益剰余金から資本金を経てその他資本剰余金にすることも可能になります。なお，資本金や資本剰余金から利益剰余金への計数の変動は認めていません。ただし，その他資本剰余金が期末にマイナスの場合は繰越利益剰余金と相殺します。

3　会社の再編

Case 11-2

バブル経済の崩壊後，金融業では再編の嵐が吹き荒れました。２ケタの数もあった都市銀行は３つのメガバンクに集約されました。また，売上高の減少が止まらないデパート業界でも再編が相次いでいます。世界的に見て同じ業種で数多くの企業が存在する自動車産業や電機産業も再編の嵐に曝されることになるでしょう。ここでは，電機産業におけるビクターとケンウッドの「合併」とその後を取り上げることによって会社の再編とその会計処理を見ていくことにします。

JVC ケンウッド
音楽ソフト事業　売却
「選択と集中」急務に

JVC・ケンウッド・ホールディングスが音楽ソフト事業子会社の株式を売却する検討に入った。日本ビクターとケンウッドが持ち株会社方式で2008年10月に経営統合してから１年。世界同時不況の影響で，10年３月期は200億円の連結最終赤字を見込む。業績立て直しへ一段と選択と集中が急務となっている。

持ち株会社傘下の日本ビクターの全額出資子会社，ビクターエンタテインメント（東京・港）株の過半を，ゲーム大手で音楽配信も手がけるコナミに

売却する方向だ。ただ売却額をめぐり交渉が難航する可能性もある。

背景には音楽ソフト市場の低迷がある。08年の国内の CD 生産額は2,912億円と10年前の半分。CD に代わり２ケタ成長を続けてきた音楽配信も減速している。ビクターエンタはサザンオールスターズやＳＭＡＰなど有力アーティストを抱えてはいるが，09年３月期は売上高297億円に対し34億円の最終赤字を計上した。３期連続の赤字となった。

一方，HOYA の「ペンタックス」ブ

ランドのデジタルカメラ事業を，JVC ケンウッドが買収する方向で交渉を進めているとの一部報道について同社幹部は，「（ビクターの）ビデオカメラ事業を強化するためにいろんな選択肢を考えている」と述べた。HOYA は「デジカメ事業を売却する事実はない」（鈴木洋・最高経営責任者）と JVC ケンウッドへの売却交渉を否定した。

（日本経済新聞　2009年11月5日）

　日本ではビクターといえば，多くの人が知っている会社あるいはブランド名です。しかし，海外では「JVC」という名で通っています。その英文社名「Victor Company of Japan, Limited」から取ったものです。ケンウッドは音響メーカーとしては名前が通っていた会社です。この両社が経営統合をしたのです。簡単に言えば「合併」ということですが，法的には合併ではありません。

　JVC・ケンウッド・ホールディングス株式会社のホームページでは，両社の経営統合による財務・会計面での効果として次のように述べられています。「今回の株式移転は企業結合会計基準における『取得』に該当し，パーチェス法を適用するため，JVC・ケンウッド・ホールディングスの連結貸借対照表において『負ののれん』が発生し，その償却にともなって営業外収益が増加する見込みです。これにより，当期純利益や ROE などが増加する見込みです」。

　会社の再編とは，大きく分けると，結合と分離とがあります。

　結合とは，2つ以上の会社あるいはその事業部門が一緒になることです。その代表的なものが会社の合併です。これは法的に2つ以上の会社が1つの会社になることです。JVC・ケンウッド・ホールディングスの例は，一般には合併と思われていますが，法的には日本ビクターとケンウッドという会社は存続しています。これは合併とは異なる結合の方法であり，記事にも「持ち株会社方式で2008年10月に経営統合」とあるように，共通の親会社として持株会社を設立する方式（これを「株式移転」といいます）で事実上一緒になったのです。

　分離では，特定の事業部門を会社として独立させる方法や，他の会社に譲渡してその一部門あるいは子会社とする方法などがあります。後者の方法では，その事業部門を譲渡される側の会社からすれば，その事業を結合することになります。

　このように会社の再編にはさまざまな形態がありますが，ここでは合併と株式移転について説明することにします。会社の再編における会計の問題は，再

192

編によって貸借対照表の金額がどのようになるかという点です。

合併とその会計処理

　合併は，2つ以上の会社が1つの会社になることです。法的には，1つの会社が存続して他の会社はその会社に吸収されるという吸収合併と，新会社を設立することによって既存の会社はそこに吸収されるという新設合併とがあります。いずれの形態を取るにせよ，こうした法的な分類と合併の会計処理とは直接的な関係はありません。

　2つ以上の会社が1つになるわけですから，合併時点での複数の貸借対照表を項目別に合計して1枚の貸借対照表にすればいいとも考えられます。こうした考え方に基づいた会計処理を「持分プーリング法（pooling of interests method）」といいます。「持分」は「株主資本」と同じ意味で使われることが多いのですが，ここでは株主としての権益（interests）を共有する（pool）方法だと理解したほうがいいでしょう。

　持分プーリング法では，基本的には，合併する会社の資産・負債・純資産の各項目とその金額をそのまま引き継ぐ方法です。吸収合併であれ新設合併であれ，存続あるいは新設される会社（合併会社）に吸収される会社（被合併会社）の貸借対照表の各項目は株主資本の項目も含めて，原則として，その帳簿価額で合併会社に引き継がれるのです。

　これに対して，1つの会社が他の会社を購入あるいは取得するという考え方に基づいた会計処理を「パーチェス法（purchase method）」または「取得法（aquisition method）」といいます。「取得」とは，資産の「取得原価」の「取得」と同じ意味であり，資産を取得（購入）するように他の会社を購入することを意味しています。他の会社あるいはその事業部門をお金で取得することもありますが，これは合併にはなりません。合併の場合は，取得する側の会社（取得企業）の株式をお金の代わりに取得される側の会社（被取得企業）の株主に交付することになります。交付された株式の時価評価額だけ取得企業の株主資本が増加します。ただし，資本金や資本準備金など株主資本の各項目がどれだけ増加するかは合併契約時に決められます。なお，取得企業の資産や負債，それに株主資本の各項目の金額は，原則として，その帳簿価額で引き継がれま

す。

　パーチェス法では，被取得企業の資産と負債は時価で評価し直されます。取得企業にとって意味のある金額は，被取得企業の各資産・負債の帳簿価額ではなく，その時価だからです。このように時価で評価し直した純資産額よりも交付した株式の時価評価額が多ければ，のれんが生じます。逆に純資産額よりも株式の時価評価額が少なければ，負ののれんが生じることになります。被取得企業の資産と負債を安く買ったということになります。

　現在の会計基準では，持分プーリング法は認められず，パーチェス法だけが採用されています。したがって，2つ以上の会社が合併した場合，どの会社が取得企業であり，どの会社が被取得企業であるかをはっきりさせなければなりません。

株式交換とその会計処理

　株式交換とは，既存のある会社が他の会社の100％子会社となるため，その株式を他の会社の株式と交換することです。合併と異なり，2つの会社は存続しますが，既存の会社が他の会社の完全子会社になるので，親会社になる会社からすれば他の会社を取得したと同じ効果が得られます。

　株式交換の特殊な例として株式移転があります。これは，既存の会社が新しい会社を設立し，既存の会社の株式と新会社の株式とを交換するという方法です。既存の会社の株主は新会社の株主に変わり，既存の会社は新会社の100％子会社となります。新会社は基本的にはその子会社の株式だけを所有する会社，すなわち持株会社（holding company）になります。なお，既存の会社は1社の場合もあれば，2社以上の場合もあります。

　JVC・ケンウッド・ホールディングスは，ビクターとケンウッドの2社で作り上げた持株会社であり，両社はこの持株会社の100％子会社になっています。会社名にある「ホールディングス（holdings）」とは持株会社を意味しており，持株会社として設立された会社名によく見られるようになっています。こうした持株会社方式による企業結合は，合併に比べて時間をかけて経営統合していく場合によく使われます。

　JVC・ケンウッド・ホールディングスの場合，2009年3月期では，資産総額

は1,344億円であり，そのうち関係会社株式の金額は1,336億円となっています。関係会社といっても子会社のビクター株974億円とケンウッド株359億円がその大半を占めています。まさにビクターとケンウッドの両社の株式を持つために設立された会社です。

　持株会社方式による企業結合であっても，合併と同様に，パーチェス法を採用して取得企業と被取得企業とを明確にしなければなりません。JVC・ケンウッド・ホールディングスのケースでは，ケンウッドが取得企業となり，ビクターが被取得企業となりました。直近の決算では，ケンウッドの売上高1,652億円と総資産1,260億円に対してビクターの売上高6,584億円と総資産3,150億円であり，まさに小が大を飲み込んだといえる経営統合です。ビデオデッキで一世を風靡したビクターでしたが，業績不振により，松下電器（現パナソニック）の子会社から離れ，ケンウッドに買収されたのです。

　持株会社における子会社株式の評価は，買収企業であるケンウッドの場合では統合前の帳簿価額による純資産額を引き継ぎます。これに対して，被買収企業のビクターの株式は買収価額（上記の974億円で，ケンウッドの株価に基づく評価額）によって評価されます。合併におけるパーチェス法を適用したのと同様の処理です。なお，株主資本の中身は契約時に決定されます。JVC・ケンウッド・ホールディングスの場合，資本金100億円，資本準備金100億円，その他資本剰余金1,121億円となりました。

　JVC・ケンウッド・ホールディングスの連結決算では，時価で評価したビクターの純資産額よりもケンウッドの株価による買収価額が低かったということで負ののれんが生じました。その額は32億円余りで，これを2年間で償却することになりました。先のホームページの記載にあるように，連結決算においてこの償却額が営業外収益として計上されることになり，これによって利益が押し上げられる結果となったのです。なお，会計基準の改定により，現在では負ののれんは一括して利益に計上するようになっています。

　ビクターとケンウッドが共同で所有している会社としてJ＆Kテクノロジーズ株式会社があります。ビクターの子会社で，ケンウッドの関連会社です。この会社は，ビクターとケンウッドの両社から分離されたカーエレクトロニクス事業部門とその関連子会社を吸収しています。両社の経営統合の1つの結果で

す。ケース11-2の記事にもあるように，JVC・ケンウッド・ホールディングスは音楽ソフト事業を他の会社に売却しようとしており，また，他社からデジカメ事業を買収しようとしています。バブル経済期では経営の多角化が盛んでしたが，現在では主力事業に集中するようになり，それに関連する事業を他の会社から買収したり，逆に，相乗効果が見込めない事業分野を他の会社に譲渡したりしています。「選択と集中」という言葉がそれを表しています。それにともなって会社が再編されるわけです。これまでにも同社はその事業部門を他社に譲渡したりして再編してきました。いずれビクターとケンウッドも改めて再編されるものと思われます。

4　自己株式

　自己株式とは，普通株式や優先株式といった株式の種類ではありません。会社が株主から買い入れて保有している自社の株式のことです。自社株式あるいは自社株ともいったりします。株式市場から購入することもあれば，株主から直接購入することもあります。

　自己株式は，それを取得するにはかなりの額の資金が必要です。自己株式を保有することが原則として自由になったのは，2001年の商法改正からです。それは，日本の企業が成熟して外部の資金に頼らなくて済むだけでなく，十分な余裕資金を保有するようになったからです。

　企業が自己株式を取得する目的はさまざまです。余裕資金を投下するほどの有望な事業が見つからなければ余っている資金を株主に返却するというのが株式会社の基本であり，それを実行している企業もあるでしょう。流通している株式数を減らすことによって株価の上昇をねらうこともあります。株式を買い占められて会社が乗っ取られることを防ぐために行うこともあるでしょう。また，新株予約権の行使に備えるためということもあります。

　企業が自己株式を保有している場合，図表11-1が示すように，純資産の部における株主資本の区分に記載します。そして，株主資本から控除される項目であることを示すため，その取得原価を表す金額の前にマイナスを示す三角印（△）がつきます。株式それ自体は有価証券ですが，自己株式は企業にとって

はマイナスの株主資本ですから，そのように表示するわけです。このことは，自己株式の取得が株主に株主資本を払い戻したと同じ効果をもつことを意味しています。

　自己株式の取得には限度があります。それは分配可能額を超えないというものです。分配可能額については後で説明します。このように限度が設定されているのは，自己株式の取得が払込資本だけでなく留保利益をも含めて余った資金を株主に払い戻すものであり，株主への配当と同じようなものだと考えられているからです。

　自己株式はそのまま保有することもできますが，処分したり消却したりすることもできます。処分とは，自己株式をあらためて売却することです。これは新株の発行と同じ効果をもちます。自己株式の取得原価と処分価額とに差異があれば，自己株式処分差益もしくは自己株式処分差損が生じます。自己株式処分差益は，新株発行による資本金もしくは株式払込剰余金と同じように株主からの払込資本ですが，その他資本剰余金として計上されます。自己株式処分差損はその他資本剰余金から控除します。

　自己株式の消却とは当該株式を失効させること，つまり株式でなくしてしまうことです。これによって名実ともに株主に株主資本を払い戻したことになります。なお，消却した自己株式の取得原価の扱いは自己株式処分差損と同様であり，その他資本剰余金から控除することになっています。株主資本を払い戻したといっても，資本金と資本準備金は減少しないことになります。

5　利益剰余金

　利益剰余金は，過去の利益を内部に留保したものです。損益計算書によって算出された利益の累積額です。利益は株主に対する配当という形で会社の外部に流出する部分もありますが，会社に残る部分もあるということです。この留保利益は，払込資本と同じように，以後の企業活動の元手として使われることになります。

　利益剰余金は純資産の部においては次のように分類されます。

利益剰余金┤利益準備金……会社法によって強制される積立金

その他利益剰余金┤任意積立金……利益準備金以外の積立金

繰越利益剰余金……積立金以外の利益剰余金

　損益計算書によって算出された当期純利益は，繰越利益剰余金に算入されます。この繰越利益剰余金の一部が名前を変えて利益準備金と任意積立金という形で会社内部に留保されます。なお，準備金や積立金といっても，資本金や資本準備金と同じように計算上の数値であって，現金や預金といった形で留保しているものではないことに注意してください。利益準備金と任意積立金についてはあらためて説明します。

　利益剰余金の各項目は，会計期間中においても変動します。たとえば，繰越利益剰余金は，前期から繰り越された残高に対して，当期の純利益もしくは純損失，株主への配当，利益準備金および任意積立金の積立額もしくは取崩額などが加減されて期末の残高となります。なお，当期純損失を計上したりして結果として繰越利益剰余金がマイナスになった場合には，マイナス残高として表示されます。こうした期中の変動を示すのが株主資本等変動計算書です。

　利益に40%弱の法人税等の税金が課され，残る純利益から配当が支払われます。それゆえ，利益を会社に留保するのも簡単ではありません。払込資本に比べて利益剰余金が多ければ，それだけ企業は過去において利益をあげてきたということ，つまり収益力があったことを示しています。また，利益が累積することによって株主資本が増加し，自己資本比率が向上します。優良企業の自己資本比率が高いのは，通常，過去の収益力が高かったことによるものです。過去の収益力は将来の収益力を保証するものではありません。それでも経営分析においては，利益剰余金の多さは収益性と安全性を示すものとして重要な項目となっています。

利益準備金

　利益準備金は，純資産の部では利益剰余金の最初に表示されます。これは，利益から積み立てることを会社法が強制している積立金です。払込資本から積み立てることを強制している資本準備金と同様の準備金です。

　会社法は，その他利益剰余金を財源として配当を行うときは，その配当額の10分の1を利益準備金として積み立てることを要求しています。ただし，配当時における利益準備金の積み立ては，資本準備金と併せて資本金の4分の1に達するまでとなっています。したがって，資本準備金だけで資本金の4分の1に達していれば，利益準備金を積み立てる必要はありません。

　以前は，利益準備金だけで資本金の4分の1まで積み立てることが要求されていました。しかも，その使途は，利益準備金の他に利益剰余金がないほどに欠損金があって，それを填補する場合に限定されていました。したがって，ケース1-1のホンダでは資本金860億円に対して資本準備金と利益準備金の合計額は1,918億円にも上っているなど，資本金よりも準備金が多い会社も多くなっています。

　会社法が資本準備金や利益準備金の積み立てを要求しているのは，会社の財政的な基盤を強固にして，債権者を保護することにあります。しかし，先に説明したように，現在では資本金と資本準備金とその他資本剰余金との間の計数の変動を行うことができます。また，利益準備金とその他利益剰余金との間でも計数の変動を行うことができます。極端にいえば，後で述べるような制約はあるものの，資本金と資本準備金からその他資本剰余金へ，また利益準備金からその他利益剰余金へと計数の変動を行うことによって，株主資本の大半を配当の財源とすることも可能になっているのです。

任意積立金

　任意積立金は，法律によって積み立てが強制されないという意味で任意の積立金であり，したがって利益準備金以外の積立金です。これは，会社の定款，社債発行時の契約，株主総会の決議などに従って積み立てるものです。

　任意積立金は，配当準備積立金のように，目的もしくは使途が明確にされているものがあります。配当準備積立金は，将来において利益が少なくなったときにも配当が行えるように積み立てるものです。ほかに，役員退職積立金や事業拡張積立金というように，さまざまな名目の積立金があります。

　このような目的をもった積立金は，その目的が実現したり，その使途に使われたりすると取り崩されます。配当準備積立金は配当を決議するときに取り崩

され，配当金に振り向けられます。事業拡張積立金は，たとえば工場の新設といった目的が実現されたときに取り崩されて繰越利益剰余金に算入されます。また，こうした目的をもった積立金は，株主総会の決議によって取り崩して繰越利益剰余金とすることもできます。

　目的や使途の定まっていない積立金を別途積立金といいます。目的をもった積立金とは「別の途」に使うということです。積立金を設けるためには必ずしも目的や使途を決める必要はありません。目的や使途を無理に特定しようとすると，こじつけになってしまいかねません。そうしたせいか，多くの企業で別途積立金の額が大きくなる傾向にあります。別途積立金はどんな目的あるいは使途にも使えるわけですが，それを取り崩して使うには株主総会の決議が必要です。

　任意積立金の中には「租税特別措置法上の準備金」といわれるものがあります。ホンダでは特別償却積立金と圧縮記帳積立金があります。任意積立金の中で「準備金」の名称が付いているものはこの租税特別措置法上の準備金であるといっていいでしょう。ホンダのように「準備金」ではなく「積立金」を使っている企業もあります。企業によって言葉の好みが違うとしかいいようがありません。

　租税特別措置法上の準備金も任意積立金ですが，これを設けることによって課税所得が軽減されるという税務上の恩典があります。詳しくは説明しませんが，こうした税務上の恩典があるため，租税特別措置法で認められている項目があるものについてはこうした準備金を設けるのがふつうです。別途積立金以外の積立金としては，むしろこうした準備金を計上している企業が多くなっています。

6　剰余金の配当

　旧商法は長い間，配当は会社が儲けた利益から行うという考えを取っていました。利益がないのに配当をするのは，払込資本から配当を行うことです。つまり，株主が出したお金の一部分を儲けがあったかのように分配するということです。これを以前は「たこ配当」とよんでいました。たこが空腹時に自分の

足を食べてしまうという話（俗説です）からです。以前は，「たこ配当」は法律違反であり，犯罪でもあったのです。しかし現在では，先に述べたように，払込資本からの配当も認めるようになっています。

　会社法は，留保利益からの配当だけでなく，払込資本からの配当も含めて「剰余金の配当」と称しています。また，自己株式の有償による取得も株主に対する金銭等の分配である点では剰余金の配当と本質的には同じであると考え，「剰余金の配当等」という言葉でその財源規制を統一して行っています。つまり，配当も自己株式の有償取得も，株主に対する剰余金の払い戻しであることで共通していると考えられているのです。

剰余金の意味

　剰余金には「余分な，余っているお金」といったニュアンスがあります。しかし，会計理論では伝統的に，「ある一定の金額を超えている額」といった意味で理解しています。そして，この「一定の金額」を資本金としており，その資本金の額を株主資本の額が超えている部分を剰余金としています。したがって，株主資本は資本金と剰余金に大別されることになります。そして剰余金は，その源泉によって資本剰余金と利益剰余金とに区別されるのです。純資産の部における株主資本の表示は，会計理論の伝統に従ったものです。

　これに対して会社法は，旧商法の伝統的な考えに従って，「一定の額」を「会社に拘束しておくべき金額」とみています。そこから剰余金は「会社に拘束しておかなくてもいい金額」となり，したがって配当も可能だとなります。旧商法でも以前は，配当は利益から行うということで，剰余金＝配当可能利益という関係が成立していました。つまり，利益剰余金のうち，債権者保護の観点から積み立てられた利益準備金を除いた部分を「剰余金」としていました。現在の「その他利益剰余金」に該当します。

　ところが，旧商法の末期になって，バブル経済崩壊後の大手銀行を救済するため，払込資本の一部を財源として配当することを認めたのです。大手銀行は膨大な不良債権の償却によって留保利益がなくなり，利益からの配当ができなくなっていたのです。配当の財源として認められた払込資本の一部とは，現在の「その他資本剰余金」です。会社法もこれを引き継いでおり，その他資本剰

余金とその他利益剰余金を「剰余金」としています。これを「会社法上の剰余金」といいます。

　会社法は，その会計規則としては純資産の部の表示方法を認めています。すなわち，貸借対照表の表示としては剰余金を資本準備金と利益準備金をも含むものとしています。これは，株主資本で資本金以外のものを「剰余金」とする会計理論に従った用法です。しかし他方では，「会社法上の剰余金」にはこれらの準備金は含まれません。こうした混乱はいずれ解消されるかもしれませんが，「剰余金」という言葉が出てくるときには注意が必要です。

分配可能額

　では，会社法上の剰余金があれば，それをすべて配当や自己株式の取得として株主に分配できるかというと，そうではありません。会社法は債権者保護の観点から，「分配可能額」という考え方で，さらに配当などを規制しているのです。

　「会社法上の剰余金」の算定も実際には細かい規定がありますが，分配可能額を算定する規定もさらに細かくなっています。ここでは詳しく述べることもできません。分配可能額は，会社法上の剰余金から各種の項目を増減して算定します。減算する項目の中には，のれんの額の2分の1と繰延資産の額が挙げられています。会社法では，のれんと繰延資産は財産価値があるとは必ずしも考えられていないからです。したがって，これらの項目によってかさ上げされた剰余金を分配するのは適切ではないというのでしょう。これは，債権者保護の観点からの規制と考えられます。

　これまで説明したように，会社から配当金を受け取っても，これが利益配当であるとは限りません。株主が払い込んだ資金が配当金として株主に戻ってくることがあるからです。実際，IT（情報技術）企業として有名な会社が，留保利益がないことから，その他資本剰余金から配当を行ったということがあります。利益がないなら配当できるお金もないだろうと思われるかもしれません。しかし，IT企業としての将来性を買って高株価を承知で資金を提供してくれる投資家がおり，利益がなくても現金はあるのです。投資家としては，配当があるから企業は儲かっていると考えるのではなく，株主が払い込んだ金銭の一

部が払い戻しされていることもあると思わなければなりません。こうしたことも含めて，投資家は自己責任で株式などの金融商品を売買しなければならないのです。

【復習問題】

(1) 次の文章が間違っているかどうかを指摘し，間違っている場合にはその理由を説明しなさい。

ア．純資産の部に「準備金」という名称の項目があれば，その額だけ現金なり預金なりが準備されている。

イ．合併におけるパーチェス法では，被取得企業の資産や負債だけでなく取得企業の資産や負債も時価で評価する。

ウ．資本金5,000万円，資本準備金1,000万円，利益準備金300万円がある会社は，その他利益剰余金から配当を行えば利益準備金を積み立てる必要がある。

エ．その他資本剰余金を財源として配当を行うことは，「たこ配当」になるので，会社法では禁止されている。

オ．自己株式を取得すると，その取得額だけ株主資本の金額が減少する。

(2) その他有価証券評価差額金は配当の財源とすることはできません。その理由を推測して論じなさい。

(3) ケース11-2で，もしビクターの買収価額が1,200億円であったとすると，JVC・ケンウッド・ホールディングスの連結財務諸表においてのれんの金額はどうなるか，また，その後の利益額にどのように影響するかを説明しなさい。

第12章　収益・費用・税金

　本章では，損益計算書に表示される項目である収益，費用，そして税金について説明します。しかし，各種の収益や費用についてはこれまでの各章でも説明しています。本章では，収益と費用を計上する基準について説明します。また，税効果会計についても説明することにします。

Case 12-1

　収益をどれだけ，また，どの時点で損益計算書に計上するかによって売上高と利益が大きく違ってきます。次の記事は，国際会計基準を採用すると，デパートの売上高が半減するのではないかというものです。売上高が半減するとは大変なことです。一体，どうなっているのでしょうか。

売り上げが変わる　国際会計基準の波紋 1
在庫リスクの有無で激変
百貨店，商習慣の見直しも

　企業規模の目安であり利益成長を左右する「売上高」は，経営者がこだわる重要な経営指標のひとつだ。国際会計基準（IFRS）が2015年にも日本で強制適用されれば，バラバラだった売り上げ計上ルールが整理される利点がある一方，企業の実務や投資判断が変わる可能性を指摘する声もある。売上高をめぐる議論とその影響を探った。

　1904年に誕生した日本初の百貨店，三越日本橋本店。恵比寿店や新宿アルタ，法人外商などの売り上げまでも合算し，長く「売上高日本一」の座を守ってきた。一番店であることが売れ筋商品の仕入れでも有利だ。その売上高が国際会計基準の適用で半減する可能性が出てきた。

　百貨店の仕入れ形態は自ら在庫リスクを負う「買い取り」と，負わない「消化仕入れ」に大別できる。消化仕入れとは，売れたときに初めて仕入れ代金を支払う取引手法だ。現在はどちらも商品の実売額を売上高に計上している。

　だが，国際基準では消化仕入れの主体的な販売者をメーカー・卸と判断。百貨店は代理人として手数料収入を得ているとみなされ，現在の粗利益に近い額を売上高に計上する。

　一般に百貨店の取扱高の約7割が消

化仕入れだ。日本橋本店も消化仕入れ の約2500億円から約1200億円に減る。
の割合が約7割。粗利益率がすべて同 （後略）
じだとすると，売上高は2009年3月期 　　　　　　（日本経済新聞　2009年12月1日）

　文中で，消化仕入を「売れたときに初めて仕入れ代金を支払う取引手法」
と述べていますが，正確ではありません。売れたときに初めて仕入を計上す
る方法です。あるいは，売れたものだけに代金を支払う方法ともいえます。
この方法では，売れるまで仕入れたことにはならないので，決算期末になっ
てデパートに残っている商品はデパートの在庫ではなく，メーカーあるいは
卸売業者の在庫となります。

　ケース1-3では，国際会計基準の強制適用は遅れることになったと述べ
られています。しかし，消化仕入の会計処理も含めて多くの収益認識に関し
て，国際会計基準とのコンバージェンスによって，これまでの会計慣行とは
異なる会計基準が設定されることになります。

1　損益計算の仕組み

　第5章で述べましたが，会計の重点が損益計算書から貸借対照表に移ってき
ています。資産と負債をすべて時価で評価し，期首と期末における純資産の差
額として利益が計算されるとすれば，完全に貸借対照表を中心とした会計にな
ったといえるでしょう。しかし，そのようになることは当分はないと思われま
す。依然として損益計算書による利益計算も重視されるはずです。

　損益計算書による損益計算の考え方は，ある期間の収益と費用から利益ある
いは損失を計算するというものです。この考えは，企業会計原則に次のように
表されています。

企業会計原則：損益計算書原則1
　損益計算書は，企業の経営成績を明らかにするため，一会計期間に属するすべ
ての収益とこれに対応するすべての費用とを記載して経常利益を表示し，これに
特別損益に属する項目を加減して当期純利益を表示しなければならない。

　「一会計期間に属するすべての収益とこれに対応するすべての費用」という
ことで，第5章で述べた費用収益対応の原則が表明されています。この費用収

益対応の原則が現行の損益計算書の考え方の中心となっています。この損益計算書原則１は，直接的には損益計算書の表示方法を述べているものです。しかし，第５章で説明したように，費用の計上基準として費用収益対応の原則が働いていなければ，表示だけ収益と費用を対応させても意味がありません。費用収益対応の原則が働くことによって，繰延資産や引当金の例でみたように，貸借対照表の項目にも影響が出てくるのです。これについてはまた後で説明します。

　費用収益対応の原則は，基本的には，ある確定された収益に対して費用を対応させるというものです。したがって，まず収益が確定されなければなりません。収益が確定され，次にそれに関わる費用が対応させられるのです。そこで，収益がどのように確定されるかを述べることにしましょう。

2　収益の認識

　損益計算書では最初に売上高（売上収益または営業収益）が表示されます。製造業や商業では商製品の売上高が，テーマパークなどのサービス業ではサービス（役務）の売上高が計上されます。売上高の後に売上総利益が表示されます。ところで，なぜ「売上」総利益というのでしょうか。こう尋ねると，変な質問をすると思われるかもしれません。利益というのは儲けであり，なんらかの価値が増加したことです。先の質問は，なぜ売上の時に利益が生じる，つまり価値が増加する，と考えるのかということです。図表12‒1をみてください。製造業の企業における事業活動について描いたものです。ホンダのようなクルマのメーカーと考えても結構でしょう。

　原材料の購入からはじまり，製造と販売をへて代金の回収にいたっています。他社よりも優れた製品を作るために研究開発は欠かせませんし，作られた製品の宣伝などのマーケティング活動も行われます。製品を作って売るにはこうしたさまざまな事業活動が必要です。特に原材料から製品が作られたときに，なんらかの価値を作りだした，つまり利益があったとみていいのではないでしょうか。また，他社よりも原材料を安く仕入れることができれば，そこでも利益があったと考えられないでしょうか。安く買えばそれだけ儲かったと考えても

206

図表 12 - 1

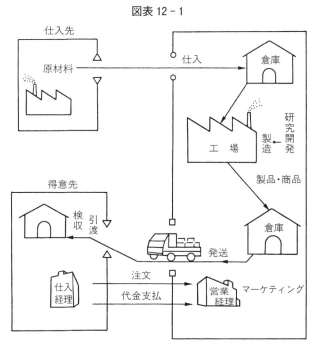

不思議ではありません。売上益だけではなく製造益や仕入益もありうるのではないか、ということです。実際、そのような主張をする研究者もいます。しかし現行の会計では、こうした利益も売上益に含めて計上するのです。なぜ「売上」益しか認めないのか、その理由をみることにしましょう。

発生基準と実現基準の採用

企業会計原則は、収益と費用の計上について次のように規定しています。番号は説明の便宜上付け加えたものです。

企業会計原則：損益計算書原則 1 A

すべての費用及び収益は、①その支出及び収入に基づいて計上し、②その発生した期間に正しく割当てられるように処理しなければならない。③ただし、未実現収益は、原則として、当期の損益計算に計上してはならない。

　この原則は，収益だけではなく費用についても述べています。①の「支出及び収入に基づいて計上」するということは，収益あるいは費用は，現金もしくは現金に等しい物の収入もしくは支出に基づいて計算するということを示しています。

　②の「発生した期間に正しく割当てられるように処理」するということは，収益や費用を，価値の増加や減少が発生した期間に計上するということです。この②の規定は，発生基準を表明したものです。収益や費用が発生するのは現金などの収入や支出があったときとは限りません。たとえば，営業用にクルマを現金で支出して購入しても，資産を購入したのであって費用が生じたとはみられません。実際にそのクルマを使用することによって価値が減少し，費用が生じたとみるのです。発生基準とは，収益と費用をその発生した期間に計上することを要求するものです。

　ただし，収益については，③の「未実現収益は，原則として，当期の損益計算に計上してはならない」という条件がつきます。これは，未だ実現していない収益は計上してはならないとする実現基準（実現主義）を表明したものです。

　では，実現とはなんでしょうか。第5章でも述べていることですが，もう少し詳しく説明することにします。

　「実現」の英語はrealizationですが，それには「現実化すること」や「実感すること」といった意味があります。いわば，収益が現実化することが実現なのです。収益が現実化するとは，商製品などが現金もしくは現金に等しい物へと変わることによってその価値の増加が表に現れるということです。realization には「現金化」という意味があるのもそうした理由からだと思われます。収益が現金もしくは現金に等しい物へと現実化すると，儲けが実感できるのでしょう。

　商製品に関する収益が実現するのは，その販売時点となっています。このように販売時点をもって実現したとする基準を販売基準といいます。商製品を販売すれば，商製品が相手方に移転し，その対価として現金が得られたり売掛金といった債権が生じたりします。商製品の移転とその対価の確定という具体的な事象が，収益という抽象的なものを現実化すると考えられているのです。私たちの日常的な感覚からしても，それによって収益を「実感する」ようになる

といえます。

　会計において，収益の計上に実現基準を採用する理由は2つあります。

　その1つは，実現基準によって計上する収益が，現金もしくは現金同等物の裏付けのあるものだということです。第5章でも述べたように，利益があれば税金や配当金を現金で支払わなければなりません。ですから，現金もしくは現金同等物の裏付けのある利益であれば，税金や配当金として支出することができやすくなります。実現基準は，こうした意味で「処分可能な利益」を計算するものとなっているのです。

　実現基準を採用するもう1つの理由は，これによって客観的な測定値が得られるということです。数値が客観的なものであることは会計にとっては大事なことです。いったん計上した数値を頻繁に訂正するようでは，また，人によって異なる数値が作成されるようでは，財務諸表は信頼されなくなるでしょう。「客観的に測定できる利益」であることが，実現基準の重視される理由となっているのです。

売上の認識

　商製品は，その販売時点で売上を認識（計上）します。その売上の合計額が売上高（売上収益または営業収益）です。私たちがコンビニで買い物をする場合，売上は簡単な出来事のように見えます。しかし，支払いが現金ではなく，電子カード，クレジットカード，何々Payといった場合，また，ポイントが付くなど，その売上の方法は複雑になってきています。商製品の販売だけでなく，各種のサービスの販売もあり，売上は業種によってさまざまな形態をとっています。そうしたことから，特に売上という収益の認識に関する会計基準が制定されました。その基本的なステップは，次のようになっています。

①　契約の識別
②　履行義務の識別
③　取引価格の算定
④　取引価格の履行義務への配分
⑤　履行義務の充足による収益の認識

この収益認識に関する会計基準は，元々は国際会計基準から来たもので，か

なり翻訳調で分かりにくいものです。具体例をあげながら，できるだけ分かりやすく説明します。

　①の契約の識別とは，売買するという契約あるいは取決めの存在を認識するということです。契約というとむずかしい話のようですが，スーパーのレジ係と無言でやりとりしても，あるいはセルフレジで手続きをするだけでも契約は成立します。取引が複雑なものであれば，契約内容も複雑になり，それだけ収益の認識が複雑になってきます。

　②の履行義務とは，契約の内容によって財またはサービスを顧客に移す約束のことです。契約内容が複雑になれば履行義務も複雑になり，また，1つの契約に複数の履行義務が存在することもあります。そうした履行義務の内容に応じた売上の認識をすることになります。たとえば，機械を保守サービス付きで販売する場合，機械の販売とその保守サービスの提供という2つの履行義務が認められます。また，旅行や保険の代理店では，旅行会社や保険会社が扱っている商品の販売を仲介するというサービスが履行義務となります。代理店には仲介の手数料分だけが売上となります。ケース12-1ではデパートの消化仕入の話が出ていました。収益認識に関する会計基準が制定されたことにより，三越伊勢丹ホールディングスでは，2021年事業年度の売上高が前年度の8,160億円から4,183億円へと，まさに半減したのです。

　③の取引価格とは売価と同じこともありますが，異なることも多くなっています。契約時に売価を決めるわけですが，後になって値引きやリベートなどで実際の支払額が異なることがあるからです。こうした事後の変動額を予測して取引価格を算定することになります。また，受け取った代金の一部を第三者に支払うために一時的に預かるという場合があります。たとえば，消費者から受け取った消費税は，税務署に支払うために預かったものであり，取引価格には含めません。この消費税については，後で説明します。

　④の取引価格の配分とは，上記のように算定した取引価格を履行義務に配分することです。先の保守サービスの例で50,000円の機械を販売した場合には，機械の販売価格と保守サービス料を見積り，たとえば機械の販売分として45,000円を売上として認識し，同時に，保守サービス料の前受分として5,000円を負債として認識します。

210

⑤履行義務の充足による収益の認識とは，どのような履行義務を履行すれば，その対価を収益として認識するか，ということです。上記の例でも，機械の売上は機械の引渡時に収益として認識します。保守サービス料は保守期間を2年とすれば，各期に2,500円を役務収益として認識します。

保守サービスの例と多少似ていますが，建物などの建設，船舶の建造，ソフトウェアの制作を受注した場合，その完成に長い期間を必要とすることがあります。建物などを完成して引渡した期に収益を認識するのであれば，他の期には収益がまったく認識されないという問題が生じます。そうしたことから，たとえば建物の建設では，工事がどの程度進行しているか（これを進捗度といいます）を見積り，この進捗度に応じて収益を認識するという工事進行基準が認められています。進捗度は，通常は，完成までに見込まれる工事原価総額と当期末までに発生した工事原価との割合を使います。したがって，工事進行基準によれば，当期に実際に発生した工事原価を費用として認識し，受注金額（取引価格）のうちそれに対応した部分を収益として認識することになります。こうした進行基準は，ソフトウェアの制作などにも使用されます。

未実現利益

販売したようにみえるものであっても，売上高から除外されるものがあります。同じ会社であっても支店や事業部などが独立に会計を行う場合があります。本社と支店・事業部との間で商製品の売買が行われます。こうした社内間の取引（内部取引）は，同じ会社内を商製品が移動しただけですから，決算においては，仕入と売上を相殺します。つまり，本社と支店・事業部との間における商品の売買は売上高から除外されてしまうのです。

こうした内部取引でも利益を加算して売買することがあります。こうした同じ会社内部の取引によって生じた利益を内部利益といいます。決算時点でそうした商製品が売れ残っている場合，それに内部利益が含まれていることから，会社の外部に販売していない，つまり実現していない利益として控除する必要があります。

ケース1−2の東芝のパソコン取引は，パソコン部品の売却価格と完成したパソコンの仕入価格は東芝が決めていました。したがって，パソコン部品の売

上に含まれる利益は，パソコンが販売されるまでは，実質的には未実現利益なのです。これを実現利益として仮装していたのです。

　なお，未実現利益は資産が企業の内部を移動することによる内部利益だけではありません。企業が資産を保有している間にその時価が上昇したことによる評価益も未実現利益です。こうした評価益も，原則として，損益計算書に計上することはできません。すなわち，会社が保有する資産は外部に売却しない限りは利益を計上することはできないのです。

　ところで，第9章で説明したように，売買目的有価証券は外部に売却しなくても評価益を計上します。実現基準が販売を要件とする限りは，こうした評価益は未実現利益であるとみられます。しかし，売買目的有価証券はそれを売買する市場があり，その市場で販売して現金化することが容易です。先に，実現基準を採用する2つの理由，すなわち現金もしくは現金同等物の裏付けがある，客観的な測定値が得られる，ということを述べました。売買目的有価証券の評価益は，この2つの理由を満たすと考えることもできます。こうしたことから，必ずしも販売しなくても評価益を計上することが認められたものと解釈できます。

3　費用の認識

　費用は，発生基準と費用収益対応の原則に従って計上されます。すでに述べたように，発生基準によって費用の発生を認めます。しかし，発生した費用（努力）によって得られる収益（成果）が次期以降に実現するとなれば，発生した費用もその収益に対応して次期以降に計上されることになります。したがって，発生基準によって費用の発生を認めたとしても，その発生時の費用として損益計算書に計上されるわけではないということです。この費用と収益の対応についてもう少し説明しましょう。

　たとえば製造業の企業で工場の建物と本社の建物があるとします。いずれの建物にも減価償却費が発生します。工場で発生した減価償却費は，そこで製造される製品の製造原価に算入されます。その製品が販売されたときに，その製造原価は販売された期の売上原価となって損益計算書に計上されます。販売さ

れずに残っていれば，工場で発生した減価償却費は製品の製造原価に含められて資産として次期に繰り越され，次期以降に実現する売上高に対応させられることになります。このように，売上原価は実現した収益である売上高に直接的な対応関係をもつ費用なのです。しかし，減価償却費の計算においては定額法や定率法などの方法があり，また売上原価の計算においては先入先出法や移動平均法など種々の方法があります。それぞれの方法によって計算された減価償却費や売上原価の数値が違うわけですから，売上高に対応する費用の額を正確に算定することは困難なことです。

　本社で発生した減価償却費については，それが対応する収益を決めることは困難です。減価償却費だけではなく事務部門の従業員の給料などの一般管理費も，それがどの期の収益に貢献するものなのかは決定できません。売上に直接的な関係をもつ広告費などの販売費であっても，個々の広告費がどの期の売上高に貢献しているかを明らかにすることは無理です。特別に支出した広告費で次期以降の売上に対応するとみられるものであれば，繰延資産の開発費として繰り越すことができますが，これはそうした開発費による効果が発現するまでに時間がかかるとみているからです。支払利息などの営業外費用になれば収益との関連を見出すことが一段とむずかしくなります。収益との関連が見出しにくい費用については，期間的な対応として，それが発生した期に計上して，その期に実現した収益に対応させるしかありません。費用収益対応の原則を厳格に適用することはできないのです。

　費用に似た概念として損失があります。同じように価値の減少を表す用語ですが，費用が収益に貢献するものであるのに対して，損失は収益に貢献しないものとして区別されることがあります。損失の典型的なものは，火災などの災害や事故によって生じる価値の減少です。これは会社の事業活動によって生じるものではありません。

　現在では，企業が社会的な活動にお金を出すことがあります。こうした事業活動に関係なく生じる出費も損失です。しかし，こうした損失も企業の事業活動を継続していくためにどうしても必要な出費であり，長い目でみれば，収益に貢献する費用，あるいは事業を続けるために必要な費用であると考えることもできます。損失と費用の区別を無理に行う必要もないといえるでしょう。

4　税効果会計

Case 12-2

　法人税率が下がれば，企業の負担も減少するのが通常です。しかし，次の記事は，減税のおかげで負担増になったという面白い例を提供しています。

繰り延べ税金資産　取り崩し最大3兆円
上場企業の今年度　法人減税で負担増

　企業が相次ぐ税制改正への対応に追われている。2012年度から法人実効税率を約5％引き下げる法人税法の改正では，多くの企業で「繰り延べ税金資産」の取り崩し費用が発生。野村証券によると，負担は全上場企業で最大3兆円に上り，11年度の純利益を17％押し下げる計算だ。

　繰り延べ税金資産は将来の税金の軽減を見込んで計上するため，税率が下がって払う税金が少なくなれば軽減のメリットも減る。繰越欠損金の多い電機メーカーなどで影響が大きい。ただ影響は一時的で，12年度からは減税の恩恵も受けられる。（後略）

（日本経済新聞　2012年2月10日）

　減税のおかげで負担が増えるのはなぜか，このメカニズムを知るためには税効果会計の仕組みを知らなければなりません。

企業の税金

　私たちは日常生活において，さまざまな税金を支払っています。私たちの所得から差し引かれる所得税と住民税，保有する不動産に課される固定資産税，物やサービスを購入したときに支払う消費税，商品に含まれている酒税やガソリン税など，数多くの税金があります。

　企業も所得税に代わる法人税をはじめとして，個人と同じようにさまざまな税金を支払っています。ここでは会社の支払う税金を，会計処理の違いから，次の3つに区別することにします。

① 企業の費用となる税金……固定資産税，収入印紙税，不動産取得税，自動車税など

② 企業が消費者から受け取って支払う税金……消費税，酒税など

③ 企業の利益に課される税金……法人税，住民税など

①の税金を支払えば，それを費用として計上するか，あるいは，それが資産の取得に関連したものであればその取得原価に算入することになります。資産の取得原価に算入された税金は，その資産の減価償却などによって費用に変わることになります。

②の税金は，消費税を例に説明しましょう。消費税（税率10%とします）の最終的な負担者は消費者です。たとえば，コンビニが消費税込みで110円の商品を仕入れたとすれば，支払った消費税は10円となります。しかし，その商品を消費税込みで165円で消費者に販売すれば，消費者から15円の消費税を受け取ったことになります。このコンビニは，差し引き5円の消費税を税務署に支払うのです。したがって，納入業者に支払った10円はコンビニが負担したわけではなく，消費者が負担したのです。コンビニは設備の購入や電気・ガス代などの支払いにも消費税を支払いますが，これらも消費者から受け取った消費税から差し引くのです。また，納入業者もコンビニなどから受け取った消費税を，商品の仕入などの際に支払った消費税を差し引いて税務署に納めます。結局，消費者が支払った消費税15円をコンビニ，納入業者，製造業者などが分けて税務署に支払うことになるのです。したがって，企業が受け取った消費税は，税務署に支払うべき税金を消費者から預かっているものであり，仮受金として処理します。消費税を収益あるいは費用としては計上しません。

③の税金は，原則として，企業が得た利益に応じて課されるものです。個人が得た所得に対して，その額に応じた所得税と住民税が課されます。同じように，企業は法人所得税ともいうべき法人税と住民税を利益に基づいて支払うことになります。

企業が支払う税金として事業税があります。これは多くの企業にとっては法人税・住民税と同じように扱われます。しかし，次に述べる課税所得の計算においては，事業税は損金として扱われる点では法人税・住民税とは異なります。この点については後で取り上げます。

なお，電力，ガス，保険といった特定の業種については事業税は利益ではなく，売上高などの数値に基づいて計算されます。こうした利益以外の売上高や従業員数などの数値に基づく課税方式を外形標準課税といいます。一般の企業においても事業税の一部が外形標準に基づいて課税されます。この場合，外形

標準で課税された事業税は課税所得の計算において損金として扱われるだけでなく，損益計算書においても販売費及び一般管理費に計上されます。

　利益に基づいて課税される法人税，住民税，事業税については，損益計算書においては税引前当期純利益から控除する形式で計上されます。通常の企業の損益計算書では「法人税，住民税及び事業税」などとして表示されます。なお，事業税が外形標準だけで課税されている企業の損益計算書では法人税と住民税が「法人税及び住民税」などとして表示されることになります。また，これらは単に「法人税等」と略称される場合もあります。以下でも，利益に基づいて課される税金を「法人税等」と便宜的に使うことにします。

課税所得の計算

　第2章で説明したように，法人税法が法人税の課税のため会計の規則を設定しています。したがって，損益計算書による利益と，法人税法が課税の基準とする利益である課税所得とは異なってきます。会社法に従って行われる決算を確定決算といいますが，こうして確定した財務諸表に基づいて法人税法は課税所得を計算する仕組みになっています。

　損益計算書において税引前当期純利益から法人税等を差し引いて当期純利益を計算する仕組みになっています。したがって，税引前当期純利益が課税の基準となる利益であるかのように思われるかもしれません。しかし，法人税等の税額は課税所得に基づいて計算するので，両者は一致しないのがふつうです。税引前当期純利益と課税所得は次のように計算されます。

税引前当期純利益＝収益－費用
課税所得＝益金－損金

　この課税所得の式から分かるように，益金は課税所得を増やし，税金を増やすことになります。逆に，損金は課税所得を減らし，税金を減らします。こうした，税金を増減させる働きのことを税効果といいます。

　この2つの式から，収益と益金が一致し，費用と損金が一致すれば，税引前当期純利益と課税所得とが一致することになります。しかし，益金にならない収益があったり，損金にならない費用があったりします。すなわち，税効果の

ない収益と費用があるのです。したがって，収益と益金，そして費用と損金が異なり，その結果，税引前当期純利益と課税所得とが異なってくるのです。

収益と益金とが，また費用と損金とが異なる理由として，次の2つの場合があります。

① 永久差異……収益・費用であっても税効果が生じないもの

② 一時差異……収益・費用の計上時期と税効果の発生時期とが異なるもの

①の永久差異とは，損益計算書に収益あるいは費用を計上しても，それが益金あるいは損金とならない場合です。つまり，収益あるいは費用を計上しても，課税所得を増加あるいは減少させないというものです。こうした税効果のない収益としては受取配当金があります。他社から受け取った配当金は，これを益金として課税所得に含めると法人税等が課せられます。しかし，その配当金を支払った会社は課税された利益から配当を払っています。したがって，受取配当金に課税すると二重課税になってしまうのです。そこで，他の会社から受け取った配当金は損益計算書では収益として計上しますが，課税所得の計算では益金には算入しないのです。これを益金不算入といいます。

また，損益計算書に費用として計上しても税効果が生じないケースとして，交際費や寄付金があります。交際費や寄付金を無制限に認めると，企業経営者は，苦労してあげた利益を税金に取られるくらいなら飲み食いしたい，あるいは寄付したいと思ったりするかもしれません。そうなると，社会的に公平でないお金の使い方をすることになりかねません。そこで，税務当局は交際費や寄付金を損金として認めることには厳しい態度を取っているのです。たとえば，大企業に関しては交際費を損金としては認めないとしています。このように，費用であっても損金として認めないことを損金不算入といいます。損金不算入となる費用が多くなれば，税効果が生じないので法人税等は多くなります。

こうした税効果のない収益あるいは費用がある場合，税引前当期純利益から益金不算入の収益を差し引き，損金不算入の費用を加えることによって課税所得を計算することができます。たとえば，税引前当期純利益が2,000万円，受取配当金が100万円，損金不算入の交際費が300万円あるとすれば，課税所得は2,200万円となります。もし法人税等の税率が40%であるとすれば，法人税等の額は880万円（＝2,200万円×0.4）となり，当期純利益は1,120万円（＝

2,000万円−880万円）となります。

　こうした受取配当金や交際費は，いったん益金あるいは損金に不算入となると，その後になっても益金あるいは損金に算入されることはありません。すなわち，永久に税効果が生じないわけです。ですから，こうした収益と益金との，あるいは費用と損金との差異を永久差異というのです。

　②の一時差異とは，損益計算書において収益あるいは費用を計上する時期と，税務当局が益金あるいは損金として認定する時期とが異なる場合です。たとえば，得意先の会社が今にも倒産しそうだから，それに対する売掛金200万円を貸倒損失として損益計算書に計上したとします。しかし，税務当局は，この会社がまだ倒産していないとしてその貸倒損失を損金として認定しないとします。この場合，貸倒損失200万円は費用として計上されますが，損金にはならないのです。しかし，その後になってその会社が倒産したときに，税務当局が損金として認定します。したがって，この時に税効果が生じるわけです。

　第7章と第10章で，法人税法の規定する限度額を超えて減価償却費あるいは引当金を計上することを有税償却あるいは有税引当といいました。これは，損金としては認定されない償却費あるいは引当金を計上することです。限度額を超過したとして損金不算入となった部分は，後の期になって損金として扱われることになります。

　次に，簡単な数値例を使って課税所得と法人税等を計算してみることにしましょう。かりにX1期の損益計算書が図表12-2のようであったとします。この損益計算書に計上された費用のうち貸倒損失200万円が損金不算入であった

図表 12-2

（単位：万円）

X1期			
損益計算書		課税所得の計算	
収益	3,000	税引前利益	1,000
費用	2,000	加算：	
（貸倒損失	200）	貸倒損失否認	200
税引前利益	1,000	課税所得	1,200
法人税等	480		
当期純利益	520		
（法人税等480＝課税所得1,200×税率0.4）			

218

とすると，課税所得の計算は図表12-2の右側のようになります。なお，この
ほかには収益と益金，費用と損金とに差異はなかったものとします。

　この例で示すように，課税所得の計算は，益金から損金を差し引くという方
法ではなく，税引前当期純利益（以下では「税引前利益」と表示します）に収
益と益金との差，費用と損金の差を加減するという方法で行います。

　この数値例の貸倒損失200万円がX2期になって損金として認定されたとし
ます。損益計算書ではこれを再度計上することはしません。しかし，課税所得
の計算では損金として算入します。このX2期の利益と課税所得の計算を示し
たものが，次の図表12-3です。

図表12-3

（単位：万円）

```
X2期
   損益計算書            課税所得の計算
収益        3,000    税引前利益      1,000
費用        2,000    減算：
税引前利益   1,000      貸倒損失認定      200
法人税等      320    課税所得         800
当期純利益     680
  （法人税等320＝課税所得800×税率0.4）
```

　いずれの期においても税引前利益は1,000万円であるのに法人税等の金額が
異なり，したがって当期純利益が異なっています。X1期では貸倒損失が否認
されてしまい，その分だけ課税所得が1,200万円と，税引前利益よりも多くな
ります。この課税所得を基準として法人税等が課せられますから，税率40％と
すれば，法人税等は480万円となり，当期純利益は520万円となります。ところ
が，X2期において前期に生じた貸倒損失が認定され，課税所得は800万円，
法人税等は320万円，当期純利益は680万円となります。

　X1期もX2期も同じ税引前利益をあげていますが，当期純利益は異なって
います。当期純利益だけを比較すると，業績はX1期よりもX2期のほうが良
いようにみえます。税務当局が貸倒損失を認めるか否かによって当期純利益が
変わったことに気づかなければ，この2期間の業績を間違って判断してしまう
ことでしょう。こうしたことを防ぐための工夫が税効果会計です。

税効果会計の適用

　税効果会計とは，収益と費用を計上したときに，それぞれに税効果が生じているかのように考えて法人税等の額を計算して，それを損益計算書に計上するというものです。ただし，実際に課される法人税等の税額は課税所得を基準に計算されるので，税効果会計で計算した税額と実際の税額との差額を加減することになります。

　先の例で説明すると，いずれの期にも課税所得が税引前利益と同じ1,000万円であるかのように計算します。したがって，税効果会計での税額は400万円となります。しかし，X1期では実際の課税額は480万円ですから，差額の80万円は余計に課されているかのように考えて，差し引くのです。この調整項目を法人税等調整額といいます。次の図表12-4のように，マイナスを示す△印を付けています。これは直前の法人税等から80万円を差し引くことを意味します。したがって，それだけ当期純利益が増えるわけです。X2期になると，今度は実際の課税額320万円よりも税効果会計による税額が80万円だけ多いわけですから追加します。これも法人税等調整額と表示します。このX2期の場合，税額を追加するわけですからX1期とは異なり，△印は付けません。税引前利益から法人税等と法人税等調整額を差し引いたものが当期純利益となります。

図表 12-4

（単位：万円）

	X1期		X2期	
収益	3,000	収益	3,000
費用	2,000	費用	2,000
税引前利益	1,000	税引前利益	1,000
法人税等	480	法人税等	320
法人税等調整額	△80	法人税等調整額	80
当期純利益	600	当期純利益	600

　税効果会計を行うことによって，法人税等と法人税等調整額の合計額が税引前利益に見合った額となります。したがって，当期純利益もそれぞれの期の収益と費用に見合った額となり，各期の業績を的確に表示することになります。なお，以下の説明では，法人税等から差し引かれる調整額には△印を，法人税等に追加される調整額には＋印を便宜的に付け加えておきます。

　Ｘ１期では課税される税額は480万円ですが，本来の課税額は400万円であると考え，差額の80万円を前払いの税金であるかのように考えました。この前払分を貸借対照表において繰延税金資産80万円として計上します。上記の数値例では，この繰延税金資産はＸ２期において取り崩され，この分だけ法人税等調整額（＋）として計上されます。

　上記の数値例とは反対に，課税額が税効果会計による税額よりも少ない場合，法人税等調整額（＋）と繰延税金負債が計上されます。そして，その後になって課税額が増加したときに，繰延税金負債が取り崩され，法人税等調整額（△）が計上されます。

　なお，これまで説明してきたのは税効果が後になって生じる一時差異の項目についてです。永久差異は税効果が生じないので，税効果会計を行うことはありません。

　ある期間において，マイナスの課税所得が計算されることがあります。つまり，損金よりも益金が少なかった場合で，これを繰越欠損金といいます。繰越欠損金は次期以降の課税所得の計算において損金として算入することが認められています。すなわち，繰越欠損金も将来の税額を減少させるわけで，税効果が認められることになります。この場合，繰延税金資産と法人税等調整額（△）が計上されることになりますから，税引前当期純損失よりも当期純損失が少なくなるということもありえます。

　なお，繰越欠損金の損金算入が認められるのは10年間までです。10年を超えれば切り捨てられてしまいます。したがって，繰越欠損金に税効果が認められる条件は，次期以降10年以内に課税所得が見込まれるということです。それが見込まれなければ，繰延税金資産も法人税等調整額（△）も計上できません。公認会計士あるいは監査法人の監査においては，企業が繰越欠損金に税効果会計を適用しようとする場合，10年以内に課税所得が本当に見込まれるかどうか厳しい判断を迫られることになります。

　なお，土地再評価法に基づく事業用土地の再評価とその他有価証券の時価評価による評価差額が純資産の部に計上される場合，これらについても税効果会計が行われます。この場合，すでに述べたように，評価差額のうち税金部分が繰延税金負債あるいは繰延税金資産として計上され，残る部分が純資産の部に

計上されます。これらの評価差額は利益あるいは損失として損益計算書に計上されないため，法人税等調整額は計上されません。したがって，税効果会計を行えば繰延税金資産あるいは繰延税金負債は計上されますが，法人税等調整額は必ずしも計上されるわけではないのです。

税効果会計の効果

　税効果会計の導入は，当期純利益を増減させることになります。たとえば課税額が税効果会計による税額よりも多ければ，当期純利益を増加させます。多い分だけ法人税等調整額（△）が計上されるからです。

　日本の課税所得の計算では，先にみたように，損益計算書の税引前当期純利益を出発点として，これを調整して課税所得を計算するという仕組みになっています。その際，損金の認定は厳しくなる傾向にあります。その結果，課税額が税効果会計による税額よりも多くなってしまいます。こうした状況で税効果会計を導入すれば，繰延税金資産と法人税等調整額（△）を計上する企業が多くなるのは当然です。税効果会計は2000年から導入が強制されましたが，銀行などを中心にして1999年から前倒しで導入した企業が続出しました。これは，税効果会計の導入によって当期純利益を大幅に増加させ，その結果として株主資本を増加させることをねらったからです。バブル経済の崩壊後，株主資本が目減りしていた銀行や一般企業にとって税効果会計は株主資本を増加させ，また配当可能額を増やすという効果があったのです。

　こうした日本の状況に対して，アメリカではむしろ繰延税金負債と法人税等調整額（＋）が計上されることが多いようです。アメリカでは，企業会計と税務は基本的には別になっています。したがって，課税所得の計算では，税務が認めるかぎり，企業にとって有利な方法を採用することになるのは当然です。たとえば，資産の減価償却においては企業会計では定額法を採用し，課税所得の計算では定率法を採用するといったものです。その結果，税引前当期純利益よりも課税所得が少なくなります。それゆえ，税効果会計を導入すれば，繰延税金負債と法人税等調整額（＋）が計上されます。日本の場合とは反対に，税効果会計の採用は株主資本を減少させることになり，むしろ企業には不利な結果をもたらすことになります。もし，日本でも法人税等調整額（＋）が計上さ

222

れるような状況であるとしたら，税効果会計を前倒しで導入することはおろか，導入それ自体に反対する企業が多かったのではないかと思われます。

　ケース12－2で減税が企業の負担になった例を説明しましょう。図表12－2の数値例を使うと，税率が40％であるから貸倒損失の否認分200万円に対して80万円の繰延税金資産を計上し，法人税等調整額（△）を計上しました。いずれ貸倒損失が認定されれば80万円分の税金が減少することから，その分を繰延税金資産として計上したのです。しかし，税率がたとえば35％に引き下げられるとなると，貸倒損失が認定されても70万円（＝200万円×0.35）だけ税金が減少することになります。したがって，繰延税金資産80万円のうち70万円だけは引き続き資産性がありますが，10万円は資産性がなくなってしまうのです。繰延税金資産を10万円だけ減少させ，法人税等調整額を10万円計上することになります。この10万円が「法人減税で負担増」になったのです。

　このように将来の税金が減額されるからこそ繰延税金資産が資産として計上されるのです。それゆえ，赤字が見込まれる企業ではそもそも払うべき税金がないので，将来の税金が減額されません。したがって，このような企業では繰延税金資産を計上することはできません。将来の税金の減少によって繰延税金資産の資産性が保証されるのです。したがって，将来の税金が見込まれない場合，繰延税金資産の回収可能性がなくなり，繰延税金資産を計上することはできません。また，過去において設定した繰延税金資産をその回収可能性に応じて取り崩さなければなりません。この結果，赤字企業が過去に設定した繰延税金資産を取り崩すことによって赤字がさらに拡大します。この企業の業績が回復すると，今度は，取り崩された繰延税金資産が復活して黒字がさらに拡大します。第15章のケース15－1では日産の「V字回復」を取り上げています。このV字回復の隠れた立役者が税効果会計だったのです。税効果会計がなければ，小文字の「v字回復」になっていたことでしょう。税効果会計には大きな景気循環増幅効果があるのです。

【復習問題】
⑴　次の文章が間違っているかどうかを指摘し，間違っている場合にはその理由を説明しなさい。

ア．商品の注文を受けた場合，代金を前払いしてもらえば，売上として計上することができる。

イ．営業所の建物の減価償却費も製品の製造原価に算入することができる。

ウ．災害による損失は，費用収益対応の原則によって損益計算書に費用計上される。

エ．交際費を費用として計上したが，税務申告では損金と認定されなかった。この場合，税効果会計を採用すれば繰延税金資産が生じる。

(2) 「仕入益」や「製造益」が認められない理由を説明しなさい。

(3) 売買目的有価証券の評価益は「未実現利益」ですが，損益計算書に収益として計上することが認められています。その理由を述べなさい。

(4) 本社の経理部員の給料はその発生時の費用として計上されます。これに対して，工場で生じた労務費は製品の製造原価に算入され，その一部は売上原価となり，残りは製品として資産の価額に含められて次期に繰り越されます。同じ人件費でありながらこのような違いが生じる理由を説明しなさい。

第13章　連結貸借対照表と連結損益計算書

1　連結決算とは

Case 13-1

　ホンダは，ケース1-1で示したホンダの本体である本田技研工業株式会社の個別財務諸表だけでなく，アメリカの子会社なども含めたホンダの企業グループ全体の連結財務諸表を開示しています。以下はそれらをかなり省略した形で表示しておきました。

図表 13 - 1

連結財政状態計算書
（2022年3月31日現在）

（単位：億円）

資産の部		負債及び資本の部	
科　目	金　額	科　目	金　額
流　動　資　産	88,414	流　動　負　債	60,043
現金及び現金同等物	36,749	営　業　債　務	12,362
営　業　債　権	8,967	資金調達に係る債務	31,183
金融サービスに係る債権	16,941	そ　の　他	16,498
棚　卸　資　産	19,185	非　流　動　負　債	71,962
そ　の　他	6,570	資金調達に係る債務	49,842
非　流　動　資　産	151,317	そ　の　他	22,119
持分法処理の投資	9,674	負　債　合　計	132,006
金融サービスに係る債権	37,403	親会社の所有者に帰属する持分	104,728
オペレーティング・リース資産	51,591	資　本　金	860
有　形　固　定　資　産	30,794	資　本　剰　余　金	1,854
無　形　資　産	8,495	自　己　株　式	△3,283
繰　延　税　金　資　産	915	利　益　剰　余　金	95,391
そ　の　他	12,443	その他の資本の構成要素	9,904
		非　支　配　持　分	2,997
		資　本　合　計	107,725
資産合計	239,731	負債及び資本合計	239,731

連結損益計算書
（2021年4月1日から 2022年3月31日まで）

（単位：億円）

科　目	金　額
売　上　収　益	145,526
営　業　費　用	136,814
売　上　原　価	115,679
販売費及び一般管理費	13,264
研　究　開　発　費	7,870
営　業　利　益	8,712
持分法による投資利益	2,025
金融収益及び金融費用	△35
税　引　前　利　益	10,701
法　人　所　得　税　費　用	3,094
当　期　利　益	7,607
当期利益の帰属：	
親　会　社　の　所　有　者	7,070
非　支　配　持　分	536

　ケース１−１のホンダの財務諸表は，日本の会社であるホンダという１つの企業を会計単位として作成された個別財務諸表です。これに対して，ケース13−１のホンダの財務諸表は，そのホンダを頂点とする企業グループ全体を会計単位として作成された連結財務諸表です。ホンダは日本国内だけでなく，アメリカをはじめとして世界各地で子会社を持っています。子会社だけでなく，資本を拠出することによって関係する会社も多数あり，１つの巨大な企業グループを形作っているのです。

　有価証券報告書では，以前は個別財務諸表が中心で，連結財務諸表は付録のような立場でした。ところが，2000年の会計ビッグバン以後はこの主従が逆転して，連結財務諸表が中心となり，個別財務諸表は付録のような立場になりました。会社法も，大会社で有価証券報告書を提出している会社には，個別財務諸表だけでなく連結財務諸表をも作成することを義務づけています。また税務においても，一部の子会社を一緒にして税金の申告を行うという連結納税の制度が採用されました。

　連結決算では，個別決算とは会計単位が異なるので，財務的な物語の語られる範囲が変わることになります。単に会計単位の範囲が拡大するだけでなく，これにともなって語り方が大きく変わってきます。使う言葉にしても，個別財務諸表にはみられないような連結特有の言葉がでてきたりします。また，単独決算では利益が出ているのに，連結決算では損失が出ているというように，まったく違った物語が展開されているかもしれません。一方が正しくて他方が間違っているというわけでもありません。いずれの物語をどのように使うか，そうした使い方を理解することが必要です。

　ケース13−１の連結財務諸表は，国際会計基準に従って作成されています。「貸借対照表」が「財政状態計算書」になっているほか，その表示方法や表示項目は日本の会計基準とは異なっています。本書では，主として日本の会計基準に基づいて説明しています。そこで，日本基準による連結貸借対照表と連結損益計算書を，次の図表13−２として表示しておきます。なお，個別の財務諸表にはない連結特有の名称については，網掛けで表示しています。

　連結財務諸表を理解するためには，連結決算の仕組みを知らなければなりません。連結決算に特有の会計処理の方法はむずかしいものです。本書では深く

図表 13-2

連結貸借対照表	
資産	負債
流動資産	流動負債
	固定負債
固定資産	純資産
	株主資本
	その他の包括利益累計額
	為替換算調整勘定
	非支配株主持分
資産合計	負債・純資産合計

連結損益計算書
売上高
売上原価
販売費及び一般管理費
営業利益
営業外収益
持分法による投資利益
営業外費用
経常利益
特別利益
特別損失
税金等調整前当期純利益
法人税等合計額
当期純利益
非支配株主に帰属する当期純利益
親会社株主に帰属する当期純利益

立ち入ることはせず，その基本的な説明をするだけにします。アメリカの大学では連結決算の説明は中級あるいは上級の科目に含まれています。日本では，以前は個別決算が主流であったため，その反動といえるのでしょうが，連結決算を初級のテキストでもかなり詳しく扱っています。また，検定試験などでも連結決算の問題が重視されています。しかし本書では，初級者向けのテキストとして，連結決算の基本的な考え方を理解するにとどめます。

2　連結の範囲

　連結決算の対象となる企業グループとは，どういうグループでしょうか。日本では，三菱や住友といった旧財閥を中心とした企業グループがあります。また，日常の取引をとおして結びついている企業グループもあります。連結決算の対象となるのは，主として資本の拠出によって結ばれている企業グループです。その結ばれ方によって企業グループの会社は，①親会社，②子会社，③関連会社の3つに区別されます。また，こうした関係にある会社を総称して関係

会社といいます。ある会社が他の会社の子会社であると同時に別の会社の親会社であることもあります。連結決算の中心となる会社が親会社です。この親会社からみた子会社と関連会社を説明することにします。

子会社

子会社とは，親会社が支配する会社です。「支配」という言葉では，植民地支配のような力による支配を連想するかもしれません。この場合の支配とは，他の会社の意思決定機関を支配しているということです。支配しているか否かの判定基準として持株基準と支配力基準とがあります。

持株基準とは，株主総会における議決権の過半数（つまり50％を超える数）を所有している会社を子会社とする基準です。ある会社の議決権の過半数を所有していれば，経営者の交代をはじめとしてその会社の重要な意思決定を左右できるからです。この場合の議決権の過半数の判定には，親会社が直接所有する議決権だけではなく，他の子会社が所有する，いわゆる間接所有の議決権も含めます。

現在では「子会社」の判定には持株基準ではなく，次に述べる支配力基準が採用されています。

支配力基準とは，ある会社の議決権の50％以下を所有するだけであってもその会社を実質的に支配することがあることから，実質的に支配する力があるかどうかで判断するものです。この具体的な判定基準として，次の2つがあげられています。

① 他の会社の議決権の過半数を実質的に所有していること。「実質的に所有」というのは，親会社が資金を出していながら，役員や他の会社の名義にしておくことがあるからです。

② 他の会社の議決権の50％以下を所有するだけであっても，その会社の意思決定機関を支配している一定の事実が認められること。意思決定機関を支配している一定の事実とは，次のようなことです。たとえば，議決権を行使しない株主が存在したり親会社に協力的な株主が存在したりするから株主総会の議決権の過半数を実質的に占めている，親会社の役員や従業員などが取締役会の構成員の過半数を占めている，重要な財務および営業の

方針決定を支配する契約などがある，といったことです。こうした事実が認められれば，その会社を実質的に支配していると認定されます。

この②の基準からすれば，極端な例では，ある会社の株式をまったく所有していなくても，子会社として認定されることがあります。たとえば，ある会社の取締役会の構成員の過半数を親会社が派遣していれば，子会社として認定されます。ただし，１つの会社が複数の会社の子会社になることはありません。

関連会社

関連会社とは，親会社や子会社が，出資，人事，資金，技術，取引などの関係をとおして，財務や営業の方針決定に重要な影響を与えることのできる会社です。関連会社と判定する基準として，持株基準と影響力基準があります。持株基準は議決権の20％以上50％以下を所有していることによって関連会社として判定するという基準です。影響力基準とは，支配力基準と同じように，影響力があるか否かを実質的に判定しようとするもので，次の２つの判定基準があります。ただし，子会社と認定された会社は除かれます。

① 他の会社の議決権の20％以上を実質的に所有していること。

② 議決権の所有割合が20％未満であっても，一定の議決権を有しており，その会社の財務および営業方針決定に対して重要な影響を与えることができる一定の事実が認められること。

1990年前後のバブル経済が崩壊した後，不良債権を抱えた子会社を，その持株比率を下げることによって連結決算から外すというケースがみられました。子会社と関連会社を持株基準で判定していたことから，それを悪用したものといえます。しかし，支配力基準と影響力基準が採用されたことから，そうしたケースは少なくなったと思われます。

連結決算の対象となるのは，親会社と子会社です。つまり，親会社と子会社の財務諸表が１枚の財務諸表へと連結されてしまいます。しかし，親会社と子会社の財務諸表の数値を単純に合計するという簡単なものではありません。連結決算の手続きは非常に複雑ですが，本書では重要な部分を簡単に説明するだけにします。

なお，連結決算に含めるほど重要ではない子会社については連結決算から除

外することも認められています。連結決算に含められる子会社を連結子会社，含められない子会社を非連結子会社といいます。また，親会社と連結子会社を総称して連結会社といいます。

　非連結子会社と関連会社は連結決算の直接的な対象とはなりません。しかし，これらも企業グループを構成することから，出資した株式の評価替えによってその業績を連結決算に反映させます。

　連結決算で作成する財務諸表には，個別決算と同じように，連結貸借対照表，連結損益計算書，連結株主資本等変動計算書，連結キャッシュ・フロー計算書があります。以下では，個別決算と異なる連結決算特有の手続きを説明します。

3　連結貸借対照表

　連結貸借対照表は，連結会社を1つの会計単位として作成します。これは，基本的には，連結会社が作成する複数の個別貸借対照表を1枚の貸借対照表に集計することです。この集計の際に，親会社と子会社との間で，あるいは子会社間で行われた取引をどのように扱うかが問題となります。独立した会社間の取引として扱われたものが，連結決算では同じ会社の内部での出来事であるかのように扱われることになります。したがって，こうした取引によって生じた資産や負債，純資産の各項目を調整しなければなりません。連結貸借対照表におけるこうした調整項目として，債権と債務の相殺消去，投資と資本の相殺消去を取り上げることにします。

債権と債務の相殺消去

　たとえば，製造会社が販売を担当する子会社をもっているとします。その子会社にお金を貸せば，親会社には貸付金という債権が，子会社には借入金という債務が生じます。連結決算では，これを単に本社が支店にお金を出しているかのように扱います。つまり，お金は同じ企業の内部を移動したにすぎないと考えるのです。したがって，個別貸借対照表に計上されている貸付金と借入金を相殺して消去します。これが債権と債務の相殺消去です。また，親会社から子会社に製品を販売したときに生じる売掛金と買掛金も債権と債務であり，同

様に処理します。

投資と資本の相殺消去

支配力基準での子会社の考えでは，子会社であっても親会社が資本を拠出していない場合もありえますが，子会社に資本を拠出しているのがふつうです。この資本の拠出は，親会社の個別貸借対照表には「関係会社株式」として表示されています。子会社は資本の拠出を受けているわけで，これは子会社の貸借対照表には資本金などで表示されています。

こうした投資と資本は，債権と債務の関係と似ています。投資と資本を債権と債務のように単純に相殺消去できる場合もありますが，そうでない場合もあります。

子会社をもつには，子会社を設立する方法と，他の会社の株式を購入して子会社にする方法とがあります。また，子会社であっても持株比率が100％の子会社と100％未満の子会社とがあります。いくつかのケースで投資と資本の相殺消去の仕方をみていくことにします。

まず，持株比率100％の子会社を設立するケースでは，設立時には，資本の拠出額がそのまま親会社の投資額と子会社の株主資本の額となります。たとえば，親会社が2,000万円を拠出し，子会社はそれを資本金1,000万円と資本準備金1,000万円にしたとします。親会社と子会社の個別貸借対照表の該当個所は，次の図表13-3のようになります。

図表13-3

親会社の貸借対照表		子会社の貸借対照表	
	（単位：万円）		（単位：万円）
固定資産		純資産の部	
（投資その他の資産）		資　本　金　1,000	
子会社株式　2,000		資本準備金　1,000	

このケースでは，資本の拠出は，親子会社間でお金の貸し借りを行ったと同じように，同じ会計単位の内部でお金が移動したにすぎません。したがって，債権と債務の相殺消去と同じように，子会社株式と資本金・資本準備金を相殺消去すればいいわけです。

232

連結上ののれん

　他の会社の株式を購入して子会社にする場合，親会社の投資額と子会社の株主資本の額が異なることがあります。たとえば，純資産の部の構成が次のようになっている会社の株式の全部を3,000万円で購入し，100％子会社にするというケースを考えてみましょう。親会社と子会社の個別貸借対照表の該当個所は，次の図表13-4のようになります。

図表13-4

親会社の貸借対照表	子会社の貸借対照表
（単位：万円）	（単位：万円）
固定資産	純資産の部
（投資その他の資産）	資　本　金　1,000
子会社株式　3,000	資本準備金　1,000
	任意積立金　　500

　このケースは，既に事業活動を行っている会社を買収したものです。この会社の純資産は2,500万円ですが，これを3,000万円で買収したことになります。したがって，親会社の投資額と子会社の株主資本の額には500万円の差額が生じます。この差額は，投資と資本を相殺消去する際に出ることから，投資消去差額といいます。この投資消去差額は連結貸借対照表においてのれんとして計上します。つまり，投資額3,000万円のうち子会社の株主資本の額2,500万円と相殺消去されなかった差額500万円がのれんとして残ることになるのです。なお，先に説明したように，負ののれんが生じることがあります。この場合，負ののれんは利益として計上されてしまうので，貸借対照表には出てきません。

　この数値例では，子会社の資産・負債の評価については説明しませんでした。しかし，投資と資本を相殺消去する際には，後で説明するように，子会社の資産・負債を時価で評価することになっています。したがって，のれんは子会社の貸借対照表には表されないような無形の価値を示すものと解釈されます。第8章で説明しましたが，他の企業を合併・買収して会社の一部にする場合に，その企業に認められる無形の価値をのれんとして計上しました。同じように，他の企業を子会社として取得する場合にも，連結決算では，その企業に認められる無形の価値をのれんとして計上するわけです。

　のれんは20年以内のその効果の及ぶ期間にわたって定額法などの方法によっ

て償却することになっています。したがって，上記の数値例において定額法を用いて20年で償却すれば，連結貸借対照表でののれんが25万円減少し，連結損益計算書でのれん償却として25万円が計上されます。

　先の数値例では，子会社の利益剰余金である任意積立金500万円も相殺消去しています。これは，子会社になる前，つまり連結決算に加わる以前に生じた利益剰余金は，連結企業グループの利益剰余金にはならないということです。子会社になった後に生じる利益剰余金は連結での利益剰余金となります。

非支配株主持分

　これまでは，子会社の株式の全部を親会社が所有するという100%子会社を考えてきました。しかし，100%子会社でない子会社もあります。こうした子会社を連結決算に含める場合，その会計処理は少し複雑になってきます。基本的な点だけを説明します。

　持株比率100%未満の子会社の場合，親会社はその株主総会あるいは取締役会を支配する株主となります。そのほかにも株主がいることになりますが，こうした株主を非支配株主といいます。

　この非支配株主の出資分をどのように扱うかは，連結財務諸表をどのように考えるかによって異なります。この考えには親会社説と経済的単一体説があります。親会社説とは，連結財務諸表は親会社の財務諸表を拡張したにすぎないとみて，親会社の株主を中心に考えるというものです。これに対して経済的単一体説とは，企業グループを経済的に一体のものとみて，それに対する出資者としては親会社の株主も子会社の株主も同じであるとする考えです。

　非支配株主の出資分は，親会社説では，外部からの負債であるかのように考えます。これに対して，経済的単一体説では，企業グループへの出資である点では親会社の株主の出資分と同じ資本であると考えます。現行の連結貸借対照表では，非支配株主の出資分は「非支配株主持分」として純資産の部において株主資本と区別して表示されています。親会社説と経済的単一体説の中間的あるいは折衷的な表示方法といえます。持分とは「取り分」あるいは「所有する部分」といったものであり，会社の財産に対して権利として主張できる割合を意味します。

234

　図表13-4の数値例で，子会社の株式の60％を1,800万円で購入したとしましょう。親会社の持分は60％で，非支配株主の持分は残りの40％となります。したがって，子会社の株主資本の額2,500万円に対する親会社の持分はその60％の1,500万円となり，非支配株主の持分はその40％の1,000万円となります。連結決算では，先の場合と同じように，親会社の持分は親会社の子会社株式と相殺消去されます。非支配株主の持分1,000万円は非支配株主持分として表示されます。親会社は子会社の株主資本1,500万円分を1,800万円で購入したことになります。差額の300万円は投資消去差額であり，のれんとして計上されます。この差額300万円は，図表13-4の数値例で投資消去差額として計算された500万円の60％に相当します。

　これまでは子会社の貸借対照表に示された金額をそのまま使ってきました。しかし，子会社として取得する場合には資産と負債を時価で評価することになっています。図表13-4の数値例で，たとえば資産の時価が帳簿価額よりも100万円多いとしましょう。株式の100％を取得したケースであれば，資産は100万円だけ増加させ，投資消去差額は100万円減少させて400万円にします。非支配株主がいる場合は処理が複雑になるので，その説明は省略することにします。

為替換算調整勘定

　日本企業の多くは，外国の企業と取り引きしたり，外国に支店や子会社を設けています。いずれの場合であっても，外国通貨で取引が行われるだけでなく，外国にある資産や負債をその国の貨幣単位で記帳しています。日本の会計に含めるためには，こうした外国の貨幣単位で行われた取引あるいは記帳を日本円に換算しなければなりません。こうした会計処理は外貨建取引会計といいます。外貨建取引会計については本書では特に扱いませんが，連結貸借対照表に表示される為替換算調整勘定について簡単に説明することにします。

　外国にある子会社は，その国の貨幣単位で財務諸表を作成します。連結決算においては，その財務諸表を日本円に換算しなければなりません。たとえば，アメリカにある子会社の貸借対照表はドルで表示されていますから，為替レートを使って日本円に換算します。その際，どの時点の為替レートを使うかが問題となります。

　現行の基準では，資産と負債は決算時の為替レートを使います。しかし，資本については過去の為替レートを使います。たとえば，資本金と資本剰余金は親会社による株式の取得時の為替レートで，利益剰余金はその発生時の為替レートで換算されます。こうした過去の為替レートと決算時の為替レートが異なることから，貸借対照表に差額が生じてしまいます。この差額を埋めるための項目として設けられるのが為替換算調整勘定です。

　簡単な数値例で説明しましょう。アメリカの子会社の貸借対照表で資産総額10万ドル，負債総額4万ドル，純資産総額6万ドルであるとしましょう。決算日の為替レートが1ドル100円だとすれば，資産総額は1,000万円，負債総額は400万円となります。もし，純資産の各項目をその取得時あるいは発生時の為替レートで換算すれば720万円となるとしましょう（この場合の為替レートは過去のもので，平均して1ドル120円となります）。この資産総額1,000万円と負債・純資産総額1,120万円とに差額120万円が生じます。

　この数値例では，純資産6万ドルは決算時の為替レートで換算すれば600万円であるのに対して，その取得時あるいは発生時の為替レートで評価した金額は720万円ということです。したがって，差額の120万円は為替レートが過去の平均120円から決算時の100円へと変化した（つまり円高・ドル安になった）ことから生じたものです。

　為替換算調整勘定は，連結貸借対照表の純資産の部の「その他の包括利益累計額」という項目に記載されます。為替相場が円安のときにはプラスに，逆に円高のときにはマイナスが生じることになります。その額だけ株主資本の額が，ひいては純資産の額が増減することになります。

　「その他の包括利益累計額」は，個別貸借対照表での「評価・換算差額等」に該当します。ただし，連結貸借対照表では為替換算調整勘定が追加され，また他の項目も内容や金額が変わったりします。為替換算調整勘定がプラスであれば，ある意味で，為替相場の変動による評価益が生じていると見ることができます。しかし，その評価差額を利益とせずに純資産の部に計上します。それは，その他有価証券評価差額金と同じように，子会社を実際に売却するまでの評価差額は純資産の部の調整項目として扱っているからです。

　ケース13−1のホンダの連結財政状態計算書では，「その他の包括利益累計

額」ではなく，「その他の資本の構成要素」という名称が使われています。これは，国際会計基準の表示様式に従ったものです。日本基準とは内容や計算方法が少し異なっていますが，同じようなものです。

4　連結損益計算書

連結貸借対照表の作成において連結会社間の取引によって生じた債権・債務を相殺消去しました。連結損益計算書においても連結会社間の取引として生じた収益・費用を相殺消去します。

収益と費用の相殺消去

連結会社は親密な関係にありますから，その間に収益・費用を生じるような取引が多くなります。そうした取引として重要なものは商製品の売買です。製造部門あるいは販売部門を子会社として独立させることがよくあります。この場合では，子会社の主な販売先あるいは仕入先が親会社となります。このような親子会社間での売買は，同じ会社であれば製造部門と販売部門との間で商製品が移動したにすぎません。連結決算では，まさに同じ会社であるかのように考えて決算するわけですから，これによる売上と仕入を相殺消去します。なお，仕入は売上原価の内訳項目となっていますから，損益計算書での表示では売上原価が減少することになります。

連結会社間で収益・費用を生じる取引としては，資金の貸し借りによって生じる利息の授受や，資産の貸し借りによって生じる賃貸料などがあります。こうした取引によって生じた収益と費用も相殺消去します。

ほかに似たような取引としては，子会社が親会社に対して配当金を支払うという取引があります。この配当金が利益剰余金からの配当であれば，親会社は，受け取った配当金を収益として処理します。しかし，連結決算においては同じ会社の間でお金が移動したにすぎないと考え，親会社の受取配当金と子会社の支払配当金を相殺消去します。

未実現損益の消去

連結会社の間で商製品や有価証券などの資産を売買するとき，販売する側が利益あるいは損失を計上する場合があります。こうした売買による損益は，連結決算では外部との売買ではなくなり，実現したとみなされなくなります。こうした損益を未実現損益といいます。つまり，個別の会社とすれば資産を売買し，その代金を授受していますが，連結決算では同じ会社の中を資産とその代金が移動したにすぎないと考えるわけです。したがって，この移動によって生じた未実現損益を連結損益計算書から消去しなければなりません。なお，連結会社間で売買された資産があらためて外部に販売されている場合は，それに係る損益は実現されたとみて消去しません。

たとえば，親会社から子会社へ商品220万円を売り上げ，そのうち55万円分が子会社に期末の在庫として残っているとします。また，親会社は，この商品に10%の利益を上乗せしているとします。したがって，期末に残っている商品55万円のうち5万円が未実現利益になります。なお，残る商品165万円は外部に販売しており，親会社が上乗せした利益15万円は実現利益となっています。未実現利益5万円分だけ商品が多く評価されていることになります。そこで，連結貸借対照表で商品の価額を5万円減少し，連結損益計算書で売上原価を5万円増加させます。売上原価が増えるのは，売上原価の内訳項目である期末商品棚卸高を5万円分だけ減少させるからです。

持分法による投資損益の算入

これまで説明してきたような連結決算の手続きは連結会社に適用されます。しかし，非連結子会社と関連会社についても，その業績をなんらかの方法で連結決算に反映させることが必要です。そのために使われる方法が持分法です。

持分法とは，投資先の会社の業績を表す利益を親会社の連結財務諸表に反映させる方法です。これは，投資先の会社があげた利益のうち親会社の持分を連結損益計算書に計上し，その分だけ連結貸借対照表に表示される株式の価額を増加させるというものです。

たとえば，20%の株式を保有する投資先の会社が1,000万円の当期純利益をあげれば，その20%の200万円を親会社の連結損益計算書に投資利益として計

238

上します。また，連結貸借対照表の株式を200万円だけ増加させることになります。なお，投資先の会社が利益剰余金からの配当400万円を行えば，その20％の80万円が親会社の受取配当金となります。この受取配当金をそのまま連結損益計算書に計上すると，200万円の投資利益とだぶってしまいます。そこで，受取配当金と株式の価額をそれぞれ80万円だけ減少させます。

　持分法はそれ自体，連結決算に特有の方法というわけではなく，個別決算においても子会社・関連会社の株式を評価する方法として使うこともできます。しかし，第9章で述べたように，現行の基準では子会社・関連会社の株式の評価には原価基準が採用されており，持分法は採用できません。

　連結決算では，非連結子会社と関連会社は原則として持分法が適用されます。この場合，投資消去差額の処理や未実現利益の排除など，連結決算と同様の処理を行ってから持分法を適用します。通常の連結は，連結会社の財務諸表を科目ごとに合算することから全部連結あるいは完全連結といいます。これに対して，持分法の適用は，連結貸借対照表における株式の価額の修正と連結損益計算書における投資損益の計上によって行うことから部分連結あるいは一行連結といいます。

　連結損益計算書では，持分法によって算出された投資利益は「持分法による投資利益」として表示します。これは営業外収益として計上することになっています。そして，営業外収益と営業外費用を営業利益に加減して経常利益を算出する表示方法になっています。これに対して，ケース13-1の連結損益計算書は国際会計基準に基づいており，持分法による投資利益は金融収益及び金融費用と並んで記載されています。日本基準では営業外収益・費用になりますが，国際会計基準による連結損益計算書にはそのような表示はありません。それだけでなく，特別利益・損失という区分がありません。したがって，経常利益の計算・表示もないのです。このことは，アメリカの会計基準でも同様です。

非支配株主利益の計算

　連結貸借対照表において非支配株主の出資分をどのように扱うか，親会社説と経済的単一体説とでは異なることを述べました。連結損益計算書においても，子会社に計上された利益をどのように扱うか，親会社説と経済的単一体説とで

は異なっています。簡単にいえば，子会社の利益の全額を企業グループの利益として「当期純利益」に含めるというのが経済的単一体説の考えです。これに対して，子会社の利益のうち親会社の株主の割合だけを「当期純利益」に含めるのが親会社説の考えです。

　極めて単純な計算例で説明しましょう。親会社の利益が3,000万円であり，親会社が60％の株式を所有する子会社の利益が1,000万円であるとします。また，これまでに説明してきたような親子間での損益にかかわる取引がないとします。経済的単一体説では，企業グループ全体の利益として両社の利益の合計額4,000万円が「当期純利益」として表示されます。これに対して，親会社説によれば，親会社の利益3,000万円と，子会社の利益1,000万円のうち親会社株主の株式所有割合60％にあたる600万円との合計額3,600万円が「当期純利益」として計上されるのです。子会社の利益のうち残りの400万円は，これは子会社の非支配株主に帰属する利益となります。これを「非支配株主利益」といいます。簡単にいえば，経済的単一体説の「当期純利益」から非支配株主利益を控除すれば，親会社説の「当期純利益」になるのです。

　先に説明したように，利益は純資産の増加分です。この計算例では，親会社の株主に属する利益3,600万円が連結貸借対照表の利益剰余金の増加項目となります。また，非支配株主利益400万円は非支配株主持分の増加項目となるのです。

　図表13-2の連結損益計算書は日本基準によるものでした。そこでの「当期純利益」は，経済的単一体説による利益額です。ただし，連結損益計算書はそこで終わらずに，続けて「非支配株主に帰属する当期純利益」が表示されていますが，これは非支配株主利益のことです。そして，これを「当期純利益」から差し引いた利益額として「親会社株主に帰属する当期純利益」が表示されています。これは，親会社説による「当期純利益」です。ある意味で，経済的単一体説と親会社説との2つの利益を表示しているのです。こうした表示方法が採用されたのは，以前は親会社説での「当期純利益」が採用されていたという経緯があるからだと思われます。

　ケース13-1のホンダの連結損益計算書は，国際会計基準に基づいて作成されています。そこでは経済的単一体説での「当期純利益」が「当期利益」とし

て表示されています。その内訳として，親会社株主である「親会社の所有者」
に帰属する分と非支配株主に帰属する分とが記載されています。このような表
示形式にすることによって，親会社説に多少の配慮をしているのでしょう。
「当期純利益」を企業グループ全体の利益としていることから，日本基準も国
際会計基準も経済的単一体説に基づいているのです。ただ，国際会計基準がほ
ぼ経済的単一体説を採用しているのに対して，日本基準は親会社説との折衷的
な方法を採用しているといえます。

5　連結決算の意義

Case 13-2

　個別決算と連結決算とで，その数値が大きく異なることがあります。次の
記事では，経常利益の連単倍率が取り上げられ，その意味が述べられていま
す。

ビックカメラ連単倍率　今期1倍回復へ
子会社など収益改善

　ビックカメラの2011年8月期は子会
社や関連会社の収益改善が連結業績を
押し上げる見通しだ。主要子会社のソ
フマップが経常黒字に転換するほか，
構造改革の効果で持ち分法適用会社の
ベスト電器の業績も改善する。経常利
益ベースの連単倍率は1倍台を回復す
る見通しだ。

　前期の連単倍率は0.8倍と1倍を割
っていたが，今期は1.17倍となる見通
し。単独経常利益が150億円と前期に
比べて2％増えるのに対して，連結経
常利益は176億円と5割増を見込むか
らだ。（後略）
　　　（日本経済新聞　2010年11月27日）

　連単倍率とは何か，この点から連結決算の意義をみることにしましょう。

連単倍率

　企業の有価証券報告書における財務報告の中心は，個別決算から連結決算へ
移行しています。とはいえ，親会社の個別財務諸表も掲載されています。個別
と連結の数値が大きく違ったりしておれば，両者を比べることがそれなりに意
味があるからです。その数値の違いを表すのが，ケース13-2にでてくる「連

単倍率」です。これは，個別財務諸表の数値に対して連結財務諸表の数値が何倍あるかを示したものです。

　このケースで取り上げられている経常利益の連単倍率とは，個別損益計算書の経常利益に対して連結損益計算書の経常利益が何倍あるかを示しています。子会社や関連会社が順調に経常利益をあげていれば，連結の経常利益は親会社単独の経常利益よりも多くなるはずです。したがって，経常利益の連単倍率は1倍を超えるのがふつうです。ケース13-2では，前期の連単倍率は0.8倍だったとのことです。子会社と関連会社の赤字が連結の経常利益を減少させていたのです。それが，今期に黒字に転換した結果として，連単倍率が1.17倍に回復する見込みになったとのことです。なお，ホンダの場合は，国際会計基準では経常利益は計算されないので，経常利益の連単倍率は計算できません。

　連単倍率は，売上高，純利益，総資産などの重要な項目について計算されます。売上高や総資産の連単倍率では，親会社の規模に比べて企業グループ全体の規模がどれだけになっているかを知ることができます。たとえばホンダでは，売上高（売上収益）の連単倍率は4.2倍，総資産の連単倍率は6.1倍となっています。ホンダの連結子会社は2022年3月末で339社であり，この子会社グループの売上高が親会社のホンダの3倍余りになっていることが分かります。

　純利益の連単倍率が高いほど，利益をあげている「親孝行」な子会社・関連会社があるということです。損失を出している「すねかじり」の子会社・関連会社があれば，親会社の純利益を食うことになり，純利益の連単倍率が1倍を割り込んでしまうことにもなります。この連単倍率が1倍未満の会社には注意が必要です。ときには，親会社がその業績不振を隠すため子会社を利用して利益操作を行うことがあるからです。つまり，親会社が子会社に商製品を売り上げるときに過大な利益を計上すると，親会社は儲かっているが子会社は損をしているうえに不良在庫を抱え込んでいることになるからです。こうしたことは親会社の単独決算だけでは分かりませんが，連結決算であれば分かります。日本で連結決算が導入されたのは，こうした子会社を使った不正会計が相次いで生じたことがそのきっかけとなったのです。

　なお，連単倍率が意味のあるのは，ホンダのように親会社も事業を行っている場合です。第11章で説明した持株会社の場合，基本的には，子会社の株式が

その資産の大半を占めており，また，子会社からの配当金が収益の大半を占めています。ですから，「ホールディングス」という名前が付いている会社については，連単倍率を算定することは無意味であるといえます。同じようなことですが，持株会社の個別の財務諸表を使って経営分析を行うことも意味の無いことです。連結の財務諸表を使わなければなりません。

経営戦略に影響を与えた連結決算

　連結決算は単に会計の話であって，企業経営には関係のないことだと思われるかもしれません。しかし，連結決算の導入は親会社の子会社に対する態度を変えました。人事戦略を含む親会社の経営戦略の変更を迫ったのです。

　以前であれば，子会社は赤字をださない程度に経営を行っておればいい，というのが親会社の態度でした。いわば子会社に「親孝行」は期待しない，というものでした。しかし，連結決算が導入されてからは子会社や関連会社には「親孝行」が期待されるようになりました。「親孝行」ができない場合，保有する株式数を減らして子会社を関連会社にしたり，関連会社を非関連会社にしたりするなどして「親子」関係が薄くされたりします。逆に，「親孝行」が期待できる場合，関連会社を子会社にするなどして「親子」関係が強化されることもあります。

　ところで，「窓際族」という言葉をご存じでしょうか。この言葉はもう死語になっているようです。この窓際族は連結決算によって生まれた，と私は推測しています。連結決算が導入されるまでは，親会社で「落ちこぼれ」となった中高年サラリーマンが子会社に飛ばされました。しかし，子会社に「親孝行」が期待されるようになってからは「落ちこぼれ」を安易に子会社に出向させることができなくなったのです。行き場のなくなった「落ちこぼれ」が窓際に追いやられた，という推測です。これには確証はありませんが……。「窓際族」は1978年の流行語だそうです。連結決算が導入されたのは，その前年の1977年からはじまる会計期間からです。まさに時期として一致するわけです。

　それから20年余りたった2001年3月期からは，有価証券報告書では連結決算が中心となりました。この結果，子会社と関連会社の業績が連結決算にストレートに反映されるようになったのです。企業には余った人材に窓際の席を提供

するような余裕はなく，リストラを行うようになっています。また，子会社や関連会社の経営が親会社の経営戦略に組み込まれるようになってきています。それだけに子会社や関連会社に対する親会社の目は厳しいものです。連結決算が企業の人事政策だけでなく経営戦略にも大きな影響を与えているのです。

【復習問題】

(1) 次の文章が間違っているかどうかを指摘し，間違っている場合にはその理由を説明しなさい。

ア．ある会社の議決権の40％を所有しているが，取締役会の過半数は派遣している。この会社は子会社に該当する。

イ．ある会社の議決権の15％を所有しているが，特に強い関係はなくなっている。この会社は関連会社に該当する。

ウ．時価での評価額で資産総額8,000万円と負債総額4,000万円を保有する会社の発行済み株式の80％を5,000万円で購入した。この場合，連結決算ではのれんとして2,000万円が生じる。

エ．今期にある会社を子会社として取得した。この場合，この会社のそれまでの留保利益は連結での利益剰余金の増加項目となる。

オ．連結決算において，アメリカにある子会社についての為替換算調整勘定の金額が前期と比べて増加した。これは円高が進んだからであるとみられる。

(2) 親会社説と経済的単一体説の基本的な考えでは，連結貸借対照表と連結損益計算書ではどのように違ってくるか，また，日本基準ではどのようになっているかを述べなさい。

(3) 利益の連単倍率が1倍未満になる場合，どのような理由が考えられるかを述べなさい。

第14章　その他の財務諸表・開示

　これまで重要な財務諸表である貸借対照表と損益計算書について説明してきました。この2つ以外に会社が財務情報として報告するものとしては，包括利益計算書，キャッシュ・フロー計算書，それに株主資本等変動計算書という財務諸表があります。また，これらの財務諸表に対する注記という形でさまざまな情報が開示されています。これらについて説明しましょう。

1　包括利益計算書

Case 14-1

　これまでの損益計算書に追加して包括利益計算書が作成されるようになりました。まずは，包括利益について伝えている記事を取り上げることにします。

上場企業，包括利益41%減
円高や震災後の株価急落響く

　2011年3月期連結決算から，上場企業による「包括利益」の開示が始まった。これは純利益に保有資産などの価値の増減をプラスまたはマイナスした指標で，為替や株価変動の影響を色濃く映す。日本経済新聞社の集計によると，11年3月期の包括利益は前の期より41%減った。東日本大震災後の株安やⅠドル＝80円台の円高が響き，純利益（前の期比61%増）を大きく下回った。

　23日までに前期決算を発表した3月期企業（金融・新興2市場除く）のうち，前の期と比較できる1479社について集計した。包括利益の合計額は7兆7531億円。純利益は合計12兆1180億円だった。

　10年3月期の包括利益は13兆1431億円と純利益（7兆5289億円）を上回っていたが，11年3月期は逆転した。包括利益が純利益より多い企業はソフトバンクなど275社で，全体の約2割にとどまった。（後略）

（日本経済新聞　2011年5月25日）

　記事にもあるように，2011年3月期の連結決算からは包括利益を開示することになりました。これは連結包括利益計算書において行われます。なお，個別決算では包括利益の開示は義務付けられてはいません。包括利益は新しい利益概念ですが，その意味や読み方を学ぶことにします。

包括利益とは

　「包括利益」という言葉は，前章の連結貸借対照表の「その他の包括利益累計額」の中にでてきています。その包括利益は次の式によって表すことができます。

$$包括利益＝当期純利益＋その他の包括利益$$

　つまり，包括利益は，損益計算書で算出された当期純利益にその他の包括利益を加算して得られた利益額です。この計算過程を1つの表にしたのが包括利益計算書です。当期純利益は既に学んでいるところですから，包括利益を知るにはその他の包括利益を理解しなければなりません。

　「その他の包括利益累計額」は連結貸借対照表に使われています。個別貸借対照表では「評価・換算差額等」と表示されています。第11章で説明したように，評価・換算差額等にはその他有価証券評価差額金や繰延ヘッジ損益などが含まれていました。その他の包括利益累計額にはさらに為替換算調整勘定が含まれています。その他の包括利益とは，これらの項目の期間中における増減額です。

　その他有価証券評価差額金の数値例でその他の包括利益の計算方法をみることにしましょう。たとえば，前期に2,000万円で取得したその他有価証券が前期末に時価2,200万円になっていたとします。この評価額200万円が前期末のその他の包括利益になり，また，その他有価証券評価差額金は200万円となります。その他の包括利益累計額は，他に該当する項目がないとすれば，この200万円になります。なお，便宜上，税効果会計は考慮しません。

　今期になり，上記のその他有価証券のうち1,000万円分を1,250万円で売却し，残る1,000万円分については期末の時価が1,500万円になったとします。これによって，今期末のその他有価証券評価差額金は500万円になります。前期末の

200万円から500万円に増えたのです。この増加分300万円が今期のその他の包括利益になります。なお，売却したその他有価証券に生じた売却益250万円は今期の損益計算書に計上されます。

　現在では個別決算においては包括利益計算書の義務化は見送られています。ですが，説明の便宜上，個別の損益計算書を前提に，個別の包括利益計算書の説明から入ることにします。もし損益計算書で算出された当期純利益が3,000万円であったとすると，前述のその他有価証券に生じた評価益だけが今期のその他の包括利益であったとすれば，包括利益計算書は次の図表14−1のようになります。なお，その他の包括利益の計算とその表示はもっと複雑ですが，極めて単純にいえば，先のように計算し，表示されます。

図表 14−1　包括利益計算書

当期純利益	3,000
その他の包括利益	
その他有価証券評価差額金	300
その他の包括利益合計	300
包括利益	3,300

　その他の包括利益は，その他の包括利益累計額の各項目を時価や現在の為替レートで評価したことによる評価差額の期間中の変動額です。時価などで評価しても損益計算書には評価損益として計上されない評価差額の変動額が，その他の包括利益として計上されるといえます。

連結包括利益計算書

　包括利益と包括利益計算書の考え方は個別でも連結でも同じです。しかし，連結では少し違っているところもあります。数値例で説明しましょう。

　前述のその他有価証券の数値例と前章での親子会社での連結損益計算書の数値例を使って説明しましょう。連結損益計算書の末尾は次の図表14−2のようになっています。この当期純利益は企業グループ全体の純利益を表しています。

図表 14−2　連結損益計算書の末尾

……	
当期純利益	4,000
非支配株主に帰属する当期純利益	400
親会社株主に帰属する当期純利益	3,600

先の数値例に追加して，子会社が所有するその他有価証券に関して，今期に評価差額金が200万円だけ増加したとします。図表14‐1の個別の包括利益計算書にこの200万円が追加されます。これを表したのが，図表14‐3の連結包括利益計算書です。親会社に発生したその他有価証券評価差額金の増加額300万円と合わせて500万円が，企業グループ全体のその他の包括利益として計上されます。そして，企業グループ全体の当期純利益と合計されて，企業グループ全体の包括利益が計上されることになります。

前章で見たように，連結損益計算書の当期純利益は親会社株主の純利益と非支配株主の純利益に分けて表示されました。同じように，包括利益も親会社株主の包括利益と非支配株主の包括利益に分けることができます。それを示しているのが，包括利益の下に内訳として表示されている箇所です。

「親会社株主に係る包括利益」は，[①親会社株主に帰属する当期純利益＋②親会社のその他の包括利益＋③子会社のその他の包括利益のうち親会社の株式所有割合分]として計算されます。①は連結損益計算書に示されており，先の数値例では3,600万円です。②は先に計算した通りで300万円です。③は子会社のその他の包括利益200万円のうち親会社の株式所有割合60％分の120万円です。合計で4,020万円となります。「非支配株主に係る包括利益」は，[④非支配株主に帰属する当期純利益＋⑤子会社のその他の包括利益のうち非支配株主の株式所有割合分]で計算されます。④は連結損益計算書に表示されており，数値例では400万円となっています。⑤は子会社のその他の包括利益200万円のうち非支配株主の株式所有割合40％分の80万円です。合計で480万円となります。

図表14‐3　連結包括利益計算書

当期純利益	**4,000**
その他の包括利益	
その他有価証券評価差額金	500
その他の包括利益合計	500
包括利益	**4,500**
（内訳）	
親会社株主に係る包括利益	4,020
非支配株主に係る包括利益	480

この図表14‐3は，連結包括利益計算書を連結損益計算書とは別個に作成する方法を表示しています。両者を一枚の表にして「連結損益及び包括利益計算

書」として作成する方法もあります。

　ところで，損益計算書の当期純利益と包括利益計算書の包括利益とではどちらが重要な数値なのでしょうか。２つの計算書を１つにした「損益及び包括利益計算書」になると，包括利益が最後に出てきます。第３章で述べましたが，英語の bottom line には「大事なこと」といった意味があり，利益計算では当期純利益が大事なものと扱われています。「包括利益」の「包括」には，すべてを１つにまとめるといった意味合いがあります。すべてを１つにした利益だから包括利益が重要な数値になるのでしょうか。どうもそのようにはなっていません。

　連結包括利益計算書が公表されるようになりましたが，新聞や雑誌の記事では「包括利益」の文字を目にすることはほとんどありません。このことは，包括利益は当期純利益に比べてニュースバリューがないからでしょう。ちなみに，投資家の多くが投資判断に使うといわれている『会社四季報』においても，包括利益は記載されていません。当期純利益が「ボトムライン」として重視されているといえます。

　その当期純利益でも，連結損益計算書では企業グループ全体の「当期純利益」となっています。連結損益計算書では，最後の行に「親会社株主に帰属する当期純利益」が記載されています。これは，連結包括利益計算書では「親会社に係る包括利益」が包括利益の内訳として記載されているのとは表示方法が異なっています。このことは，「親会社株主に帰属する当期純利益」がボトムラインとして扱われているからでしょう。そのためか，この「親会社株主に帰属する当期純利益」が日本経済新聞の財務欄では単に「利益」として，また，『会社四季報』では「純利益」として扱われているのです。

2　キャッシュ・フロー計算書

　キャッシュ・フロー計算書は，キャッシュ（現金）のフロー（流れ）を表す財務諸表です。現金の流れは，現金の流入である収入と現金の流出である支出とに分けられます。こうした収入と支出を表すわけですから，キャッシュ・フロー計算書は収支計算書ということができます。

　ところで，キャッシュ・フロー計算書でいう「キャッシュ」には，いわゆる現金だけでなく，普通預金や当座預金といった要求払いの預貯金や，取得した日から満期日までが３か月以内の定期預金や債券などが含まれます。そこでキャッシュ・フロー計算書では，キャッシュを表す言葉として「現金及び現金同等物」が使われています。この現金及び現金同等物がどのようにして流入し，またどのようにして流出したかを表すものがキャッシュ・フロー計算書です。

　連結財務諸表の１つとして連結キャッシュ・フロー計算書が作成されます。他の連結財務諸表の作成には連結決算に特有の手続きがあります。しかし，連結キャッシュ・フロー計算書の作成には，連結会社間のキャッシュ・フローを相殺消去する手続き以外に特に複雑な手続きはありません。そこで，以下では単にキャッシュ・フロー計算書として説明します。

　最初にキャッシュ・フロー計算書の仕組みと作り方，最後にその意義について述べることにします。

キャッシュ・フロー計算書の仕組み

　はじめに，キャッシュ・フロー計算書の例を図表14-4としてあげておきます。これは「連結キャッシュ・フロー計算書等の作成基準」に示された様式を要約・修正したものです。ホンダの実例を取り上げてもいいのですが，むしろ混乱すると思われるのでやめました。というのは，ホンダのキャッシュ・フロー計算書は国際会計基準に従って作成されているため，ここでの例と多少異なるからです。

　このキャッシュ・フロー計算書は，企業の活動を営業活動・投資活動・財務活動の３つに分け，それぞれの活動分野によるキャッシュ・フローが表示されています（表のⅠからⅢまで）。つまり，会計期間中の収入と支出が３つの活動分野ごとに集計されているのです。そして，３つの活動分野によるキャッシュ・フローを集計して期中の純収支を計算し，それと期首残高を合計することによって期末残高が計算される仕組みになっています（表のⅤからⅦまで）。なお，Ⅳの「現金及び現金同等物に係る換算差額」は，為替相場の変動によって期首の現金及び現金同等物に生じた為替換算差額などが記載されます。

　３つの活動分野によるキャッシュ・フローにどのような収入・支出が記載さ

図表 14-4　連結キャッシュ・フロー計算書の様式

```
Ⅰ  営業活動によるキャッシュ・フロー
        税金等調整前当期純利益              ×××
        減価償却費                          ×××
        のれん勘定償却額                    ×××
        支払利息                            ×××
        売上債権の増加額                   −×××
        棚卸資産の減少額                    ×××
        仕入債務の減少額                   −×××
        ………………                         ×××
            小計                            ×××
        利息の支払額                       −×××
        ………………                         ×××
        法人税等の支払額                   −×××
        営業活動によるキャッシュ・フロー    ×××

Ⅱ  投資活動によるキャッシュ・フロー
        有価証券の取得による支出          −×××
        固定資産の売却による収入           ×××
        投資有価証券の取得による支出      −×××
        貸付けによる支出                  −×××
        ………………                         ×××
        投資活動によるキャッシュ・フロー    ×××

Ⅲ  財務活動によるキャッシュ・フロー
        短期借入による収入                 ×××
        長期借入金の返済による支出        −×××
        社債の発行による収入               ×××
        株式発行による収入                 ×××
        親会社による配当金の支払額        −×××
        ………………                         ×××
        財務活動によるキャッシュ・フロー    ×××
Ⅳ  現金及び現金同等物に係る換算差額      ×××
Ⅴ  現金及び現金同等物の増加額            ×××
Ⅵ  現金及び現金同等物の期首残高          ×××
Ⅶ  現金及び現金同等物の期末残高          ×××
```

れるかを説明します。

　「営業活動によるキャッシュ・フロー」の区分には，営業活動全般にわたる収入と支出が記載されます。商製品や役務の販売による収入や，これらの購入

による支出など，次に述べる投資活動と財務活動以外の取引による収入・支出が記載されます。大まかにいえば，損益計算書の収益・費用のキャッシュ・フロー版が営業活動によるキャッシュ・フローだ，と考えることができます。

「投資活動によるキャッシュ・フロー」の区分には，設備投資や資金運用による収入・支出が記載されます。より具体的には，備品・投資有価証券・長期貸付金などの固定資産の取得や売却・回収による収入・支出や，現金同等物に含まれない有価証券・短期貸付金などの取得や売却・回収による収入・支出などがあります。

「財務活動によるキャッシュ・フロー」の区分には，資本の拠出や借入金などによる資金の調達や返済による収入・支出が記載されます。より具体的には，株式の発行，自己株式の取得，借入金の借入・返済，社債の発行・償還などにともなう収入あるいは支出です。

キャッシュ・フロー計算書の作成

キャッシュ・フロー計算書は，現金出納帳などを使って現金及び現金同等物の出入りを記入し，主要な取引ごとに集計して作成することが考えられます。しかし，こうした方法は，取引数が少ない場合に行うこともできるでしょうが，複雑な取引が多数あるような場合では実行することは困難です。そこで，貸借対照表と損益計算書の数値，そして参考となる資料からキャッシュ・フロー計算書を作成するのが一般的です。

キャッシュ・フロー計算書の作成方法を簡単な例で説明することにします。次の図表14-5で示されるような資料が必要となります。

期首と期末の貸借対照表を使うのは，第10章で説明したように，貸借対照表が資金の調達源泉と運用形態を表しているとみられるからです。つまり，図表14-5の期首貸借対照表でいえば，負債と純資産は資金の調達源泉を，資産は資金の運用形態を表しているのです。そこで，キャッシュ・フローの対象となる現金の観点からみると，貸借対照表は次のような式で表すことができます。

現金＋現金以外の資産＝負債＋純資産……①

この①式は，負債と純資産で調達した資金が現金と現金以外の資産で運用さ

図表 14 - 5

期首貸借対照表

資　産		負債・純資産	
現　金	60	借入金	100
売掛金	100	未払法人税等	10
商　品	140	資本金	250
備　品	100	利益剰余金	40
	400		400

期末貸借対照表

資　産		負債・純資産	
現　金	80	借入金	150
売掛金	110	未払法人税等	15
商　品	130	資本金	250
備　品	180	利益剰余金	85
	500		500

損益計算書

費　用		収　益	
売上原価	200	売上高	500
その他費用	225		
法人税等	30		
当期純利益	45		
	500		500

追加資料：
① 新規備品購入高　100
② 備品減価償却費　20
③ 配当金の支払いはない
④ 新規借入高　50
⑤ 当期仕入高　190

れていることを表すものです。これは，負債や純資産が増加すれば現金が増加し，現金以外の資産が増加すれば現金が減少するという関係を表しています。逆に，負債と純資産が減少すれば現金が減少し，現金以外の資産が減少すれば現金が増加するということになります。期首から期末にかけて貸借対照表の各項目の金額は増減します。この増減の差額を⊿印で表示すれば，次の②式が得られます。これを変形すると③式が得られます。

$$⊿現金＋⊿その他の資産＝⊿負債＋⊿純資産……②$$
$$⊿現金＝⊿純資産＋⊿負債－⊿その他の資産……③$$

この③式は，現金の増減は各項目の増減から構成されていることを示しています。図表14-5の数値例を使うと次の④式のようになります。なお，期首から減少している項目は金額の前に（－）記号を付けています。

$$⊿現金20＝⊿純資産45（純利益）＋⊿借入金50＋⊿未払法人税等５$$
$$－⊿売掛金10－⊿商品（－）10－⊿備品80……④$$

この④式は，期中における現金の純増20がどの項目の純増減から構成されて

いるかを示しています。これを期中のキャッシュ・フローを追跡する手掛かり
とします。ほかに資料として図表14-5に示された損益計算書と追加資料を使
います。これによってキャッシュ・フロー計算書を作成する方法として直接法
と間接法があります。

　直接法は，主要な取引ごとに収入と支出を表示する方法です。その作成方法
は，主要な取引ごとの収入・支出を，図表14-5で示される貸借対照表などの
資料から計算します。

　まず，投資活動では備品の新規購入に100の支出があります。また，財務活
動では借入金で50の収入があります。なお，こうした主要取引に関する金額は，
期間中に生じた増減の純額ではなく，増加と減少のそれぞれの総額で表示しま
す。たとえば，借入金の借入100と返済50があればそのように表示するのであ
り，その純額50の借入とするのではありません。その他の取引は，営業活動に
関わるものです。その説明は後でするとして，直接法によるキャッシュ・フロ
ー計算書の中心部分を表示すれば図表14-6のようになります。

図表14-6　直接法による表示

営業収入	490
商品の仕入支出	−190
その他の営業支出	−205
法人税等の支出	−25
備品の取得による支出	−100
借入金による収入	50
現金の増加	20

　売上高500はその全部が現金で回収されているわけではありません。そこで，
売上による現金収入を計算するためには，売上高500から売掛金の増加分10を
差し引いた490としなければなりません。これは，売掛金が増加した分だけ売
上の現金収入が少なくなっているからです。売上原価は費用ですが，これに該
当する支出は商品仕入のための支出です。第6章での説明からすれば，売上原
価200から商品の減少分10を差し引いた190が仕入高となります。買掛金がない
ので，この仕入高がそのまま仕入に要した現金支出になります。その他の費用
では，減価償却分20だけ現金支出が少ないのでその他の営業支出は205となり
ます。最後に，法人税等の現金支出は，当期の法人税等30より未払法人税等の

増加分5だけ少ない25と計算されます。このようにして営業活動に係る収益と費用を収入と支出に変換するのです。

　次に，間接法によるキャッシュ・フロー計算書の基本的な考え方は，現金の増減と純利益の差を貸借対照表の各項目の差額で説明するということです。それを，図表14-7の左側の図で基本型として示しています。これは先の④式を並べ替えたものです。これをキャッシュ・フロー計算書の様式に従って書き直すと，図表14-7の右側の図で変形型として表されるようなものになります。少し解説します。変形型といっても，これが現行のキャッシュ・フロー計算書の原型です。

図表 14-7

間接法による表示（基本型）

当期純利益	45
資産の増加	
売掛金の増加	-10
商品の減少	10
備品の増加	-80
負債の増加	
借入金の増加	50
未払法人税等の増加	5
現金の増加	20

間接法による表示（変形型）

税金等調整前当期純利益	75
減価償却費	20
売掛金の増加	-10
商品の減少	10
法人税等の支払額	-25
備品の増加	-100
借入金の増加	50
現金の増加	20

　変形型では，直接法の表示方法を部分的に取り入れ，特定の項目については収入・支出を直接表示します。たとえば，投資活動と財務活動に関する部分は直接法と同じ表示をします。そのため，「営業活動によるキャッシュ・フロー」の表示方法が間接法の基本型とも異なってきます。したがって，間接法の基本型の表示方法を少し変える必要があります。この表示方法の変更には2種類あります。

　その1つは，投資活動と財務活動に関する部分を直接法による表示と同様に収入・支出を表示することからくる変更です。たとえば，投資活動に備品の新規購入分100を表示します。このままでは，備品の増加額80よりも多くなります。そこで，減価償却費20を加えることによって，増加額80に合わせるようにします。間接法の変形型で減価償却費20が加算されるのはこうした理由からです。

　減価償却費は費用であるのにどうしてキャッシュ・フローが増加したように扱われるのか，多くの人が理解に苦労するところです。一般的には，減価償却費は費用として計上されるが現金の新規の支出がないから純利益にプラスするのだと説明されます。収入や支出のともなわない償却額や評価損益も同様です。たとえばのれん償却も現金の増加として表示されますが，それがのれんという資産の支出によらない減少分を表しているからです。また，有価証券の評価損益や固定資産の減損損失なども同じ理由から，現金の増加あるいは減少として表示されます。

　もう1つの変更は，法人税等の支払額のような重要な費用項目をその支出額で表示することです。未払法人税等の増加額は5ですが，法人税等の支払額25が表示されています。このため当期純利益45ではなく，法人税等の今期の課税額30を差し引く前の税金等調整前当期純利益75を使っているのです。つまり，現金の増加を示す未払法人税等の増加額5を，税金等調整前当期純利益に含まれる今期の課税額30と今期の支払額25とに分けて表示していると考えることができます。同じことが支払利息の表示についてもいえます。図表14－4のキャッシュ・フロー計算書では，支払利息の発生額がプラスされ，実際の利息支払額がマイナスされる仕組みとなっています。現金の増加を示す未払利息の増加分を支払利息の今期の発生額と支払額とに区分して表示しているのです。

　こうした表示方法をするのは，未払法人税等などを前期からの増減額で表示するよりは法人税等や支払利息などの支払額を総額で表示する方が情報価値があると考えられたからでしょう。しかし，こうしたことが逆に，間接法によるキャッシュ・フロー計算書の様式を理解しにくいものとしています。

　実務では，間接法の変形型でキャッシュ・フロー計算書を作成するのが一般的です。しかし，これまで説明してきたことで，読者の皆さんが間接法によるキャッシュ・フロー計算書の様式を理解できたかどうか疑問です。それも仕方のないことです。この様式それ自体が分かりにくいものだからです。皆さんは，キャッシュ・フロー計算書の作成方法よりも，その意義を理解するようにしていただきたいものです。

キャッシュ・フロー計算書の意義

「黒字倒産」という言葉があります。利益があるのに倒産することです。儲かっていればお金があると思うかもしれませんが，利益があればお金もあるというようには必ずしもなりません。倒産の直接的な理由は，債権者に対して支払うお金がないということです。極端な言い方ですが，いくら赤字が重なって債務超過になったとしても，お金があれば事業は継続できるのです。しかし，黒字であってもお金がなければ事業は継続できなくなります。

黒字倒産にいたらないまでも，売れているのにお金が足りない，ということはよくあります。これをキャッシュ・フロー計算書で読み解くと，売上高は多くなっても，その反面，売掛金や商品在庫が増加すればそれに資金が費やされてしまいます。売れているからということで機械や工場を増やすとなれば，設備投資に多額の支出が行われることになります。また，利益に応じて法人税等の支出も増えます。こうしたことから，売上が増加したからといって必ずしも現金が増加するわけでないことが分かるはずです。

この話からも理解できると思いますが，売掛金や棚卸資産には資金が使われています。それだけ借入金が必要になり，よけいな利息を支払うことにもなります。こうした資金の無駄をしないためにも，売掛金を早期に回収したり棚卸資産を余分に持たないようにしたりするという経営を行うことが必要になります。こうしたキャッシュ・フローを意識した経営を「キャッシュ・フロー経営」といいます。キャッシュ・フロー経営は経営者が考えることですが，外部の人はキャッシュ・フローを考えて企業の財務内容を理解することが必要となっています。

キャッシュ・フロー計算書の意義を理解するためには，3つの活動分野のキャッシュ・フローの読み方を知ることが必要です。

営業活動によるキャッシュ・フローは，本来の事業活動によって得られた資金の流入です。借入金を返済するなどして財務体質を健全なものとするためには，この営業活動によるキャッシュ・フローを増やすことが重要です。利益が減れば一般的にはこのキャッシュ・フローも減少します。

投資活動によるキャッシュ・フローには，設備投資といわれる機械設備や建物などに対する支出が含まれます。この区分から，設備投資が活発に行われて

いるかどうかが読みとれるわけです。したがって，投資活動によるキャッシュ・フローはマイナスになるのがふつうです。設備に投じた資金の回収は減価償却費という形で営業活動によるキャッシュ・フローに出てきます。土地やビルを売却すれば資金が流入して投資活動によるキャッシュ・フローがプラスになることもあります。また，この区分には，現金同等物に含まれない有価証券を売買した場合の収入・支出も含まれます。

　財務活動によるキャッシュ・フローは，株主からの拠出である株式発行による収入や，借入金あるいは社債による収入とその返済としての支出などが含まれます。

　これら３つの活動領域によるキャッシュ・フローの関係を知ることがキャッシュ・フロー計算書を読みとるうえで重要です。企業は株主からの拠出や借入金で事業を開始しますが，それを設備投資に振り向けたり，営業活動のために使います。営業活動によって得た収入によって設備投資をさらに行ったり，有価証券へ投資を行ったりします。こうした資金が不足するのであれば財務活動によってさらに資金を得たり，あるいは資金が余れば借入金の返済にあてたりします。こうしたことが３つの活動領域のキャッシュ・フローの中身を分析することによって分かるのです。こうしたキャッシュ・フロー計算書の読み方の１つとして「フリーキャッシュフロー」があります。新聞などにもよくでてくる言葉です。

　フリーキャッシュフローにもいくつかの種類があります。その基本的なものは，営業活動によるキャッシュ・フローから現状維持的な投資活動によるキャッシュ・フローを差し引いたものです。現状維持的な投資活動とは現在の営業活動を維持するのに必要なものを指します。この意味でのフリーキャッシュフローは，現在の営業活動から得られるキャッシュ・フローからそれを維持するためのキャッシュ・フローを差し引いた残りであり，これをどのように使うかは企業の自由になるということです。

　フリーキャッシュフローの使い道としては，新規の設備投資や企業買収といった戦略的な投資活動，借入金や社債の返済，自己株式の取得などがあります。こうしたことに使うことができるフリーキャッシュフローが多いほど好ましいといえます。

投資活動によるキャッシュ・フローの項目を見ただけでは，現状維持的な投資か戦略的な投資かを知ることは困難です。そこで，フリーキャッシュフローを計算する簡便な方法として，営業活動によるキャッシュ・フローから投資活動によるキャッシュ・フローを差し引くという方法があります。新聞などの記事でフリーキャッシュフローといった場合，この方法によって計算されたものを指すことが多いようです。また，このフリーキャッシュフローを「純現金収支」ということもあります。キャッシュ・フロー計算書での現金及び現金同等物の増加額とは異なりますから注意が必要です。

ところで，フリーキャッシュフローは多ければ良い，とは一概にいえない場合もあります。成熟した企業では戦略的な大型投資が少なくなるためフリーキャッシュフローが多くなる傾向にあります。コンピュータ事業でもハードからソフトへと重心を移した IBM がその典型としてあげられます。これに対して戦略的な投資を積極的に行っている企業ではフリーキャッシュフローが不足することもよくあります。大企業になってもベンチャー企業的な精神がある企業がそうした例としてあげられます。キャッシュ・フロー計算書を利用することによってこうした分析をすることもできるわけです。

第4章では，損益計算書と貸借対照表の数値を利用した経営分析の方法を説明しました。これにキャッシュ・フロー計算書の数値を使って分析することによって，さらに経営分析の質を深めることもできます。

3　株主資本等変動計算書

株主資本等変動計算書は，純資産の部の各項目が会計期間中においてどのように変動したかを表示する計算書です。個別決算だけでなく連結決算においても作成されます。図表14-8では，連結株主資本等変動計算書の概略を簡単な数値例を使って作成しています。

連結株主資本等変動計算書には，連結決算に特有な項目として為替換算調整勘定と少数株主持分とが記載されます。これを除いては，個別決算のものとは変わりはありません。

株主資本等変動計算書は，「株主資本等」とありますが，純資産の部の項目

260

がすべて記載されます。「純資産変動計算書」という名称にならなかったのは，株主資本の項目をそれ以外の項目よりも重視したからでしょう。それゆえ，株主資本が会計期間中にどれだけ変動したか，その経過を知ることがこの計算書の主たる目的であるといえます。

図表 14 - 8 の数値例からは，次のことが分かります。

図表 14 - 8　連結株主資本等変動計算書

(単位：万円)

	株主資本					その他の包括利益累計額	非支配株主持分	純資産
	資本金	資本準備金	利益準備金	繰越利益剰余金	自己株式	その他有価証券評価差額金		
当期首残高	500	80	20	40	△10	50	20	700
当期変動額								
新株の発行	50	50						100
剰余金の配当			2	△22				△20
当期純利益				30				30
自己株式の取得					△5			△5
株主資本以外の項目の変動額(純額)						△10		△10
当期変動額合計	50	50	2	8	△5	△10		95
当期末残高	550	130	22	48	△15	40	20	795

① 　新株発行による払込金額100万円を資本金50万円と資本準備金50万円とに分けた。

② 　この会計期間中に繰越利益剰余金から20万円の配当が行われ，これにともなってその10％に当たる2万円が利益準備金として積み立てられた。

③ 　今期の損益計算書には当期純利益30万円が算定されており，これが繰越利益剰余金に加算されている。この結果，期末には繰越利益剰余金には残高48万円がある。

④ 　株主資本の控除項目である自己株式は今期中の取得によって5万円増加し，その他有価証券評価差額金は値下がりにより10万円減少している。

会社法では剰余金を配当したり，資本金などの株主資本の各項目の金額を変

更させたりすることは決算時の株主総会の時だけでなく，随時に行うことができます。そうした株主資本などの変動を一覧できることが株主資本等変動計算書の役目となっているのです。

4　注　記

注記とは

　本書で示したホンダの財務諸表は簡潔に表示したものですが，有価証券報告書やアニュアルレポートではもっと詳細なものが表示されています。それでも企業活動の複雑さからすれば非常に圧縮された情報を提供しているだけです。こうした財務諸表を補うものとして，注記という形で財務諸表を補足する情報が提供されています。

　注記には，次のような情報が表示されています。

①　財務諸表を作成するために採用した会計方針や表示方法，および，これらを変更した場合の内容など。棚卸資産の評価方法や減価償却の方法など，どのような会計ルールを使って財務諸表を作成したかが分かるようになります。

②　財務諸表の各項目についての詳細な内容。金融商品や退職給付債務などの内容や計算過程など，さまざまな項目について詳しく説明されています。

③　重要な後発事象。決算日以後に財政状態などに重要な影響を及ぼす事象が生じた場合に記載されます。火災などによる重大な損害が発生したり，会社の合併が行われることになった場合などに注記されます。

④　継続企業の前提。債務超過や売上高の著しい減少が生じているなど，企業の存続が危ぶまれる場合に，その状況などが説明されます。自分の会社が危ないといっているのです。だからといって，この注記のある会社が必ず倒産するというわけではありません。

　このように，注記ではさまざまな情報が提供されています。財務諸表を詳しく分析するには，注記を読み取ることが必要です。注記の中でも企業の活動を分析するために有用な情報を提供してくれるセグメント情報について少し詳しく説明することにします。このセグメント情報は，上記の②に該当します。

セグメント情報とは

　セグメント情報とは，企業の事業活動をいくつかのセグメント（区分）に分け，その区分ごとに売上高などの情報を表示するものです。代表的な区分としては，製品およびサービスの事業別の区分と地域ごとの区分があります。図表14-9は，ホンダの事業の種類別のセグメント情報を抜粋して表示したものです。

図表14-9　ホンダの事業の種類別セグメント情報（抜粋）

（2021年4月1日〜2022年3月31日）　　　　　　　　　　　（単位：億円）

	二輪事業	四輪事業	金融サービス事業	その他	合計
売上収益	21,852	93,605	28,233	4,217	145,526
営業利益	3,114	2,362	3,330	△94	8,712
資　　産	14,489	95,635	113,187	4,751	239,731

　現在の大企業は，1種類の事業だけを行っていることは珍しく，多様な事業を展開しています。事業の種類別セグメント情報では，事業の種類別に売上高，営業利益，資産などが表示されています。ホンダのセグメント情報では，企業グループ内部の間の売買取引も記載されていますが，図表14-9の合計欄ではこれを控除した金額を表示しています。したがって，売上収益（売上高）の合計額は図表14-1の連結損益計算書の売上収益と同じ金額になっています。

　こうしたセグメント情報によって，連結財務諸表では分からない情報が入手でき，企業の状況が一段と理解できるようになります。この図表14-9からは，ホンダの事業別の経営状況を次のように読み取ることができます。

①　ホンダは二輪（オートバイ）のメーカーとして出発しましたが，現在では四輪（自動車）が中核事業となっています。売上収益も資産も四輪事業が二輪事業を大きく上回っています。しかし，営業利益で考えた売上利益率は，二輪事業が14.3%，四輪事業が2.5%です。また，資産利益率は二輪事業が21.5%で，四輪事業は2.5%です。四輪事業は二輪事業に比べて競争が厳しく，その結果として利益率は低いのでしょう。

②　クルマのメーカーなのに金融サービス事業の利益が大きく，二輪事業を上回っているのは意外に思われることでしょう。ホンダが銀行業をやって

いるということではありません。金融サービス事業は，ホンダ車に対する
ローンやリースを担当する部門です。ホンダにとっては本業とはいえない
ような部門ですが，本業顔負けの利益を稼いでいるのです。このように事
業会社が行う金融サービスを「販売金融」といいます。現在では，自動車
会社だけでなく，デパートやスーパーなどでも収益部門となっているので
す。

③　ホンダのその他の事業は，これらに比べて売上収益も少なく，この期で
は損失が生じており，ホンダの業績の足を引っ張っているような感じです。
ホンダは，船外機，耕運機，発電機などさまざまな機器を作っています。
小型ビジネスジェット機の「ホンダジェット」もこの部門に入っています。
しかし，この期は航空機関係だけでも337億円の営業損失になったとのこ
とです。その他の事業部門がホンダの将来において金の卵になるか否か，
見守りたいものです。

ホンダのセグメント情報としては，他にも地域別のものが示されています。
これには，日本，北米，欧州，アジアなどの販売地域別に表示されています。
どの地域でどれだけの売上高や営業利益があるのかが分かります。これを他社
と比較すると，どの地域への進出が進んでいる，あるいは遅れている，という
ことが分かることでしょう。

セグメント情報からは，企業グループがどんな事業で，また，どの地域で儲
けをあげているのか，あるいは，損を出しているのか，といったことが分かり
ます。会社の名前とは違った事業分野で売上を上げ，儲けを得ている会社もあ
ります。ホンダは，元々はオートバイの会社でした。先にも見たように，今で
もオートバイを作っていますが，中心は自動車事業です。このように事業内容
が大きく変化している会社も多くなっています。就活をしている学生諸君も，
希望する会社のセグメント情報を分析して，その事業区分の内容と業績を知っ
ておけば，「この学生は，我が社のことをよく調べている」という評価を会社
側から受けることでしょう。

【復習問題】

(1)　次の文章が間違っているかどうかを指摘し，間違っている場合にはその理

由を説明しなさい。

　ア．連結当期純利益と連結包括利益の差はその他の包括利益の違いによるものである。

　イ．減価償却費は現金が流入したものではないが，間接法でのキャッシュ・フロー計算書ではキャッシュ・フローの増加項目として扱われる。

　ウ．売買目的有価証券の購入は財務活動に該当するので，その支出額はキャッシュ・フロー計算書においては財務活動キャッシュ・フローの欄に記載される。

　エ．計数の変動で資本金をその他資本剰余金に振り替えた場合，同じ株主資本の中での移動なので，株主資本等変動計算書には記載されない。

(2)　A社は売上が下降気味であるのに対して，B社は売上が急成長している。しかし，フリーキャッシュフローは両社とも少ない。これについてどのような理由が考えられるかを述べなさい。

(3)　会社名からすると意外な事業分野に進出している会社として，たとえば東洋紡（旧東洋紡績），大日本印刷，豊田自動織機，富士フイルムがあります。これらの会社のホームページから有価証券報告書を探しだし，連結財務諸表の注記に示されているセグメント情報から各会社の事業区分の種類とその業績の内容について調べ，どのようなことが分かったかを述べなさい。

第15章 **決　算**──真実な報告と会計戦略──

　いよいよ最後の章です。本書の「総決算」を行うときになりました。決算は日常の会計業務の積み重ねの結果ですが，その仕上げでもあります。本章も，これまでの章で学んだ知識の積み重ねのうえで，その仕上げを行います。まず，ケースをみることにします。

Case 15-1

　トヨタに次ぐ第2の自動車メーカーであった日産は業績不振から，1999年にフランスのルノーと資本提携をするとともに，カルロス・ゴーン氏を経営者として迎えました。直後の決算は製造業としては過去最悪の赤字を計上しました。それからわずか1年後に日産自身の過去最高の利益を大幅に上回る利益を計上したのです。このような回復を「決算V字回復」といいます。日産のV字回復の内幕が次のように伝えられています。

「決算V字回復」の真実
重要性増す市場への "演出効果"

　ピークを迎えている決算発表で，過去最悪から一転して過去最高益になるなど「V字回復」する企業が目立っている。その背景を探ると，経営陣が先々の損失を可能な限り前の期に計上し，急回復を演出したケースが少なくない。会計士からは「決算の連続性に問題がある」との指摘もあるが，市場や取引先，従業員の反応はよい。このパフォーマンス，閉塞状況が続く日本の政治にも応用が利きそうなのだ。

　「最も深くかがむものが，最も高く飛躍することができる」──。5月17

日，東京・千代田のホテルで開いた日産自動車の決算発表。会場の巨大なスクリーンに流れたイメージビデオがこう締めくくると，カルロス・ゴーン社長が舞台に上がった。

　製造業として過去最悪の6,843億円の連結最終赤字を計上してからわずか1年。この日発表した2001年3月期の連結最終損益は3,311億円の黒字となり，日産自身の最高記録1,160億円の3倍近い利益となった。改善幅1兆円という文字通りのV字回復に，ゴーン社長は「（日産の復活を信じない人を）

266

説得するのに言葉はいらない」と胸を張った。

会計マジック　復活アピール

冒頭の一文は，単に結果をなぞったものではない。ゴーン流の復活が，実は綿密なシナリオに基づいて演出されていることを端的に表している。できるだけ前の期（2000年3月期）に損失を出し，利益は01年3月期に持ち越してV字回復を強調する。日産リバイバルプランの隠されたすごみはこの計算され尽くされたパフォーマンスにある。

「前の期にあれだけ引当金を積んだのだから，利益が出ても不思議ではない」と日本の会計基準を作る企業会計審議会の有力メンバーである大学教授は指摘する。引当金とは，将来予想される特定の費用に備えて積み立てるおカネのことで，決算上は損失とみなされる。ただ，実際は使われていないので，先々の増益要因となる。日産が00年3月期に計上した7,496億円の特別損失の多くがこの引当金だった。

例えば工場閉鎖費用として計上した700億円。東京・村山工場などの閉鎖を決めたのは確かに00年3月期中だが，実際に操業が止まったのは今年3月末。最終的に完全に工場が閉まるにはあと2年近くかかる。その間に発生する費用はすべて前倒しで損失にした。

早期退職割増金として引き当てた600億円も同様。村山工場の500人ほどが退職したのはこの3月末。しかも，今までに発生した費用を合計しても600億円には及ばない。

会計処理方法の変更や不動産などの評価替えもV字回復を実現するために使われた。有形固定資産の減価償却方法は，01年3月期から利益の出やすい「定額法」に切り変えた。これに伴って，00年3月期に資産価値を全面的に見直し，465億円の損失を計上した。この結果，01年3月期は逆に287億円の増益要因になった。不動産では，損失の出る売却や評価替えは00年3月期に集中，650億円の損を計上したが，01年3月期では逆に550億円の売却益を計上した。

総合すると，連結最終損益1兆円の改善のうち，少なくとも半分の5,000億円はこうした「会計マジック」の効果とみることができそうだ。

監査法人の胸中は複雑

「引当金の計上が厳しくなって，思ったほど損が出せなかった」——。三菱自動車工業の01年3月期は2,781億円の連結最終赤字だったが，それでも緑川淳二・最高財務責任者（CFO）はもっと赤字を出したかったと言いたげだ。監査法人から「退職者の人数や期限の詳細まで決まっていなければ引当は認めない」と通告されたのだという。三菱自動車の監査法人は日産と同じ太田昭和センチュリー。「日産への反省で，慎重になった面はあるかもしれない」と太田昭和の幹部は姿勢の変化を認める。（後略）

（日本経済新聞　2001年5月27日）

2001年3月期ではホンダは連結決算で当期純利益2,322億円を計上しました。同じ時期に日産はそれを上回る3,311億円の当期純利益を計上したのです。記事で指摘されている減価償却方法の変更と不動産の売却益といった意図的ともいえる増益分だけでも837億円もあります。ほかにもこうした増益分があったものと推測されます。

1　真実な報告

真実性の原則

　企業会計原則の最初に一般原則として7つの原則が示されています。これまでに説明した継続性の原則と保守主義の原則も含まれています。一般原則の最初にあげられているのは「真実性の原則」です。それを次に示しておきます。

企業会計原則：一般原則1
　企業会計は，企業の財政状態及び経営成績に関して，真実な報告を提供するものでなければならない。

　「真実」という言葉の意味は，ある国語辞典では「嘘や飾りのない，本当のこと」となっています。財務諸表が嘘や飾りのない報告であることは，当然の要求でしょう。しかし，嘘や飾りと本当のことをはっきりと区別することができるでしょうか。定額法と定率法という減価償却の方法のうち，定額法が固定資産に関して真実な報告であるとすれば，定率法は嘘の報告ということになるでしょう。あるいは，定額法と定率法のどちらも真実な報告を提供するのでしょうか。2つの異なる方法のどちらも本当であるとはいえないでしょう。では，どちらかが嘘なのでしょうか。どちらも真実であり，また嘘でもある，というのが真相ではないでしょうか。

適正な表示

　「真実な報告」に似たような言葉としては，公認会計士あるいは監査法人の監査報告書に出てくる「適正な表示」というのがあります。参考として，ホンダの個別財務諸表に関する監査報告書の主要な部分を引用しておきます。

監査意見
　当監査法人は，金融商品取引法第193条の2第1項の規定に基づく監査証明を行うため，「経理の状況」に掲げられている本田技研工業株式会社の2021年4月

1日から2022年3月31日までの第98期事業年度の財務諸表，すなわち，貸借対照表，損益計算書，株主資本等変動計算書，重要な会計方針，その他の注記及び附属明細表について監査を行った。

　当監査法人は，上記の財務諸表が，我が国において一般に公正妥当と認められる企業会計の基準に準拠して，本田技研工業株式会社の2022年3月31日現在の財政状態及び同日をもって終了する事業年度の経営成績を，全ての重要な点において適正に表示しているものと認める。

監査意見の根拠
　当監査法人は，我が国において一般に公正妥当と認められる監査の基準に準拠して監査を行った。監査の基準における当監査法人の責任は，「財務諸表監査における監査人の責任」に記載されている。当監査法人は，我が国における職業倫理に関する規定に従って，会社から独立しており，また，監査人としてのその他の倫理上の責任を果たしている。当監査法人は，意見表明の基礎となる十分かつ適切な監査証拠を入手したと判断している。

　この監査報告書は「独立監査人の監査報告書」といい，監査法人がホンダの取締役会に提出したものです。責任者である公認会計士3名の名前が記されています。この監査報告書の内容は3部に分かれていますが，重要な最初の2部だけ取り上げています。

　最初の「監査意見」が，この報告書の主要な部分です。それはさらに2つの部分に分かれています。前半の部分には，監査法人が監査を行う法律上の根拠と監査の範囲が記述されています。「監査意見」の後半の部分が，監査の結果を意見として述べている箇所であり，報告書の核心部分です。そこでは，ホンダの財務諸表が会計基準に準拠して作成されていること，そして，財政状態と経営成績を「全ての重要な点において適正に表示している」ことを認めるという意見が表明されています。

　「監査意見の根拠」では，「適正に表示」していると監査人が認めた根拠について，監査の基準や関連する諸規定に従っていること，また，意見を表明するに十分かつ適切な証拠を入手したことが述べられています。簡潔に述べられて

いますが，この意見表明には膨大な量の監査業務の裏付けがあるのです。

　真実な報告や適正な表示という言葉で，真実もしくは適正な数値というものは１つしかない，と私たちは考えるのではないでしょうか。定額法による数値と定率法による数値のどちらも真実であり適正であるという話は納得できることでしょうか。いずれの数値を取るかによって利益が黒字になったり赤字になったりするということもありうるのです。しかし，会計では，それでも真実であり適正であるということになります。そんな会計はおかしい，信用できない，といわれるかもしれません。しかし，会計と同じように数値を使う統計でも，多かれ少なかれ同じような状況にあるのではないでしょうか。全面的な信頼はおけないかもしれませんが，それでも「会計は不要だ」ということにはなりません。会計は信用できないから要らないとなれば，公認会計士や私たち研究者は失業することになります。そんな恐ろしい事態は近い将来において生じる見込みはないと思いたいのですが……。

2　会計と利害関係

　会計をめぐる利害関係について述べます。会計は企業の経済事象をカメラで写すかのように表示するものだと思われたりします。第１章を読まれた読者はもはやそのようには思わないでしょう。写真を撮ることは，実際には，かなり主観的な表現活動です。写真やテレビ番組などではときには「やらせ」といってわざと対象を作りだすこともあります。就活や婚活に使う写真は修正したりすることがよくあります。これなどは結果がよければ当事者の皆がハッピーになるから，けしからんことではないかもしれません。しかし，会計においてはどうでしょうか。会計は写真よりももっと主観的な表現活動です。写真以上に「やらせ」や修正と同じようなことが行われます。その結果，当事者の皆がハッピーになるのでしょうか。この場合，ハッピーというのは経済的な利益があるということです。当事者の誰にも経済的な利益があるのでしょうか。それとも損害をこうむる人も出てくるのでしょうか。そこで，会計という表現活動に関わる経済的な利害関係をみることにしましょう。

　図表15－1は，企業の経済事象から財務諸表をへて利害関係者の行動にいた

るまでを表したものです。企業の経済事象である取引が記録され，決算の結果
として財務諸表という表現となって表されます。決算公告や有価証券報告書は
この表現活動の媒体になっているのです。この財務諸表，特に利益の数値は，
企業をとりまく利害関係者の行動を引き起こします。どのような利害関係者が
いて，どのような行動を行うかを図表としてあげておきます。

図表 15 - 1

```
取引（経済事象）
      ↓
財務諸表（会計表現）
      ↓
利害関係者の行動
  株主・投資家……株式の売買，配当金の増額要求
  金融機関……信用の供与
  取引先……取引価格の決定，信用の供与
  消費者……価格・料金の値下げ要求
  従業員……賃金・給料の値上げ要求
  行政官庁……税金の徴収，価格・料金の許認可
```

　株主や投資家は，株式売買の参考資料として財務諸表を使います。あるいは，
証券アナリストが投資家に代わって財務諸表を詳しく分析したりします。信用
の供与とは，金融機関であれば，お金を貸すということです。取引先であれば，
信用売買，つまり掛けでの取引を認めるということです。買掛金はお金を借り
るのと同じような債務なのです。取引価格の決定とは，納入する商製品の価格
を決定するさいの資料として財務諸表が用いられるということです。力の弱い
下請け企業の財務諸表をみて，儲けがあれば納入価格を下げるように要求する
こともよくあることです。税務当局が税金の徴収のために財務諸表を使うのは
当然でしょう。他の官庁も公共料金の認可には財務諸表を参考にします。儲け
があれば，当然，値上げ要求を抑えることになるでしょう。「儲けすぎ」の会
社に対しては消費者の目も厳しくなっています。このように，現在では誰もが
どこかの会社に対して直接あるいは間接的な利害関係者となっているのです。
企業の財務諸表なんて自分には関係ないよ，とはいえないのです。

　こうしたことから，財務諸表が利害関係者の行動を引き起こすということが
分かるでしょう。会社の経営者としては，会社にとって都合のいいような行動

をとってもらえたら有難いことです。そうなると，会社にとって好ましい行動
を利害関係者にとってもらうために財務諸表の数値を操作しようという気にも
なります。他人によく見られたいという欲求のようなものです。写真を修正し
て相手をお見合いの席に出るようにさせたり，就職の面接にこぎ着けるように
したりすることと同じような欲求でしょう。

　図表15-1では，経済事象→財務諸表→利害関係者の行動，といったように
原因と結果の方向が示されていました。会社にとって好ましい行動をとっても
らいたいという欲求があると，利害関係者の行動を引き起こすため財務諸表の
数値を操作するということになります。つまり，財務諸表→利害関係者の行動，
という原因－結果の関係が，目的－手段の関係へと変わってしまうのです。た
とえば，金融機関からの融資を得るために利益数値を操作するのです。また，
この後で説明するように，ときには利益をあげたように見せるため経済事象を
操作することもあります。

　こうした操作は「決算操作」とか「利益操作」などといわれています。不正
な決算操作ということで「不正会計」あるいは「粉飾」ということもあります。
また，作為的な行為であることを連想させる「操作」ではなく，「決算対策」
という言葉も会計担当者の間では使われたりします。「操作」とか「粉飾」と
なると不正行為であるかのように受け取られかねません。こうした場合も含め
た財務諸表の数値に対する経営者の能動的な働きかけを扱うことにします。こ
うした能動的な働きは経営者の経営活動の1つであり，広い意味での経営戦略
の一環であるとみて，以下では「会計戦略」という言葉を使います。

3　会計戦略

　会計戦略としては，財務諸表の数値を操作するだけでなく，数値が表す対象
である経済事象を操作することもあります。いずれも決算数値を意識した行為
です。そうした例から話しましょう。

　決算月が他の月よりも目立って売上が多くなる企業がよくあります。試験直
前の頑張りみたいなものでしょうか。クルマの販売でも，決算直前には少し安
くなるというのが常識です。売上高が思わしくないときに，決算期直前に安値

で販売して売上を増やすこともよくあります。スーパーなどで「決算セール」というのはこの手です。ときには，次期になってから返品してもいいからといって取引先に商製品を送り付ける「押し込み販売」もあります。決算近くになって備品や消耗品を大量に購入したり，逆に購入を延期するしたりすることも考えられます。今期に修繕すべきものを次期に延期したり，反対に，次期に予定していた修繕を繰り上げたりすることもあります。ケース15-1の日産で不動産を売却して売却益を計上したというのも経済事象の操作といえます。

　こうした経済事象の操作は多少の問題はありますが，財務諸表の数値の操作とは異なり，会計の範囲外のことであるとされてきました。したがって，公認会計士や監査法人の監査においても認められてきたのです。しかし，同じ銘柄の株式を売買して意図的に売却益を計上したりするなど，「益出し」といわれる行為が行われたりしました。そこで，経済事象を操作することによって会計数値を意図的に操作するような行為が監査で認められないという場合もでてきています。

　次に，財務諸表の数値を直接的に操作する会計戦略について述べます。

不正会計

　会計数値の操作は，不正あるいは悪質なものであれば「不正会計」といわれたりします。不正会計とそうでない数値操作を区別することはむずかしいことです。不正会計にならないまでも，数値を操作する会計戦略は不正会計と同じような動機で行われることが多いと思われます。

　利益の算定が財務諸表の主要な目的であることから，不正会計は利益への働きかけが中心となります。つまり，利益を過大に表示するか過小に表示するか，ということです。

　利益の過大表示は資産や収益を過大に表示したり，負債や費用を過小に表示したりした結果です。これは投資家や債権者をだましてお金を出させることにもなるので，伝統的に不正行為とみられています。これに対して，利益の過小表示は資産や収益の過小表示と負債や費用の過大表示の結果であり，むしろ保守主義的で好ましい会計処理ということで，必ずしも不正行為であるとは思われませんでした。しかし現在では，ケース15-1の日産のV字回復にみられる

ように，利益の過小表示も投資家などの利害関係者の判断をミスリードするものであり，不正行為であるとされています。

会計戦略の方法

不正会計に典型的に表れるように，会社の会計戦略は，利益を大きくする戦略と，利益を小さくする戦略とに分けることができます。それぞれの具体的な方法にはさまざまなものが考えられます。そのうちいくつかの例をあげてみます。

(1) 利益を大きくする方法

① 減価償却の方法を定率法から定額法へ変更する。

② 償却資産の耐用年数を長くする。

③ 繰延資産を計上する。

④ 価格が上昇している時に，棚卸資産の評価方法を総平均法から先入先出法へ変更する。

⑤ 引当金を十分に設定しない。

⑥ 営業外費用や販売費・一般管理費に入るべき性質の項目を特別損失にしたり，逆に特別利益に入るべき性質のものを営業外収益に含めたりして，経常利益を大きくする。

(2) 利益を小さくする方法

① 減価償却の方法を定額法から定率法へ変更する。

② 償却資産の耐用年数を短くする。

③ 繰延資産を計上しない。

④ 価格が上昇している時に，棚卸資産の評価方法を先入先出法から総平均法へ変更する。

⑤ 固定資産の改良のための支出をその原価に含めずに費用として計上する。

⑥ 引当金を過大に設定する。

会計戦略を実行する方法は数限りないもので，詳しく説明することもできません。ただ，(1)の⑥について少し説明しましょう。第3章で説明したように，伝統的に経常利益が重視されてきましたから，当期純利益の金額が同じであったとしても経常利益の金額が大きいほど業績が良いようにみられます。ですか

274

ら，営業外費用や販売費・一般管理費に入るべき性質の項目を特別損失として計上したくなるわけです。また，特別利益に入るべき性質の項目を営業外収益にすることも同様です。多くの会社がこのように経常利益を意識した会計戦略を採用するようになったので，損益計算書をみる側も次第に営業利益あるいは当期純利益も重視するようになってきました。

会計戦略の目的

　利益を大きくしたり小さくしたりする会計戦略を，企業はどういう目的で採用するのでしょうか。それは，先に述べたように，企業に関係する利害関係者の行動を会社にとって好ましい方向へと誘導するためです。どのような目的があるかを説明することにしましょう。これも多くの目的のうちの一部にすぎません。

(1)　利益を大きくする目的

①　株価を維持あるいは上昇させ，増資を容易にするため——株価が順調に値上がりすれば株主にも喜ばれ，また，会社も新株の発行によって資金を確保しやすくなる。

②　金融機関から融資を受けるため——借入金を受けやすくしたり，低い利率など有利な条件で借入れたりすることができる。

③　社債発行のために一定の利益を確保するため——金融機関との契約により，一定の利益があることが条件となっていることがある。また，「債券格付け」といって企業が発行する債券の安全性が評価され，企業の財務内容が良いと格付けが上がり，社債発行の条件が有利になる。

④　企業あるいは経営者の信用・評判を得るため——赤字の企業では企業の信用・評判が落ちるだけではなく，経営者もダメな経営者という烙印を押されてしまう。

(2)　利益を小さくする目的

①　税金の負担を少なくするため——現在では利益の約30％が法人税などとして徴収される。利益を減らせば，その税金が減ることになる。

②　財政的基盤を強化するため——税金の支払いが減る分だけでも会社に余裕ができる。また，次期以降に利益を大きくする必要があるときのた

めの余裕ができる。

③　取引先からの値上げあるいは値下げの要求を押さえるため——利益が多いと力のある取引先から商製品の値上げあるいは値下げを要求されることがある。

④　価格・料金などを値上げするため——とりわけ鉄道や電力・ガスなどの公共料金では，利益が十分あれば値上げは認可されないでしょう。

　企業が会計戦略を考えるときは，こうした目的の１つだけをねらっているというわけではありません。たとえば企業の信用・評判は経営者の評判にも影響し，また株価にも影響するものです。

利益の平準化とビッグバス

　ケース15‐1の日産の「決算Ｖ字回復」も，記事にあるように，多分に利益数値が操作されているように感じられます。この日産のケースを検討する前に，ケースをもう１つ取り上げることにします。

Case 15-2

　不正会計は監査が厳しいといわれているアメリカでも後を絶ちません。次の記事はそうした現状を伝えています。

米SEC　粉飾決算　摘発強化
不正経理・甘い監査　高額の制裁金

【ワシントン23日＝吉次弘志】米証券取引委員会（SEC）が企業の粉飾決算防止に力を入れ始めた。業績悪化に伴い企業の不正経理が増加，投資家が損害を受ける例が出ているため。SECは決算操作に厳しい姿勢で臨み，企業の情報開示の信頼性確保につなげる。

　SECが粉飾決算の摘発を強化しているのは，景気減速で実際の収益が落ち込んでいるにもかかわらず，市場の評価をつなぎ留めるために利益を水増しする例が増えているのが理由。正確な統計はないが，SECは粉飾決算に手を染めた企業経営陣に加え，決算を監査する立場の監査法人の摘発に全力を挙げている。

　米大手監査法人のアーサー・アンダーセンはSECからの700万ドルの民事制裁金の支払い命令に応じた。制裁金の規模は「ビッグファイブ」と呼ばれる監査法人向けでは過去最高で，会計監査のあり方に波紋を投げかけた。同社は大手廃棄物処理会社のウェイスト・マネジメントの監査を担当。1992年から96年にかけ，利益が不当に過大表示されていたにもかかわらず「会計処理は適正」との意見を付与した。SECはアンダーセンが「詐欺的行為の禁止」に違反したと認定。アンダーセンはSECの認定自体について否定も

276

肯定もしないまま，制裁金支払いに同
意した。同社の広報担当者のハチェッ
ト氏は「公共の利益を守るという SEC
の理念を我々も共有する」としている。
　アーサー・アンダーセンではこのほ
か，連邦破産法11条の適用を申請した
電気製品などを製造する大手メーカー，
サンビームの粉飾決算に絡んで，監査
を担当した幹部が SEC に摘発されて
いる。サンビームの元最高経営責任者
（CEO）だった A・ダンラップ氏らと，

「在庫の過剰償却」と「過大計上され
た引当金の取り崩し」の手法を使い，
赤字から黒字に劇的に収益が回復した
と見せかけた疑い。
　SECは昨年以降，監査法人の独立性
強化につながる規則制定を提案。監査
の厳格化による粉飾防止に力を入れて
いる。相当数の「潜在的な違法行為」
の調査が平行して進んでいることも背
景になっているとみられる。（後略）
　　　　（日本経済新聞　2001年6月24日）

　このケースの記事では，粉飾決算を見逃したとの理由で，ビッグファイブと
いわれる大手監査法人のアーサー・アンダーセン（AA）が700万ドル，日本
円にして8億円余りの制裁金を課されたとのことです。別の記事では，「AA
はシステム提供など監査料以上のコンサルタント収入をウェイストから得てお
り，公正に監査できなかった」という行政当局者の言葉を伝えています（日本
経済新聞　2001年7月12日）。監査業務だけでなくコンサルティング業務も監
査法人の収入の柱になっています。コンサルティングでの収入を得るために監
査では粉飾決算を見逃したといえるでしょう。

　アーサー・アンダーセンは，その後，この記事に述べられていることと同様
の，しかも巨大企業を巻き込んだ事件を起こしました。それがエネルギー大手
のエンロンの事件です。そのためアーサー・アンダーセンは解散することにな
り，アメリカの大手監査法人はビッグファイブからビッグフォーになったので
す。そうしたアメリカの状況を対岸の火事とばかりに見ていた日本企業にも問
題が続出しました。ライブドアやカネボウといった企業の不正会計事件です。
その結果，カネボウの監査を担当していた中央青山監査法人は解散する羽目に
なったのです。

　ところで，ケース15−2では，企業の業績悪化にともなって利益を過大表示
する粉飾決算が増えていることが述べられています。記事の中では「市場の評
価をつなぎ留めるために利益を水増しする例が増えている」とあります。これ
は先に述べた，利益を大きくする目的の①の「株価を維持あるいは上昇させ，
増資を容易にするため」にあたります。こうした例にみられるように，企業は

業績が悪化したときには，利益を過大に表示する戦略をとる傾向にあるといえます。逆に，業績が良好なときであれば，利益を少なくする目的にあげたような理由から，利益を過小に表示したくなることでしょう。

　業績が良好であれば利益の過小表示が，不振であれば過大表示が行われるとすれば，企業の業績の実態よりも財務諸表上の利益の変動幅が小さくなります。こうした現象を「利益の平準化」といいます。これは，業績良好のときの利益の一部をとっておいて業績不振のときに計上するというものです。財務基盤の強化というのはこうした余裕をもつということです。利益平準化は，業績良好のときには保守的な会計処理を行い，業績不振のときには非保守的な処理を行うことです。この結果，毎期の利益額が大きく変動するよりも，あまり変動しないほうが安定している会社ということで，企業イメージもよくなることでしょう。

　企業が会計戦略として利益の平準化を行っているかどうかは分かりません。しかし，業績良好のときに利益の過小表示を，不振のときには過大表示をする誘因はどうしてもあります。そうした誘因に経営者が導かれた結果として利益の平準化という現象が生じると思われます。

　利益の平準化とは逆に，業績不振のときに多くの損失を計上して業績を一段と悪くみせる場合があります。「ビッグバス（big bath）」といわれるものです。「風呂」を意味する bath にはアメリカ口語で「損失（をだす）」という意味もあるそうで，ビッグバスは「大きな損失」とでもいえます。

　ケース15‐2の記事にあるサンビームという会社では，「「在庫の過剰償却」と「過大計上された引当金の取り崩し」の手法を使い，赤字から黒字に劇的に収益が回復したと見せかけた疑い」がかけられていました。在庫の過剰償却と引当金の過大計上によるビッグバスが行われたといえます。アメリカでは業績不振の企業がリストラを行って一気に巨額の赤字を計上すると，企業内の「ウミ」を出し切ったとして証券市場で評価され，株価が上昇することが多いのだそうです。次期以降には企業の業績が改善されると見込まれるのでしょう。サンビームのケースでも，ビッグバスは赤字から黒字に劇的に利益が回復したように見せかけるためだったようです。業績の回復を演出したとみられるのです。

　このサンビームのケースは，日産のV字回復を連想させます。日産の前年度

における巨額損失の計上は主として引当金の過大計上によるビッグバスではないかと推測されます。そして，利益のＶ字回復は業績の回復もあったかもしれませんが，不動産の売却や償却方法の変更による部分もあります。日産がアメリカの企業であったらSECに摘発されたかどうか，この判断は読者にお任せします。日産のＶ字回復は従業員や取引先に日産の復活という希望を持たせたことでしょう。そのための戦略として，アメリカなどで行われているビッグバスという会計戦略を取り入れていたかもしれません。使えるものは何でも利用して日産の復活を印象づけようとしたとすれば，素晴らしいパフォーマンスです。ゴーン氏に「千両役者！」とでも声をかけたくなります。しかし，パフォーマンスの道具として会計を使うべきではありません。

　そのゴーン氏ですが，2018年に役員報酬の虚偽記載などの容疑で逮捕されました。ところが，保釈中に，大型の楽器ケースに隠れて空港の保安検査場を通り抜け，プライベートジェットで中東のレバノンへと逃亡しました。世界的な経営者として華々しく登場した舞台でしたが，最後は国際的なお尋ね者として退場したのです。

人間ドラマの場としての会計

　これまで「利益を大きくする」とか「利益を小さくする」という言い方をしてきました。これは，定額法の選択のように認められた会計規則の中で利益が大きく出る方法を選ぶかどうか，また，耐用年数の短縮などのように利益が小さくなるような判断をするかどうか，ということです。こうした規則と判断を変更することによって，変更しない場合に比べて利益が変化する場合を扱ってきました。ですから，「利益を大きくする」といっても，会社の「実際の利益」よりも大きいということにはなりません。必ずしも「利益の過大表示」という意味ではないのです。

　利益の過大表示も過小表示もなんらかの基準があってこそ「過大」あるいは「過小」といえるわけです。その基準は会社の「実際の利益」である，といいたいところです。しかし「実際の利益」はどうやって計算するのでしょうか。認められた会計規則からの適切な選択と判断が行われていれば，監査法人や公認会計士は「適正」であるとの監査意見を表明します。その選択と判断に幅が

あるわけですから，「適正」とされる利益の数値も数多く考えられます。「実際の利益」を忠実に再現しているから「適正」とされているわけではありません。適正もしくは真実か否かは，白黒がはっきりしたものではないのです。グレー・ゾーンもしくはファジー（あいまい）な領域にあるといえます。監査法人あるいは公認会計士もこのファジーなものを「適正」もしくは「真実」として判定することになります。ファジーなものだけに，会社側と見解が異なることも多くなり，さまざまなドラマが演じられることになります。ファジーだからいい加減な判断をすればいい，ということにはならないからです。企業の経済事象のファジーさ，さらにはカオス（混沌）さが，会計をめぐるさまざまなドラマを生み出しているのです。時には，ドロドロとした生々しい人間関係のドラマもあります。会計は冷たい規則の適用の場ではなく，熱い人間ドラマの場です。財務諸表に表されている言葉と数字の背後にはそうしたドラマが繰り広げられていることを忘れないでください。

【復習問題】
(1)　利益の平準化とは何か，また，そうした傾向が好ましいかどうかを論じなさい。
(2)　「ビッグバス」は保守主義の原則に従った会計処理であるとも考えられます。こうしたビッグバスが妥当なものか否かを論じなさい。
(3)　会計は「真実な報告」を提供できるものであるかどうか，また，提供できるとしたらどのような意味での「真実な報告」であるかを論じなさい。

索　引

282

284

■著者略歴

永 野 則 雄 （ながの・のりお）

1947年　新潟県に生まれる．
1969年　横浜市立大学商学部卒業．
1972年　東京大学大学院経済学研究科修士課程修了．
1974年　同研究科博士課程中退．
　　　　山口大学経済学部助手・専任講師・助教授・教授を経て，
1988年　法政大学経営学部教授．
　　　　2000年〜2002年度税理士試験委員．
2005年　法政大学大学院（アカウンティングスクール）教授．
2016年　法政大学大学院経営学研究科教授．
2017年　法政大学名誉教授．
著　書　『財務会計の基礎概念』（白桃書房，1992年）
　　　　『会計記事がわかる財務諸表論』（白桃書房，1992年；第2版，
　　　　1996年）
　　　　『はじめての簿記』（白桃書房，1997年；改訂版，2004年）
　　　　『経営がわかる会計入門』（筑摩書房，2004年）　他．

■ケースでまなぶ財務会計（第9版）　　　　　　　　　　〈検印省略〉

■発行日 ── 2002年 3 月 9 日　初　版　発　行
　　　　　　2002年 9 月 9 日　第 2 版第 1 刷発行
　　　　　　2004年11月 9 日　第 3 版第 1 刷発行
　　　　　　2006年11月 9 日　第 4 版第 1 刷発行
　　　　　　2007年11月 9 日　第 5 版第 1 刷発行
　　　　　　2010年 3 月 6 日　第 6 版第 1 刷発行
　　　　　　2013年 5 月 9 日　第 7 版第 1 刷発行
　　　　　　2018年 3 月 9 日　第 8 版第 1 刷発行
　　　　　　2022年11月 9 日　第 9 版第 1 刷発行

■著　　者 ── 永野則雄

■発行者 ── 大矢栄一郎

■発行所 ── 株式会社 白桃書房
　　　　　　〒101-0021　東京都千代田区外神田5-1-15
　　　　　　☎03-3836-4781　🅕03-3836-9370　振替00100-4-20192
　　　　　　https://www.hakutou.co.jp/

■印刷・製本 ── 藤原印刷

© NAGANO, Norio 2002, 2004, 2006, 2007, 2010, 2013, 2018, 2022 Printed in Japan
ISBN978-4-561-35228-0 C3034

本書のコピー，スキャン，デジタル化等の無断複製は著作権法上での例外を除き禁じられています．本書を代行業者等の第三者に依頼してスキャンやデジタル化することは，たとえ個人や家庭内の利用であっても著作権法上認められておりません．

JCOPY 〈出版者著作権管理機構 委託出版物〉
本書の無断複写は著作権法上での例外を除き禁じられています．複写される場合は，そのつど事前に，出版者著作権管理機構（電話 03-5244-5088，FAX 03-5244-5089，e-mail: info@jcopy.or.jp）の許諾を得てください．
落丁本・乱丁本はおとりかえいたします．